Der Atem Allahs
Bernard Lewis

Bernard Lewis

DER ATEM ALLAHS

Die islamische Welt und der Westen:
Kampf der Kulturen?

Aus dem Englischen von Hans-Ulrich Möhring

Europaverlag Wien – München 1994

Die Deutsche Bibliothek – CIP-Einheitsaufnahme

Lewis, Bernard:
Der Atem Allahs : die islamische Welt und der Westen:
Kampf der Kulturen? / Bernard Lewis.
Aus dem Engl. von Hans-Ulrich Möhring. –
Wien ; München : Europaverl., 1994
Einheitssacht.: The shaping of the modern Middle East <dt.>
ISBN 3-203-51229-7

Originalausgabe
The Shaping of the Modern Middle East
© 1964, Bernard Lewis
©1994 by Oxford University Press, Inc.

Lektorat: Mathilde Fischer

Umschlaggestaltung: Ros Nagy-Roden
Foto von Bernard Lewis: Denise Applewhite, Princeton

2. Auflage 1995
© Alle deutschsprachigen Rechte beim
Europa Verlag GmbH, Wien, München 1994
Herstellung: Pustet, Regensburg
Printed in Germany
ISBN 3-203-51229-7

Inhalt

Vorwort

Den Kern dieses Buch bildet eine Reihe von sechs öffentlichen Vorlesungen, die ich zwischen dem 19. März und dem 23. April 1963 an der Indiana University in Bloomington hielt. Ihr Thema sind die Beziehungen zwischen dem Nahen Osten und dem Westen – der Einfluß westlicher Bestrebungen und der westlichen Zivilisation auf die islamischen Völker und Gesellschaften des Nahen Ostens und die nahöstlichen Reaktionen darauf in ihren verschiedenen Phasen. Im ersten Kapitel habe ich versucht, den Nahen Osten als eine historische, geographische und kulturelle Einheit zu definieren; im zweiten, zu zeigen, was der Westen für die Menschen des Nahen Ostens war und ist, und das Verhalten des Westens geschichtlich darzustellen, sein Eindringen, seine Einflußnahme, seine Herrschaft und seinen teilweisen Abzug. Die nächsten drei Kapitel beschäftigen sich mit politischen und geistigen Bewegungen im Nahen Osten der neueren und neuesten Zeit, eingeteilt in drei Hauptgruppen: liberale und sozialistische, patriotische und nationalistische, islamische. Das letzte Kapitel untersucht den Standort und die Rolle der Länder des Nahen Ostens in der internationalen Politik und schließt mit der Betrachtung einiger der Faktoren, die das westliche Verhalten ihnen gegenüber bestimmen.

In den beinahe dreißig Jahren, die vergangen sind, seit diese Vorlesungen gehalten und veröffentlicht wurden, haben sich in der Welt und in der Region gewaltige Veränderungen vollzogen. Der Kalte Krieg trat in seine heißeste Phase, entzündete den Nahen Osten – und ging zu Ende. Die Sowjetunion selbst zerfiel, und die riesigen muslimischen Gebiete, die von den Zaren erobert und dem Russischen Reich einverleibt worden waren, erhielten ihre Unabhängigkeit wieder und scheinen nun in den historischen Nahen Osten zurückzukehren, zu dem sie einst gehörten. Araber und Israelis trugen noch weitere Kriege aus. Die Palästinenser verloren den Glauben an eine aktive Hilfe von seiten der arabischen Staaten und gründeten ihre eigene Organisation. Ein ägyptischer Staatsmann initiierte und verwirklichte den ersten Friedensvertrag zwischen Israel und einem arabischen Staat, und ein Prozeß kam in Gang, der mit der Zeit zu einem allgemeineren Frieden in der Region führen könnte. Ein Diktator im Irak besetzte und annektierte einen arabischen Nachbarstaat, womit er die Spielregeln sowohl der interarabischen als auch der internationalen Koexistenz grob verletzte und eine massive politische und militärische Intervention der Vereinigten Staaten provozierte. Eine Revolution im Iran fand Widerhall im ganzen Nahen Osten, ja in der ganzen islamischen Welt, und verwandelte die Region durch das Aufkommen einer neuen einheimischen Macht und einer neuen islamischen Ideologie, von gleicher Radikalität in der Zielsetzung wie in den Methoden.

In allen drei größeren Themenbereichen, die in diesen Vorlesungen untersucht werden – Religion, Nationalstaatlichkeit und Freiheitsstreben –, haben weitreichende und bedeutsame Veränderungen stattgefunden, erfolgreiche ebenso wie gescheiterte, eine Umkehr zu alten Traditionen ebenso wie ein Verfolgen neuer Ideen.

In dieser Neuausgabe habe ich versucht, die wichtigen Veränderungen, die eingetreten sind, darzustellen und zu interpretieren, desgleichen die neuen Begriffe von Freiheit, nationaler wie persönlicher Art, und die Bemühungen, die zu ihrer Verwirklichung unternommen werden, den wechselnden Inhalt und die sich wandelnde Bedeutung nationaler und patriotischer Loyalitäten und das Wiederaufleben religiöser und gruppenspezifischer Identitäten und Bindungen. In der Behandlung dieser Prozesse habe ich versucht, sie in den globalen wie auch in den regionalen Zusammenhang zu stellen – in das wechselhafte Spiel regionaler und globaler Mächte auf der einen Seite und in die weitreichenden Veränderungen in den nahöstlichen Volkswirtschaften und Gesellschaften auf der anderen.

Die Beschäftigung mit der neueren und zeitgenössischen Geschichte stellt den Historiker vor besondere Probleme. Einmal besteht die offensichtliche Schwierigkeit des fragmentarischen und zumeist sekundären Charakters seines dokumentarischen Materials, aber dem steht zum Ausgleich die Unmittelbarkeit gegenüber, mit der er die Vorgänge seiner eigenen Zeit erlebt. Daraus wiederum erwächst eine andere Gefahr: die der persönlichen Verstrickung und Voreingenommenheit des Historikers. Wir alle, Historiker nicht minder, sind Kinder unserer Zeit und unseres Ortes und haben Loyalitäten oder wenigstens Neigungen, die von unserem Land, unserer Rasse, unserem Geschlecht, unserer Religion, unserer Ideologie und unserem ökonomischen, gesellschaftlichen und kulturellen Hintergrund bestimmt sind. Es hat Stimmen gegeben, wonach der Historiker, da völlige Unparteilichkeit doch nicht zu erreichen sei, das falsche und heuchlerische Bemühen darum aufgeben und sich offen als Parteigänger seiner Sache bekennen solle. Wenn seine Sache gerecht ist, so diese Auffassung, wird die Geschichte, die er erzählt, in eben dem Maße authentisch sein. Wenn seine Sache ungerecht ist, wird seine Geschichte verzerrt sein, und man braucht sich daher nicht weiter mit ihr abzugeben.

Ich habe in diesem Buch einer anderen Auffassung gehuldigt: daß der Historiker es sich und seinen Lesern schuldig ist, sich nach besten Kräften um Objektivität oder wenigstens Fairneß zu bemühen – sich seine eigenen Bindungen und Interessen bewußtzumachen und sie mit ins Bild zu bringen und, wo nötig, in Frage zu stellen, die verschiedenen Aspekte eines Problems und die verschiedenen Seiten einer Auseinandersetzung möglichst so darzustellen, daß der Leser sich ein unabhängiges Urteil bilden kann. Vor allen Dingen sollte er nicht durch eine willkürliche Auswahl des Faktenmaterials und eine emotional gefärbte oder tendenziöse Sprache Fragen vorentscheiden und Ergebnisse vorherbestimmen. Ein berühmter Ökonom hat einmal bemerkt: »Völlige Asepsis ist unmöglich, aber man operiert deswegen noch lange nicht in der Gosse.«

Der Leser wird darüber urteilen, wie weit ich mit meinen antiseptischen Vorsichtsmaßnahmen gegen eine mögliche Infektion Erfolg gehabt habe. Eine gewisse Zuversicht ziehe ich aus der Aufnahme der ersten Ausgabe dieses Buches, die neben anderen Sprachen auch ins Hebräische und ins Arabische übersetzt wurde. Die hebräische Version wurde vom Verlag des israelischen Verteidigungsministeriums herausgebracht, die arabische Version von den Muslimbrüdern. Die arabische Übersetzung erschien in zwei Ausgaben: als komplettes Buch und gekürzt als Broschüre, die vor Moscheen feilgeboten wurde. Ich hoffe, man wird mir verzeihen, wenn es mir so vorkommt, als ob eine Darstellung, die sowohl die Beamten des israelischen Verteidigungsministeriums als auch die Muslimbrüder des Erscheinens unter ihren Auspizien für wert erachtet haben, ein gewisses Maß an Objektivität erreicht hätte. Der Übersetzer der arabischen Version bemerkt in seiner Einleitung, der Verfasser dieses Buches sei entweder ein aufrichtiger Freund oder ein ehrenhafter Feind, im einen wie dem anderen Fall jedoch ein Mann, der die Wahrheit nicht verfälsche und nicht vertusche. Mit diesem Urteil will ich mich gern zufrieden geben.

Princeton, N.J.   B.L.
April 1993

Bedanken möchte ich mich bei der Indiana University, die mir die Gelegenheit bot, meine Ansichten zu diesem Thema darzulegen, und bei meinen Kollegen und Studenten in Bloomington für ihre großzügige und freundliche Gastfreundschaft in den sechs Wochen meines Aufenthalts. Dank gebührt auch meinen Kollegen Dr. S. A. A. Rizvi und Dr. M. E. Yapp für etliche hilfreiche Hinweise sowie Professor A. T. Hatto und Mr. E. Kedourie, die mein Manuskript gelesen und kritisiert haben. Sie sind selbstverständlich in keiner Weise für irgendwelche noch bestehenden Mängel verantwortlich. Zuletzt bedanke ich mich noch bei Professor W. Cantwell Smith und der New American Library of World Literature Inc. für die Genehmigung zum Abdruck der Passage auf S. 173 f., sowie bei Simon and Schuster für ein Zitat aus James G. McDonalds *My Mission to Israel*.

Ich habe jetzt noch die überaus angenehme Pflicht, meiner Assistentin Jane Baun für ihre unschätzbare Hilfe bei der Erstellung – und in vieler Hinsicht Verbesserung – dieser Neuausgabe zu danken. Zu Dank verpflichtet bin ich auch Nancy Lane und Irene Pavitt von Oxford University Press für ihre Hilfe und ihren Rat bei der Produktion dieses Buches. Abermals möchte ich ihnen allen für die vielen Vorschläge danken, die ich angenommen habe, und mich für die anderen entschuldigen, denen ich nicht gefolgt bin. Daran wird deutlich, daß etwaige Mängel, die noch verblieben sind, ganz und gar zu meinen Lasten gehen.

Bernard Lewis

Anmerkung des Übersetzers

Für das Arabische, Persische und das osmanische Türkisch wurde, mit wenigen Ausnahmen, eine vereinfachte Transkription gewählt, die sich an der deutschen Aussprache orientiert.

Der geographische Raum, den Lewis unter den Begriff »Middle East« faßt, wird im Deutschen heute gemeinhin mit »Naher Osten« bezeichnet, während mit »Mittlerer Osten« meistens die Länder von Afghanistan bis Bangladesch gemeint sind. Im folgenden wird »Middle East« durchweg mit »Naher Osten« übersetzt, auch wenn vielleicht in manchen Zusammenhängen Bezeichnungen wie »Vorderer Orient« noch gebräuchlicher sind.

Zusätze zu den Anmerkungen in der deutschen Ausgabe stehen in eckigen Klammern. Das Register wurde gegenüber der englischen Ausgabe erweitert.

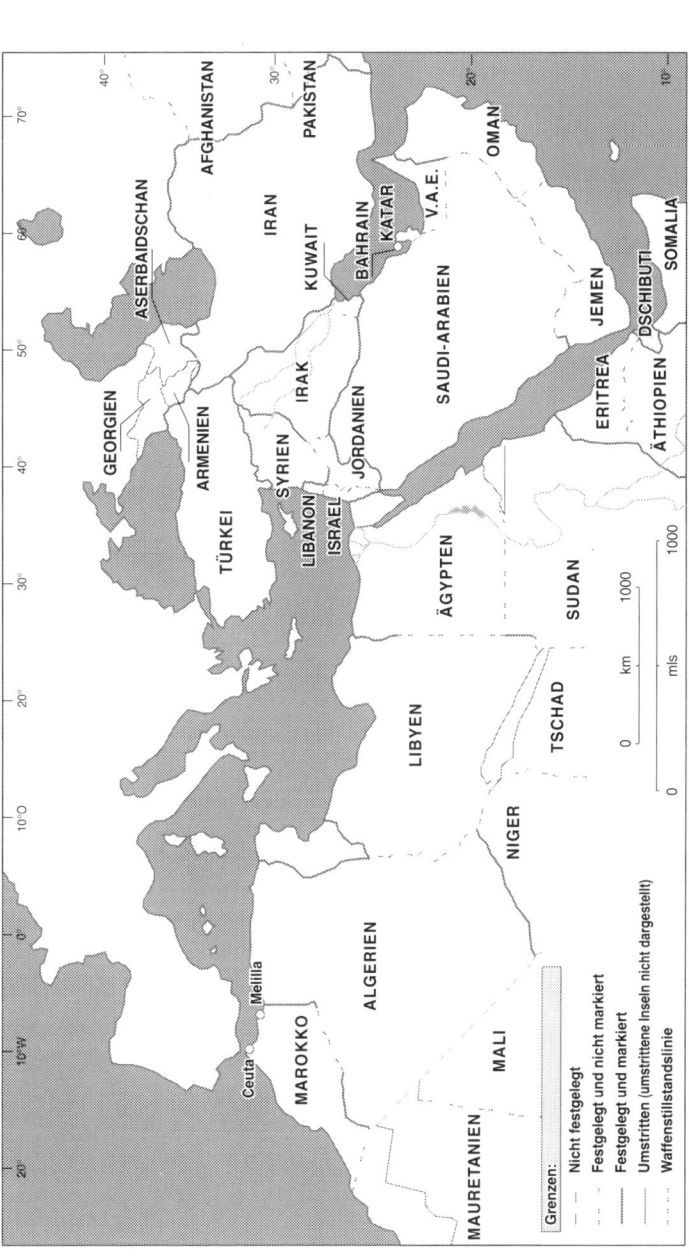

Nordafrika, der Nahe Osten und der Kaukasus

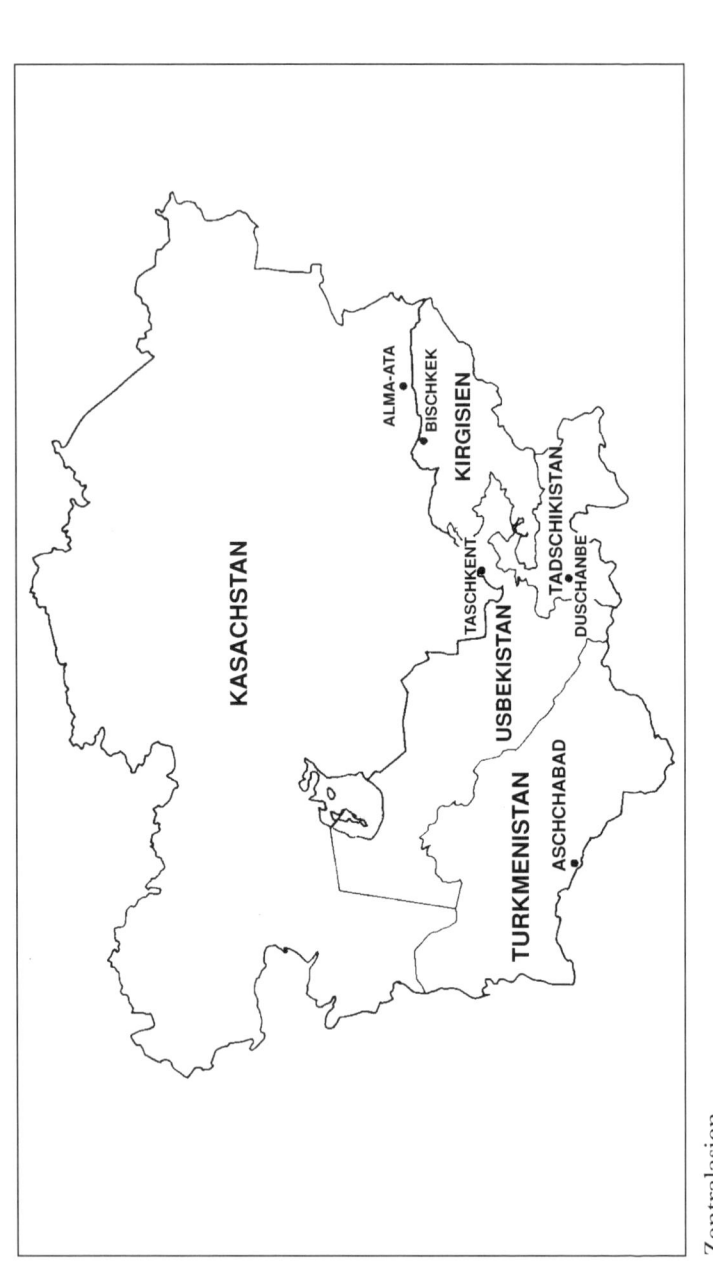

Zentralasien

Kapitel 1

Skizzen zu einem historischen Porträt

Im Jahre 1902 prägte der amerikanische Marinehistoriker Alfred Thayer Mahan den Ausdruck »Middle East« für das Gebiet zwischen Arabien und Indien, in dessen Zentrum – vom Standpunkt des Marinestrategen aus – der Persische Golf liegt. Diese neue geographische Bezeichnung wurde von der Londoner *Times* und später von der britischen Regierung aufgegriffen und bald, zusammen mit dem etwas früheren Ausdruck »Near East«, allgemeiner Sprachgebrauch. Beide Namen sind neuen, aber nicht neuesten Ursprungs; beide sind Relikte einer Welt mit Westeuropa im Zentrum, um das herum sich die anderen Regionen gruppieren. Doch trotz ihrer Überholtheit und ihres beschränkten Gesichtskreises haben beide Bezeichnungen, vor allem »Middle East«, allgemeine Geltung erlangt und werden heute sogar von Russen, Afrikanern und Indern zur Benennung dieser Region benutzt, obwohl sie eigentlich südlich, nördlich oder westlich von ihnen liegt – ja merkwürdigerweise sogar von den Völkern dieses »Mittleren Ostens« selber. Der Ausdruck hat sich als derart brauchbar erwiesen, daß sich der Raum, für den (und in dem) er verwendet wird, ungemein ausgeweitet hat: von den ursprünglichen Anwohnerländern des Persischen Golfs zu einem riesigen Gebiet, das sich vom Schwarzen Meer bis nach Äquatorialafrika und von der Nordwestgrenze Indiens bis zum Atlantik erstreckt.[1]

Es ist in der Tat bemerkenswert, daß eine dermaßen alte Kulturregion – eine der ältesten der Welt – sogar von den dort Lebenden mit Namen belegt wird, die so neu und so farblos sind. Doch wenn wir versuchen, einen adäquaten Ersatz für diese Namen zu finden, stoßen wir auf große Schwierigkeiten. In Indien hat man tatsächlich den Versuch gemacht, den westlicher Sicht entstammenden Ausdruck »Mittlerer Osten« durch einen anderen zu ersetzen, und das Gebiet in »Westasien« umgetauft. Diese

neue geographische Bezeichnung weist etwas mehr Form und
Farbe auf als »Mittlerer Osten«, ist aber im Grunde nicht viel besser. Es ist nicht weniger irreführend, die Region als den Westen eines Gebildes namens Asien zu betrachten, denn als den mittleren
oder nahen Osten eines anderen nicht näher bestimmten Gebildes; außerdem ist es unstatthaft, dafür einen Namen zu wählen,
der Ägypten ausschließt, und sei es nur aus formalen Gründen.

Der Grund für die rasche Ausbreitung und Annahme der Aus-
drücke »Naher Osten« und »Mittlerer Osten« muß in der Tatsache
gesucht werden, daß diese Region für die Europäer jahrtausen-
delang *der* Osten war – der klassische, archetypische und uralte
Orient, der seit den Tagen, als die Armeen des Großkönigs von
Persien erstmals in das Land der Griechen einfielen, bis zu den
Tagen, als die letzte Nachhut der osmanischen Sultane abzog, der
Nachbar und Rivale des griechisch-römischen und christlichen
Europa gewesen war. Bis weit ins 19. Jahrhundert hinein waren die
Länder Vorderasiens und Nordostafrikas für den Europäer immer
noch schlichtweg der Orient, ohne daß es näherer Bestimmung
bedurft hätte, und das Problem, wie darüber zu verfügen sei, hieß
die »orientalische Frage«. Erst als Europa in die Probleme eines
größeren und ferneren Orients hineingezogen wurde, bedurfte es
einer genaueren Definition. Als der Ferne Osten die Kanzleien Europas zu beschäftigen begann, wurde eine eigene Bezeichnung für
den näheren Osten nötig. Der Ausdruck »Near East« wurde im späten 19. Jahrhundert zunächst auf den Teil Südosteuropas ange-
wandt, der damals noch unter türkischer Herrschaft stand. Er war
»nah«, weil er ja schließlich christlich und europäisch war; er war
»Osten«, weil er immer noch dem Osmanischen Reich unterstand
– einem islamischen und orientalischen Staat. Eine Zeitlang
wurde dieser »Nahe Osten« sozusagen nach Osten ausgedehnt, um
schließlich, vor allem im amerikanischen Sprachgebrauch, den
größeren Teil der Gebiete des Osmanischen Reiches in Asien und
Afrika wie auch in Europa zu umfassen. Im britischen Sprachgebrauch ist der Ausdruck »Near East« fast völlig verschwunden –
vielleicht weil sich bei genauerem Kennenlernen herausstellte, daß

der Nahe Osten gar nicht so nahe war, wie man zuerst gedacht hatte – und durch einen riesenhaft ausgeuferten »Middle East« ersetzt worden, der weite Gebiete Vorderasiens und Nordafrikas einschließt. Es bestehen nach wie vor erhebliche Unterschiede im Gebrauch dieser Bezeichnung.

Trotz ihres relativ späten Aufkommens und der anhaltenden Ungewißheit, worauf genau sie sich beziehen, bezeichnen die Ausdrücke »Middle East« bzw. »Naher Osten« dennoch ein Gebiet mit einer unverwechselbaren Eigenart und Identität, eine charakteristische – und vertraute – Persönlichkeit, geprägt von deutlichen geographischen Merkmalen und von einer langen und ruhmreichen Geschichte.

Das auffallendste geographische Merkmal des Nahen Ostens ist sicherlich seine Trockenheit – die ungeheuer weiten Wüstengebiete in fast jedem seiner Teile. Regenfälle sind spärlich, Wälder eine Seltenheit, und bis auf wenige begünstigte Gegenden ist die Landwirtschaft auf ganzjährige Bewässerung angewiesen und bedarf ständiger Sicherungsmaßnahmen gegen natürliche und von Menschen verschuldete Erosion. Die Arabische Halbinsel besteht bis auf ihre südwestliche und südöstliche Ecke überwiegend aus Wüste; der Fruchtbare Halbmond ist wenig mehr als ein bewässerbarer und bebaubarer Streifen Land an ihren nördlichen Rändern. Auch Ägypten ist fast vollständig Wüste, ausgenommen nur der grüne Spalt des Nils, der sich zur Mittelmeerküste hin zum Delta verbreitert. Nordafrika ist heute weitgehend unfruchtbar, abgesehen von den Küstenstreifen und ein paar Oasen. In der Türkei und dem Iran besteht ein Großteil der zentralen Hochlande aus Wüsten und Steppen, während jenseits davon im Norden die riesigen Steppengebiete Eurasiens liegen.

Einige der Wüsten, etwa das »Leere Viertel« (Rub al-Chali) Arabiens und die westliche Wüste Ägyptens, sind vollkommen kahl; andere sind die Lebensgrundlage einer dünnen, aber historisch bedeutsamen Bevölkerungsschicht nomadischer Hirten, die Tiere als Fleisch- und Milchlieferanten und zur Beförderung halten und in mannigfacher Weise an der Ausnutzung der Handelsrouten

durch die Wüste beteiligt sind. In der heutigen Zeit verlieren die
Hirten einen wichtigen Teil ihrer wirtschaftlichen Daseinsberech-
tigung, da das Pferd und das Kamel vom Auto und Lastwagen ersetzt werden – Beförderungsmitteln, die sie nicht züchten können.
Sie können sie allerdings füttern, und in manchen Gegenden sind
sie und ihre Nachbarn mit Riesenmengen des Futters gesegnet,
das diese Beförderungsmittel verzehren. Die Ausbeutung dieser
Ressource – Erdöl – bringt soziale wie auch wirtschaftliche Veränderungen von unkalkulierbaren Ausmaßen mit sich.

Die Auswirkungen, die die Entdeckung und Förderung von Öl
im Nahen Osten hatten, waren dramatisch, zumal es dieser Region
vorher an Brennstoffen und Energiequellen gemangelt hatte. Es
gibt keine Kohle, und schon im Mittelalter gab es sehr wenig Holz,
so daß Leder und Wolle – Erzeugnisse der Nomaden – ebenso für
Möbel wie für Kleider genommen wurden. Das Vorhandensein von
Öl war bekannt, aber man war sich über die Möglichkeiten, die
darin steckten, nicht im klaren. Im vorislamischen Iran wurde es
zur Speisung der heiligen Flamme in zoroastrischen Tempeln benutzt; in islamischer Zeit war es ein Bestandteil bei der Herstellung
von Explosivstoffen zu Kriegszwecken. Außer Wasser und Wind-
mühlen – und diese selbst im Vergleich zum frühmittelalterlichen
Europa in geringer Zahl – gab es keine andere Energiequelle als
die tierische oder menschliche Arbeitskraft. Dies hilft vielleicht
auch erklären, wieso die Technik nach den bemerkenswerten Er-
rungenschaften im nahöstlichen Altertum keine weiteren Fortschritte mehr machte.

Zwischen den Hirten und den Ackerbauern herrschte eine alte
Fehde. Eines der ältesten Zeugnisse für den Konflikt zwischen
ihnen ist in einigen Versen im vierten Kapitel des Buches Genesis
enthalten, die von dem Streit zwischen Abel, dem Viehzüchter, und
Kain, dem Ackerbauern, berichten. In der Bibel ist es Kain, der
Abel tötet; häufiger war es in der Geschichte des Nahen Ostens so,
daß die Hirten die Bauern töteten oder ihre Herrschaft über sie
errichteten. Die Kontrolle der Wüstengrenzen und die Sicherheit
der Handelsstraßen durch die Wüste waren immer Probleme für

die Regierungen, ob einheimische oder imperiale, die über das besiedelte Land herrschten. Sie fanden es meistens bequemer, die Wüste indirekt zu verwalten – durch irgendeinen Nomaden- oder Oasenfürsten, dem sie als Gegenleistung für sicheren Handel und für politische und militärische Hilfe bei Bedarf Unterstützung und Anerkennung gewährten. Um ein Beispiel von vielen herauszugreifen: Byzanz und Persien, die zwei Weltmächte, die einander im 6. und frühen 7. Jahrhundert im Nahen Osten gegenüberstanden, unterhielten beide ihre arabischen Pufferstaaten, deren Herrscher sie mit Gold- und Waffengeschenken, mit hochtrabenden Titeln und Besuchen in der Reichshauptstadt bei der Stange hielten. Diese Methode war billiger, einfacher und wirksamer, als zu versuchen, die Wüste direkt zu beherrschen. Ihr Wert wird in keiner Weise durch die Tatsache geschmälert, daß im 7. Jahrhundert die Araber aus der Wüste kamen und beide Reiche besiegten.

Die Eroberung aus der Wüste ist ein immer wiederkehrendes Motiv in der Geschichte des Nahen Ostens. Viele Invasions-, Einwanderungs- und Siedlungswellen sind über die Kulturgebiete hereingebrochen. Einige, etwa die Akkader, die Kanaaniter, die Aramäer und die Hebräer im Altertum, waren semitische Völkerschaften aus der arabischen Wüste; andere drangen aus den Steppengebieten Zentral-, Nord- und Ostasiens nach Süden. Die letzte und größte semitische Invasion war die der muslimischen Araber im 7. Jahrhundert, die den Grundstein zur mittelalterlichen islamischen Zivilisation legte; die größte Invasion aus der Steppe war die der Mongolen im 13. Jahrhundert, die dieser Zivilisation, nach dem Urteil einiger Historiker, den Garaus machte.

Die unmittelbare Wirkung der mongolischen Eroberungen war sicher groß, aber ihre langfristigen Folgen sind stark übertrieben worden. Es gab eine Zeit, in der mongolische Brutalität für den Niedergang der islamischen Zivilisation und überhaupt für sämtliche Mißgeschicke des Nahen Ostens und seiner Völker zwischen dem 13. und 19. Jahrhundert verantwortlich gemacht wurde. Außerhalb von romantischen und apologetischen Kreisen hat man diese Anschauung allgemein aufgegeben, da vermehrte Kennt-

nisse der islamischen Geschichte einerseits und nähere Erfahrungen mit Brutalität und Zerstörung andererseits uns gezeigt haben,
daß der von den Mongolen angerichtete Schaden weder so groß
noch so nachhaltig war, wie es Historikern einer unschuldigeren
Zeit als unserer scheinen wollte. Die Mongolen zerstörten die arabische Zivilisation nicht, die schon lange vor ihrem Auftauchen
den Zenit überschritten hatte, genausowenig wie sie die islamische
Zivilisation zerstörten, die, in einer weitgehend persianisierten
Form, unter ihrer Herrschaft zu neuer Blüte kam.

Wenn die islamische Zivilisation vom Einfall der Steppenvölker
auch nicht zerstört wurde, so doch zweifellos verwandelt. Die großen Wanderungen dieser Völker in den Nahen Osten hatten schon
vor den mongolischen Eroberungszügen begonnen, im 10. Jahrhundert, als die türkischen Stämme Zentralasiens den Jaxartes
(Syr-Darja) überquerten und ihren Marsch nach Westen antraten.
Sie endeten in der Zeit nach dem Tod Tamerlans, des letzten der
großen Eroberer aus der Steppe, im Jahre 1405. In diesen vier
Jahrhunderten der Besetzung und Beherrschung aus der Steppe
veränderte sich das gesamte Lebens- und Herrschaftsgefüge im
Nahen Osten.

Danach gab es keine Invasionen aus der Wüste oder der
Steppe mehr. Als die arabischen Wahhabiten im 18. Jahrhundert,
getrieben von neuer religiöser Begeisterung und einem neuen Ex-
pansionsdrang, mit einem Einfall in Syrien und den Irak den Taten ihrer Vorfahren nacheifern wollten, wurden sie an den Rändern der Wüste abgefangen und zurückgeworfen. Dem damals
schon im fortgeschrittenen Alterssiechtum darniederliegenden
Osmanischen Reich gelang mühelos, was die mächtigen Reiche
Roms und Persiens nicht vermocht hatten. Der Unterschied war
freilich die technische Überlegenheit der stärkeren Macht über
die schwächere, die mit der Einführung der ersten Schußwaffe anfing und seitdem ständig gewachsen ist. Die persischen und byzantinischen Heere traten den Wüstenkriegern mit Waffen entgegen, die, wenn überhaupt, nur wenig besser waren als die ihrer
Feinde; die Osmanen empfingen sie mit Kanonen.

Hier und da ist die Wüste von Flüssen durchbrochen, die zur Bewässerung taugen. Zwei der wichtigsten Länder, Ägypten und der Irak, sind im wesentlichen Flußtäler. Beide beherbergen sehr alte Gesellschaften – sicherlich die ältesten in dem Raum, vielleicht sogar der Welt. Beide haben agrarische Wirtschaftsordnungen auf der Grundlage eines komplizierten Systems künstlicher Bewässerung, das sich das Hochwasser der Flüsse zunutze macht und große Mengen von Arbeitern und qualifizierten Technikern benötigt, die unter der Kontrolle einer Zentralverwaltung stehen. Diese Notwendigkeit bestimmte die Entwicklung der Bodeneigentumsordnung; sie förderte zudem die Entstehung starker, zentralisierter Regierungen, bürokratisch und autokratisch zugleich, und einer entsprechenden Tradition politischen Denkens und Handelns.

Die reichen Ernten der bewässerten Flußtäler warfen mehr ab, als für den bloßen Lebensunterhalt nötig war, und ermöglichten ein zuvor unbekanntes Spezialisierungsniveau und die Entwicklung neuer Fertigkeiten und Wirtschaftszweige. Schon im 4. Jahrtausend v. Chr. bauten die Stadtbewohner des Irak und Ägyptens einen Land- und Seehandel auf, um das Holz und die Erze zu bekommen, die ihnen fehlten. Nicht weniger bedeutsam war die Erfindung der Schrift. Die Entstehung der Städte, von Tempel- und Palastspeichern und von Regierungen machte Verzeichnisse und Verwaltungsurkunden erforderlich. Um diese erstellen zu können, kam das spezialisierte »Geheimnis« der Schrift auf und damit eine neue Klasse von Schreibern und Beamten sowie die revolutionäre Möglichkeit, Wissen festzuhalten, zu sammeln und zu übermitteln.

Die meisten der ältesten städtischen Zentren und der frühesten schriftlichen Urkunden in der bekannten Menschheitsgeschichte hat man im Nahen Osten gefunden. Später wandelten sich sowohl das Stadtleben als auch die Schrift durch die Einflüsse vieler Völker innerhalb wie außerhalb der Region. Das phönikische Alphabet, das an die Stelle der komplizierten Bilder- und Silbenschriften der alten Ägypter und Babylonier trat, erleichterte und beschleunigte die Entwicklung des Schreibens ungemein. Die griechische Polis mit ihren mitverantwortlichen Bürgern und ihren forschenden Denkern und Wissenschaftlern eröffnete der städtischen Kultur und Regierung neue Wege. Zur Zeit des Aufkommens des Islam im 7. Jahrhundert gehörten Nordafrika, Ägypten, die Levante und Kleinasien schon seit Jahrhunderten zum griechisch-römischen Herrschafts- oder Einflußbereich, und Großstädte wie Alexandria, Cäsarea, Antiochia und Konstantinopel waren Zentren der hellenistischen Zivilisation.

Die älteren Städte weiter landeinwärts – Theben, Jerusalem, Damaskus – unterlagen zwar auch dem hellenistischen Einfluß, aber bewahrten eine ältere nahöstliche Tradition. Diese Tradition war im Irak noch stärker, der zwar zu der Zeit weitgehend christlich, aber nicht der griechisch-römischen Welt eingegliedert, sondern ein Teil – ja die Residenzprovinz – des persischen Großreiches war. Die von den arabischen Eroberern geschaffene islamische Welt vereinigte zum erstenmal seit Alexander dem Großen und auf viel längere Dauer den Ost- und Westteil der nahöstlichen Region und umfaßte die Flußtäler und alten Kulturherde Ägyptens wie des Irak.

Diese beiden sind seit Jahrtausenden rivalisierende Machtzentren, und ihre Denkweisen und Ordnungen haben die Nachbarländer zutiefst beeinflußt. Von diesen Zentren nahm im fernen Altertum die Zivilisation im Nahen Osten ihren Ausgang, und in ebendiesen Zentren entstand auch, nach der langen dunklen Zeit von Kyros bis Muhammad, die neue Zivilisation des Islam und wuchs sich zum Weltreich aus. Seit dem Mittelalter hat Ägypten durch seine größeren Zahlen und wirtschaftlichen Ressourcen den Irak eindeutig übertrumpft, wenn auch dessen vom Erdöl herrührender Wohlstand diese Ungleichheit manchmal verdeckt, ohne sie jedoch zu beseitigen.

Ägypten und der Irak sind nicht immer die rivalisierenden Herren des Nahen Ostens gewesen. Es hat andere Machtzentren in der Gegend gegeben, die Sitze von Reichen, die lange Zeit über die älteren Länder herrschten. Im Norden und Osten der Ebenen und Täler, die den Fruchtbaren Halbmond bilden, liegen die weiten Hochlande des Iran und Anatoliens, die in der Form ihrer Landschaft, der Bevölkerung, der kulturellen Tradition und der politischen Erfahrung deutlich von jenen abgesetzt sind. Diese Länder wurden von den semitischen Zivilisationen des Fruchtbaren Halbmonds zur Zeit ihrer antiken wie auch ihrer islamischen Blüte nachhaltig beeinflußt. Doch obwohl sie viele ethnische und sprachliche Wandlungen durchliefen und mehrere semitische Schriften übernahmen, machten sie sich nie eine semitische Sprache zu eigen. Perser im Osten, Hethiter, Griechen und Türken im Norden haben an ungefähr den gleichen ethnischen Grenzen gestanden. Osmanen und Safawiden im 16. Jahrhundert setzten die Rollen und Konflikte von Byzantinern und Sassaniden im 6. Jahrhundert fort und beschworen dabei noch ältere Erinnerungen. Heute bilden die Tafelländer die zwei Staaten Türkei und Iran, deren Bewohner zwar Muslime sind, aber weder die Sprache der Araber teilen noch das lange Trauma von Unterwerfung und Befreiung. Die Trennungslinie zwischen Arabern und Nichtarabern ist alt, und die Grenze entlang der Gebirgsausläufer, der sie folgt, ist noch viel älter.

Zwischen Taurus und Sinai, zwischen Wüste und Meer, liegt die Region, die heute die vier Staaten Syrien, Libanon, Israel und Jordanien umfaßt und die von den Griechen und Römern Syrien, von den Arabern Bilad asch-Scham und von europäischen Kaufleuten die Levante genannt wurde. Das zerklüftete Terrain dieser Region steht in deutlichem Gegensatz zu den Flußtälern und Hochebenen, die den Lebensraum der benachbarten Reiche bildeten, und hat sich gewöhnlich in einer kulturellen und politischen Zersplitterung niedergeschlagen. Nur ganz selten hat der zeitweilige Niedergang anderer Mächte das Aufkommen einer starken Macht in Syrien zugelassen. Häufiger stellten die syrischen Gebiete ein Mosaik von kleinen Fürstentümern dar, Gegenstand wie Schauplatz von Kämpfen zwischen ihren mächtigeren Nachbarn. Wenn die Herrscher Ägyptens stark waren, so waren sie es, die ihr Hoheitsgebiet so weit wie möglich nach Syrien hinein auszudehnen versuchten, wie es Pharao Thutmosis und Ptolemaios, Pompeius und Ibn Tulun, Fatimiden und Mamluken, Napoleon, Muhammad Ali, die Briten und Nasser taten. Ägypten ist am verwundbarsten an seiner Nordostgrenze, über die viele Eindringlinge gekommen sind, und ägyptische Regierungen waren meistens bestrebt, wenigstens einen Brückenkopf auf der Sinaiseite zu halten. Zu anderen Zeiten wurde die Levante vom Osten aus beherrscht, etwa von den Assyrern, den Persern und den Abbasiden; vom Norden aus, etwa von den Hethitern, Byzantinern und Osmanen; oder vom Meer aus.

Ein markanter geographischer Zug dieser Region ist das Gebirgsrückgrat, das in seiner Mitte verläuft: der Libanon und der Antilibanon mit ihren nördlichen und südlichen Verlängerungen. Das Gebirge teilt das syrische Gebiet in zwei Hälften: einen Westhang in Richtung Mittelmeer und Europa und einen Osthang in Richtung Wüste und Asien. Die Unterscheidung zwischen den beiden Hälften ist alt und wurde von Zeit zu Zeit durch frische Invasionswellen von beiden Seiten erneuert. Die Philister und die Phöniker waren beide Seevölker, jene von Westen kommend, diese nach Westen schauend. Die alten Israeliten waren ein Wüsten- und Bergvolk, das die einfallenden Philister aufhielt und schließlich besiegte. Die griechische und römische Kultur blühte an der Küste und siechte im Landesinnern. Antiochia war eine große griechische Metropole, und die Hafenstadt Berytus war der Sitz einer bekannten römischen Rechtsschule – der römischen Universität von Beirut sozusagen. Nur hin und wieder, etwa unter den Makkabäern in Judäa, stand die ältere Kultur des Landesinnern gegen den alles beherrschenden hellenistischen Einfluß auf. Die arabischen Invasionen erneuerten die Hegemonie des Ostens und machten sogar für kurze Zeit Damaskus zur Reichshauptstadt. Die Kreuzfahrer nahmen auf ihrem Südzug von Antiochia bis Gaza die levantinische Küste eine Zeitlang wieder für Europa ein, konnten aber nicht ins Landesinnere vordringen. Sie kamen nie nach Aleppo oder Damaskus hinein und konnten auch Jerusalem, ihr Hauptziel, nur kurzfristig halten. In unserer heutigen Zeit ist der Unterschied zwischen den beiden Hälften nach wie vor deutlich – so zwischen Beirut und Damaskus oder, in anderer und akuterer Form, zwischen Tel Aviv und Amman.

Vor zweihundert Jahren, als die europäische Ägyptologie gerade erst in den Anfängen steckte, war vom alten Nahen Osten vor den Eroberungszügen Alexanders nicht mehr bekannt, als was darüber in der Bibel und bei den griechischen Schriftstellern stand. Es gab zwar noch Ägypter in Ägypten, Perser in Persien, die Nachfahren anderer alter Völker in den Nachbarländern, aber die alten Staaten und Religionen und Zivilisationen waren tot und buchstäblich begraben, die alten Sprachen längst vergessen, ihre Geheimnisse in alten Schriften verschlossen, die niemand entziffern konnte. Nur ein paar Minderheiten – die koptischen Christen in Ägypten und die Zoroastrier im Iran und in Indien – hielten treu an den alten Religionen fest und bewahrten ein Wissen von den Endstadien ihrer alten Sprachen und Kulturen. Diese blieben außerhalb ihrer Volksgruppen unbekannt. Zwei der Völker des alten Nahen Ostens hatten ihre Identität und ihre Erinnerungen wahren können und übten weiter einen nachhaltigen Einfluß auf die Welt aus. Die Griechen und Juden waren immer noch Griechen und Juden und sprachen immer noch Griechisch und Hebräisch; in diesen alten und doch lebenden Sprachen hatten sie unsterbliche Werke der Religion und Literatur erhalten, die in das gemeinsame Erbe der Menschheit übergingen. Aus diesen Werken bestand alles, was das Menschheitsgedächtnis vom alten Nahen Osten behalten hatte. Und selbst dieses wenige war unter den Muslimen kaum bekannt, die weder die Bibel noch die griechischen Geschichtsschreiber lasen und nur einige Informationen aus zweiter Hand besaßen, die aus ebendiesen Quellen durchgesickert waren, und dazu noch ein paar nebulöse Legenden ungewisser Herkunft. Die Wiederentdeckung des alten Nahen Ostens war weitgehend das Werk europäischer Gelehrsamkeit: von Archäologen, die die Quellen der Informationen fanden, von Philologen, die sie mit Hilfe koptischer und zoroastrischer Überlieferungen entzifferten und auslegten, sowie von Historikern und anderen, die sie beurteilten und auswerteten. Ihre wissenschaftliche Arbeit fand schließlich Schüler im Nahen Osten und erweiterte damit das historische Selbstbewußtsein seiner Völker, das bis dahin praktisch auf die mit der islamischen Offenbarung beginnende Zeitspanne beschränkt gewesen war.

Der Nahe Osten ist die Heimat dreier großer Religionen: des Judentums, des Christentums und des Islam. Alle drei bestehen dort fort; eine hat sich durchgesetzt. In den letzten vierzehn Jahrhunderten war der Nahe Osten vor allen Dingen der Raum des Islam, das geographische und geistige Zentrum der islamischen Welt, wo der muslimische Glaube entstanden war und die Zivilisation des Islam ihre ersten, klassischen Ausdrucksformen erhalten hatte. Der Islam ist jedoch keineswegs auf den Nahen Osten begrenzt. Es gibt riesige Gemeinschaften von Muslimen in Afrika und Asien, manche davon viel größer als die gesamte Bevölkerung des Nahen Ostens. Doch sie alle sind sekundäre, postklassische, in gewisser Hinsicht koloniale Ableger, die sich zu den Herzländern des Islam verhalten wie die Überseegebiete zu Europa. Es war der Nahe Osten, wo die großen Ereignisse stattfanden, die das gemeinsame historische Erinnerungsgut der Muslime auf der ganzen Welt bilden, und wo sich die klassische islamische Identität herausbildete. Dort nahmen die grundlegenden islamischen Muster und Traditionen Gestalt an, unter den Kalifen und Sultanen der großen Weltreiche des mittelalterlichen Islam, in Ländern, in denen, mit einigen Ausnahmen hier und da, Arabisch, Persisch und Türkisch gesprochen wurde.

Seit dem Aufstieg des Islam im 7. Jahrhundert haben diese drei Sprachen in der Region vorgeherrscht, wobei sie solche älteren Verkehrs- und Kultursprachen wie Griechisch, Koptisch und Syrisch verdrängten und sie entweder zum Aussterben oder zur liturgischen oder mundartlichen Fossilierung verurteilten. Die drei ähneln sich überhaupt nicht, denn sie gehören verschiedenen, nicht miteinander verwandten Sprachfamilien an. Das Arabische ist eine semitische Sprache und steht dem Hebräischen und Syrischen nahe; das Persische ist eine indoeuropäische Sprache, verwandt einerseits mit Sanskrit und andererseits mit den meisten europäischen Sprachen; das Türkische gehört wieder einer anderen Gruppe an, der Familie der Turksprachen, die über ganz

Zentralasien bis in den Fernen Osten, ja bis in die Arktis verbreitet ist. Obwohl die drei Sprachen also strukturell ganz verschieden sind, hängen sie kulturell eng zusammen; ein ungeheures Vokabular arabischer Lehnwörter wird im Persischen und arabischer und persischer Lehnwörter im Türkischen gebraucht. Perser und Türken gleichermaßen schöpften aus dem Arabischen wie die Europäer aus dem Lateinischen und Griechischen, sowohl um bestehende Begriffe für alte Inhalte zu übernehmen als auch um neue Begriffe für neue Inhalte zu prägen. »Metaphysik« und »Telegraphie« sind beide deutsche Wörter griechischer Herkunft; das arabische Vokabular des Türkischen weist Parallelen zu beiden Lehnformen auf.

Die Völker, die zu diesen drei Sprachen gehörten, traten nacheinander in den Mittelpunkt des Geschehens auf der nahöstlichen Bühne. Die ersten waren die Araber. Anfang des 7. Jahrhunderts waren die Araber nur auf der Arabischen Halbinsel und in den angrenzenden Gebieten zu finden. Die vielen Länder in Vorderasien und Nordafrika, die heute arabische Namen haben, waren von einer Vielzahl von Völkern bewohnt, die sich überwiegend zum Christentum bekannten und zum Teil, aber nicht durchweg ein semitisches Idiom sprachen. Ihre Sprachen waren zahlreich: Aramäisch im Fruchtbaren Halbmond, Koptisch in Ägypten, Bersbersprachen und Neupunisch in Nordafrika. Außerdem gebrauchten sie im Osten Griechisch und im Westen Latein als Regierungs-, Verkehrs- und Kultursprachen.

Infolge der verschiedenen Eroberungs- und Kolonisierungswellen, die der Aufstieg des Islam in Arabien auslöste, wurden diese Länder einem neuen Reich eingegliedert, das sich vom Atlantik und den Pyrenäen im Westen bis an die Grenzen Chinas und Indiens im Osten erstreckte. Etwa zwei Jahrhunderte lang wurde dieses neue Reich von den arabischen Eroberern dominiert, die darin eine Art Konquistadorenadel darstellten. Der Glaube, den sie gebracht hatten, und die Sprache, in der ihre heilige Schrift verfaßt war, bildeten die Grundlage und die Lingua franca einer prächtigen neuen Zivilisation, die von Menschen vieler Glaubensrichtungen und Nationalitäten geschaffen wurde, die sich aber der arabischen Sprache bediente und den Maßstäben islamischer Frömmigkeit und Ästhetik gehorchte. Mit der Zeit sahen sich die Araber gezwungen, ihre politische Vormachtstellung zu teilen oder ganz aufzugeben, und mußten neuen bürokratischen und militärischen Eliten fremder Herkunft weichen. Die arabische Sprache jedoch behielt ihren kulturellen Vorrang, auch als ihre Sprecher die tatsächliche Macht schon lange verloren hatten. Von der persisch-irakischen Grenze über den Fruchtbaren Halbmond hinweg bis nach Nordafrika hinein ersetzte das Arabische alle früheren offiziellen Landessprachen und ist in seiner Schriftform bis auf den heutigen Tag die gemeinsame Sprache geblieben.

Östlich der persisch-irakischen Grenze gelang es den arabischen Eroberern, ihre Religion, ihre Schrift und eine Zeitlang auch ihre literarische und wissenschaftliche Sprache durchzusetzen, nicht aber ihre Umgangssprache und ihre nationale Identität. Die Perser wurden islamisiert; sie schrieben arabisch und leisteten überhaupt einen gewaltigen Beitrag zur arabisch geschriebenen internationalen Literatur des Islam. Sie blieben jedoch Perser, die sich in der alltäglichen Rede und der Mentalität von den Arabern unterschieden. Wie die übrigen eroberten Völker des Arabischen Reiches besaßen sie eine alte Sprache und Literatur; anders als diese waren sie erfüllt von noch relativ frischen Erinnerungen an Unabhängigkeit und imperiale Größe und ausgestattet mit praktischen Erfahrungen in der Verwaltung und Staatskunst, die ihnen bald eine führende Rolle in der arabischen Regierung verschafften. Während des 9. und 10. Jahrhunderts betrat Persien wieder die politische Bühne. Unabhängige persische Dynastien kamen in früheren Provinzen des Arabischen Reiches an die Macht, und es entstand eine neue islamisch-persische Literatursprache mit einem reichen und glänzenden Schrifttum, das dem Geschmack persischsprechender Höfe und Mäzene entsprach und das neue Selbstbewußtsein der Perser als eigener kultureller Gruppe innerhalb des Islam – in vieler Hinsicht der höchstentwickelten – widerspiegelte.

Ungefähr vom 10. Jahrhundert an begann das muslimische Persisch Arabisch als vorherrschende Literatursprache außerhalb der ursprünglich arabischsprachigen Länder abzulösen. Das Arabische war nicht mehr die allgemeine Regierungs- und Kultursprache des Islam, wie es das Lateinische im mittelalterlichen Europa gewesen war. Statt dessen zog es sich, außer zu religiösen und rechtlichen Zwecken, auf diejenigen Länder zurück, die man Jahrhunderte später als arabische bezeichnen sollte. Weiter im Osten, nicht nur in Persien, sondern auch in den Einflußgebieten der persischen Kultur in der Türkei, Zentralasien und Indien, wurde Persisch die bestimmende Literatursprache und verdrängten die persischen die arabischen Klassiker als nachzuahmende Vorbilder. Da der Niedergang der arabischen Gebiete mit dem Wiederaufschwung des Iran zusammenfiel, mußten Kairo, Damaskus und Bagdad hinter die Städte der Perser und Türken zurücktreten, und diese wurden zu den großen schöpferischen Zentren der islamischen Zivilisation, die jetzt in ihre zweite Hochphase eintrat, die persische.

Um die gleiche Zeit, oder vielleicht etwas später, trat das dritte der drei Hauptvölker der islamischen Herzländer auf den Plan, die Türken. Sie waren aus Zentralasien, aus ihren Heimatländern jenseits des Jaxartes, in den Nahen Osten gekommen. Die meisten Türken waren Heiden gewesen, wenn auch einzelne Gruppen sich zum Christentum, Manichäismus, Judentum oder Buddhismus in der einen oder anderen Spielart bekannt hatten. Doch im Laufe der Zeit bekehrten sie sich fast ausnahmslos zum Islam und spielten bald eine wichtige und schließlich lange Zeit eine dominierende Rolle in der islamischen Welt.

Die Türken kamen anfangs als Soldaten oder Einzelpersonen in den Nahen Osten und hatten bald in den Armeen des Islam das Übergewicht. Im 11. Jahrhundert kamen sie als Eroberer und Kolonisten und errichtete in den Herzländern des Islam ein gewaltiges neues Reich mit Schwerpunkt in Persien. Die ersten arabisch-muslimischen Eroberer waren von den Byzantinern am Taurusgebirge aufgehalten worden, das vom 7. bis zum 11. Jahrhundert

die Grenze zwischen Islam und Christentum markierte. Die Türken schafften, was früheren Invasoren nicht gelungen war, und
drängten die Schwelle Europas weiter zurück, bis sie ganz Kleinasien in die Welt des Islam einbezogen hatten. Nach der Eroberung ließen sie sich in großer Zahl dort nieder, so daß das Land
bei abendländischen Besuchern – nicht aber bei den Bewohnern
selbst – bald nach der bestimmenden Volks- und Sprachgruppe
»die Türkei« hieß.

Durch Eroberung und Besiedlung wurde Kleinasien ein überwiegend türkisches Land, das durch einen zusammenhängenden
Gürtel türkischer Bevölkerungsgruppen mit den älteren türkischen Gebieten in Transkaukasien und Zentral- und Ostasien verbunden blieb. Nahezu überall sonst im Nahen Osten bildeten die
Türken, obwohl sie in der Minderheit waren, die herrschende
Schicht. Sogar im Iran, in Syrien und Ägypten, selbst im fernen
muslimischen Indien waren die herrschenden Dynastien türkisch,
waren die Armeen türkisch, obwohl die überwältigende Masse der
Bevölkerung es nicht war. Im Laufe eines Jahrtausends türkischer
Hegemonie wurde es allgemein selbstverständlich, daß Türken be-
fahlen und andere gehorchten, und ein Nichttürke in leitender
Stellung wurde als Kuriosum angesehen. Während dieser Zeit
schwang sich das Türkische schließlich zur dritten Hauptsprache
des Großraums auf. Wie zuvor das Persische wurde auch das Türkische islamisiert: mit arabischer Schrift und einem umfangrei-
chen arabisch-persischen Vokabular, das das große Erbe der islamischen, speziell der persisch-islamischen Zivilisation verkörperte.
Diese Sprache wurde zur Lingua franca der dritten großen Phase
der nahöstlichen islamischen Zivilisation, der der Türken. Ihr erstes Hauptzentrum lag im Osten, wo in Herat, Samarkand und
Buchara eine reiche Kultur erblühte, die Osttürkisch sprach. Danach entwickelte sie sich vor allem im Osmanischen Reich, dem
letzten und größten der türkischen Reiche. Im 16. Jahrhundert erstreckte sich der osmanische Herrschafts-, Suzeränitäts- oder Einflußbereich über fast sämtliche arabischsprachigen Länder. Nur in
ein paar entlegenen und schwer zugänglichen Gegenden – im fer-

nen Marokko, in den Bergtälern des Libanon und den Wüsten Arabiens – gab es Menschen arabischer Sprache, die sich selbst regierten. Ihre Rückkehr zu politischer Unabhängigkeit, nach fast tausendjähriger Bedeutungslosigkeit, ist eines der explosivsten Ereignisse des 20. Jahrhunderts gewesen.

Der Islam also ist der herrschende Glaube, und Arabisch, Persisch und Türkisch sind die herrschenden Sprachen. Die älteren Religionen und Sprachen des Raumes sind keineswegs gänzlich verschwunden und leben in einem Mosaik von Minderheiten fort, die den Nahen Osten zu einem Museum der Religions- und Sprachgeschichte machen. Zur Zeit der arabischen Eroberungen war Persien zoroastrisch, während Ägypten und die Länder des Fruchtbaren Halbmonds verschiedenen Richtungen des Christentums anhingen. In allen diesen Ländern gab es bedeutende jüdische Gemeinden. Von diesen Religionen hat der Zoroastrismus am meisten gelitten. Anders als das christliche Reich wurde der persische Staat vollständig besiegt und zerstört. Die Zoroastrier, die weder die Unterstützung mächtiger Freunde jenseits der Grenze hatten wie die Christen noch die bittere Kunst des Überlebens beherrschten wie die Juden, schwanden dahin. Sie nahmen wenig oder gar nicht Anteil an dem iranischen kulturellen und politischen Wiederaufschwung im Mittelalter und bestehen heute nur aus ein paar tausend Anhängern im Iran und einer kleinen Gemeinde auf dem indischen Subkontinent.

Das Christentum wurde durch den Aufstieg des Islam im Nahen Osten besiegt, aber nicht zerstört. Durch die Siedlungs-, Bekehrungs- und Assimilationsbewegungen wurden die Christen nach und nach von einer Mehrheit zu einer Minderheit in der Bevölkerung. Sie bewahrten sich jedoch ein lebendiges Gemeinschafts- und Religionsleben und konnten, vom muslimischen Staat geduldet, bei der Schaffung der klassischen islamischen Zivilisation eine kleine, aber bedeutsame Rolle spielen. Die Kreuzzüge mit ihrer Hinterlassenschaft der Zerstrittenheit und des Mißtrauens hatten eine dauerhafte Verschlechterung in den Beziehungen der Christen zu ihren muslimischen Nachbarn zur Folge.

Obwohl sie nach wie vor die vom muslimischen Gesetz verbürgten Grundrechte genossen, waren sie jetzt von den Muslimen gesellschaftlich isoliert und der aktiven kulturellen und politischen Rolle, die sie in der Vergangenheit gespielt hatten, praktisch beraubt. Die ersten Phasen der Verwestlichung und der nationalen Erneuerung verschafften der christlichen Minderheit eine Zeitlang eine neue und wichtige Funktion im nahöstlichen Leben und politischen Geschehen. Der Wechsel vom liberalen Patriotismus zum Nationalismus der Volksgruppen und die zunehmende Feindseligkeit gegenüber dem christlichen Westen haben diese Funktion wieder geschmälert.

Nur in einem Land spielten die Christen als solche weiterhin eine tragende und entscheidende Rolle. Die Republik Libanon, wie sie unter dem französischen Mandat entstand, war eine Neuschöpfung mit neuen Grenzen, aber Ausdruck einer alten Realität. Das Gebirge, das den Kern des sogenannten Großlibanon bildete, ist seit mittelalterlicher Zeit eine Zuflucht und Festung des religiösen und politischen Nonkonformismus; seine Menschen zeichnen sich von alters her durch Tatkraft und Unabhängigkeit aus. In einer Zeit der Unterordnung gelang es den libanesischen Emiren, unter den Mamluken wie unter den Osmanen, sich ein beträchtliches Maß an Autonomie zu bewahren. Die christliche Bevölkerung des Libanon, die Arabisch sprach und doch noch von den Kreuzzügen her eine Verbindung zum Westen hatte, konnte einen immensen Beitrag sowohl zur Ausbreitung der westlichen Kultur im Nahen Osten als auch zur Entstehung eines neuen arabischen Bewußtseins im Gegenzug leisten. Der Bürgerkrieg, der 1958 im Libanon kurz aufflackerte und von 1975 bis 1991 wütete, hat die Bedeutung der Libanesen in der arabischen Politik und, was noch wichtiger ist, der Christen im Libanon stark reduziert. Sogar die Stadt Beirut, einst eines der großen Handels-, Finanz- und Kulturzentren der arabischen Welt, hat ihre Vorrangstellung verloren.

Den Juden im Mittelalter erging es im allgemeinen ähnlich wie den Christen, doch in der jüngsten Vergangenheit verlief die Entwicklung kraß unterschiedlich. Das Persische Reich hatte sie gut behandelt; die Römer weniger gut, vor allem in ihrer judäischen Heimat, wo ihre wiederholten Versuche, die verlorene Unabhängigkeit zurückzugewinnen, ihren imperialen Herren endlosen Verdruß bereiteten. Nach der Niederschlagung des letzten großen jüdischen Aufstands gegen Rom 135 n. Chr. waren die Römer entschlossen, sogar den Namen und das Andenken jüdischer Unabhängigkeit auszumerzen. Jerusalem wurde in Aelia umbenannt und ein Jupitertempel am Ort des zerstörten jüdischen Tempels errichtet. Selbst der Name Judäa wurde abgeschafft und durch Palästina ersetzt, nach dem Namen der längst entschwundenen Philister, die einst den südlichen Küstenstreifen besetzt und eine Zeitlang bewohnt hatten. Nach der Bekehrung Roms zum Christentum verschlechterte sich die Position der Juden außerordentlich, und in byzantinischer Zeit waren sie eine unterdrückte Minderheit. Die arabische Eroberung, die auf ansehnliche jüdische Gemeinden im ganzen Nahen Osten stieß, brachte eine allgemeine Verbesserung ihrer Stellung und ihrer Sicherheit. Die Hauptzentren jüdischer Gelehrsamkeit und Kultur hatten im persischen Irak und byzantinischen Palästina gelegen. Unter muslimischer Herrschaft gedieh die irakische Gemeinde, während es mit der in Palästina, das mittlerweile eine unbedeutende und unruhige Grenzprovinz war, abwärts ging. Die Juden Palästinas hatten es während der Kreuzzüge besonders schwer. Sie wurden mit den Muslimen niedergemetzelt, als die Kreuzritter 1099 Jerusalem in ihre Gewalt brachten, und wurden abermals mit den Christen niedergemetzelt, als die Muslime schließlich 1291 Akkon zurückeroberten. Zwischen diesen beiden Extremen jedoch brachten sie es fertig, ein gewisses jüdisches Leben in Palästina fortzuführen, und im 13. Jahrhundert gab es sogar jüdische Einwanderungswellen sowohl aus dem muslimischen Nordafrika als auch aus dem christlichen Europa, darunter eine Schar von dreihundert französischen und englischen Rabbinern, die 1211 in Jerusalem eintraf. Doch erst nach der osmanischen Eroberung Anfang des 16. Jahrhunderts führten frische Einwanderungen aus anderen Mittelmeer-

ländern zur Gründung neuer und reger Zentren jüdischen Gei-
steslebens in Jerusalem und Safad, mit weitreichendem Einfluß unter den Juden in anderen Ländern, sogar im christlichen Europa.

Wie die Christen leisteten auch die Juden einen wichtigen, wenn
auch kleineren Beitrag zur klassischen islamischen Zivilisation. Wie
jene hatten auch sie unter den Nachwirkungen der Kreuzzüge zu
leiden. Die osmanischen Eroberungen und die Einwanderung der
relativ hochkultivierten spanischen und portugiesischen Juden
eröffneten neue Möglichkeiten, und während des 15. und 16. Jahrhunderts waren die Juden in der Lage, eine Stellung mit einem gewissen Einfluß in den osmanischen Ländern zu erringen. Diese
büßten sie im 17. Jahrhundert wieder ein, und während des 18.
und 19. Jahrhunderts standen sie im Schatten der regen und aufstrebenden Ostchristengemeinden.

Während der ganzen Zeit der Diaspora hatten sich Juden aus
anderen Ländern von Zeit zu Zeit im Heiligen Land niedergelas-
sen. Ihre Zahlen waren jedoch gering und ihre Beweggründe
hauptsächlich religiöser Natur gewesen. Im 19. Jahrhundert begannen Einwanderer einer völlig neuen Art aus Ost- und Mittel-
europa zu kommen, wo die Ausbreitung nationalistischer Ideologien sowohl der Judenverfolgung als auch dem jüdischen
Überlebenswillen eine neue Ausprägung verlieh. Die neuen Einwanderer waren Männer und Frauen, deren Glaube national war
statt religiös und die im Heiligen Land nicht beten und sterben,
sondern arbeiten und leben wollten. Die Zunahme des militanten
Antisemitismus in Europa gab dem jüdischen Nationalismus neu-
en Nachdruck und Antrieb. Die zwei europäischen Länder mit der
größten jüdischen Bevölkerung – das zaristische Rußland und
Österreich-Ungarn – waren beide davon betroffen, wenn auch ganz
verschieden. In Österreich-Ungarn war der Antisemitismus ein gei-
stiges und bis zu einem gewissen Grad ein soziales Phänomen.
Seine Auswirkungen auf die Masse der jüdischen Bevölkerung
waren relativ gering, aber auf die jüdischen Intellektuellen wirkte
er tief verletzend. Es war kein Zufall, daß der Zionismus – der Gedanke, daß das Judenproblem politisch durch die Wiederherstel-

lung der jüdischen Nation und die Schaffung eines jüdischen Staates gelöst werden sollte – gerade in der riesigen und heterogenen Österreichisch-Ungarischen Monarchie entstand.

Die Lage der viel größeren jüdischen Gemeinden im Russischen Reich war unvergleichlich schlechter. Die Judendiskriminierung war allgemein und wurde vom Gesetz wie vom sittlichen Empfinden sanktioniert. Verfolgungen waren an der Tagesordnung und häufig gewalttätig. Dieser unerträglichen Situation suchten die Juden auf verschiedene Art zu entkommen. Die weitaus größte Zahl löste ihre Probleme individuell durch Auswanderung, vor allem nach Amerika. Eine kleine Minderheit bemühte sich durch die Teilnahme an revolutionären Bewegungen zum Sturz des zaristischen Regimes um eine politische Lösung. Eine andere, ebenfalls kleine Gruppe entschied sich für die zionistische Lösung der jüdischen Wiedergeburt, und anstatt in die Länder der unbegrenzten Möglichkeiten im Westen zu ziehen, wanderten diese Menschen lieber in ein paar verarmte und verkommene Distrikte des Osmanischen Reiches aus, auf die sie einen Erbanspruch erhoben.

Im Jahre 1914 lebten, nach verschiedenen Schätzungen, zwischen 60 000 und 85 000 Juden in diesen Distrikten. In der Friedensregelung nach dem Ersten Weltkrieg wurde dieses Gebiet vom Völkerbund unter das Mandat des Britischen Reiches gestellt und in Palästina umbenannt. Im Jahre 1917 hatte die britische Regierung durch eine einseitige Deklaration ihre Zustimmung zum Gedanken der Gründung einer »jüdischen nationalen Heimstätte« in Palästina erklärt. Dieser Grundsatz wurde in den Text der Mandatsakte aufgenommen, und der Mandatsverwaltung wurde die Vollmacht verliehen, die notwendigen Schritte zu seiner Durchführung zu ergreifen, ohne jedoch die Rechte der ansässigen Bevölkerung zu beeinträchtigen. Es ist kein Wunder, daß die Mandatsmacht die Verbindung dieser beiden Auflagen unmöglich fand, zumal als der Aufstieg des Nationalsozialismus in Deutschland und die Verfolgung und schließliche Vernichtung der jüdischen Gemeinden im gesamten nationalsozialistischen Machtbereich Tausende von Juden in ganz Kontinentaleuropa dazu zwang, um ihr Leben zu fliehen.

Die verfolgten Juden im zaristischen Rußland Ende des 19. und Anfang des 20. Jahrhunderts hatten eine offene Welt vor sich. Die Weltwirtschaftskrise der dreißiger Jahre, der Weltkrieg und die Umbrüche in den vierziger Jahren schufen für die Flüchtlinge und Überlebenden aus Nazi-Europa keine derart günstige Situation. Im Gegenteil, alle Türen waren ihnen verschlossen. In Westeuropa konnte, wer den Holocaust überlebt hatte, mehr oder weniger glücklich wieder in seinem früheren Heimatland Fuß fassen. Eine so einfache Lösung gab es in Osteuropa nicht, wo die Überlebenden des Holocaust, die an ihre alten Wohnorte zurückzukehren versuchten, auf die wiederbelebten alten Vorurteile stießen, verschärft durch eine neue politische Ordnung. In der Nazizeit und den Jahren unmittelbar danach zogen Juden aus Europa in großer Zahl nach Palästina, häufig illegal und obwohl sich die Mandatsverwaltung, die auf den arabischen Widerstand Rücksicht nehmen mußte, alle Mühe gab, sie draußen zu halten.

Bis 1948 war ihre Zahl auf über eine halbe Million angewachsen, und als die britische Regierung das Mandat abgab und die Vereinten Nationen für die Schaffung eines jüdischen und eines arabischen Staates in den früheren Mandatsgebieten stimmten, nutzten die Juden die Gunst der Stunde und riefen den Staat Israel aus – den ersten jüdischen Staat im Heiligen Land seit der Zerstörung des alten jüdischen Staatswesens durch das Römische Reich. Ein Nebeneffekt der Gründung dieses Staates war, daß die weitgehende Auflösung der alten jüdischen Gemeinden in den arabischen Ländern, deren Stellung durch den neuen und häufig unduldsamen Nationalismus ohnehin schon untergraben gewesen war, zu Ende geführt wurde – durch teils freiwillige, teils erzwungene Auswanderung.

Die Entstehung des jüdischen Nationalismus und die Bildung des jüdischen Staates waren begleitet von einer Wiederbelebung des Hebräischen, das zuvor nur mehr die Sprache der Religion, der Gelehrsamkeit und der Literatur und ein Mittel der Verständigung zwischen gebildeten Juden unterschiedlicher Nationalität gewesen war. In Israel ist es die Landessprache geworden, neben der Arabisch als zweite Amtssprache zugelassen ist. Abgesehen von ein paar isolierten Gemeinden aramäischsprechender christlicher Dorfbewohner in Syrien und in der Gegend um den Urmiasee, sind die alten Sprachen des Nahen Ostens fast vollständig ausgestorben. Im allgemeinen sprechen die christlichen und jüdischen Minderheiten in den arabischen Ländern Arabisch und die Juden im Iran Persisch. Die griechisch- und armenischsprachigen Christen und die spanischsprachigen Juden in der Türkei stellen Ausnahmen von der allgemeinen Tendenz zur sprachlichen Assimilation dar.

Nur eine sprachliche und ethnische Minderheit von Bedeutung hat sich in den Kernländern des nahöstlichen Islam gehalten: die Kurden, die viele Millionen zählen. Die stärksten kurdischen Bevölkerungen finden sich in der Türkei, im Irak und im Iran; kleinere Gruppen gibt es in Syrien und Transkaukasien. Die Ansässigkeit von Kurden in diesen Ländern ist für die ganze islamische Zeit gut bezeugt, und vieles spricht dafür, daß sie seit dem hohen Altertum dort leben. Obwohl sie sich bald und mit tiefer Inbrunst zum Islam bekehrten, zu dem kurdische Soldaten, Staatsmänner und Gelehrte Wesentliches beitrugen, bewahrten sie sich ihre eigene Sprache und Identität. Sprachlich ist Kurdisch mit dem Persischen verwandt, kulturell ist es stark vom Arabischen beeinflußt, aber es ist nach wie vor von beiden verschieden. In mittelalterlicher Zeit grenzten die Kurden, wie die anderen Völker der Region auch, kein eigenes nationales Territorium ab und gründeten keinen Nationalstaat. Es gab islamische Dynastien kurdischer genauso wie anderer Abkunft, deren berühmteste auf den großen Saladin zurückging. In einem islamischen Staat bestimmt die Religion, nicht die Sprache oder die Volkszugehörigkeit die politische Identität, und die Kurden waren in aller Regel zufrieden, Muslime in einem muslimischen Gemeinwesen zu sein. In jüngerer Zeit jedoch wurden sie durch das Aufkommen nationalistischer Ideologien und den Versuch zur Schaffung von Nationalstaaten in ihren Hei-

matländern in Minderheiten verwandelt – manche würden sagen,
in unterdrückte Minderheiten –, und eine kurdische nationalistische Bewegung hat wachsende Unterstützung für ihre Position gewonnen, daß auch die Kurden wie die anderen Nationen ein Recht
auf Selbstbestimmung und nationale Unabhängigkeit oder wenigstens Autonomie haben.

An den Rändern der nahöstlichen Zone sind eine Reihe von anderen Sprachen nach wie vor in Gebrauch. In Afghanistan gibt es
zwei Amtssprachen, Paschtu und Persisch (Dari). In Nordafrika
werden die einheimischen Berbersprachen von ganz kleinen Gruppen in Libyen und Tunesien und bedeutenderen Minderheiten in
Algerien und Marokko immer noch gesprochen. In allen diesen
Gebieten verlieren die Berbersprachen gegenüber dem Arabischen weiter an Boden. Im Kaukasusgebiet herrscht nach wie vor
eine verwirrende Sprachenvielfalt. Außer diversen türkischen und
iranischen Sprachen gehören dazu Georgisch, Armenisch, Tscher-
kessisch, Tschetschenisch und Awarisch. Laut Plinius brauchten
die Römer bei ihren Geschäftsverhandlungen mit den kauka-
sischen Völkern einhundertdreißig Dolmetscher.[2]

Die drei Hauptsprachen des Nahen Ostens weisen einige Unterschiede im Gebrauch auf. Persisch ist die einheitlichste Sprache
mit der geringsten Ausdehnung. Es ist die Landessprache des Iran,
mit verhältnismäßig geringfügigen mundartlichen Abwandlungen
innerhalb der Staatsgrenzen. Es wird auch in Teilen von Afghanistan gesprochen und ist dem Tadschikischen sehr nahe verwandt,
das jedoch in der sowjetischen Ära kyrillisch geschrieben wurde.
Paschtu, Kurdisch und noch ein paar kleinere Sprachen gehören
zur iranischen Sprachfamilie, sind aber vom Persischen deutlich
verschieden. Im Arabischen, das in einem riesigen Gebiet vom Irak
bis Marokko gesprochen wird, gibt es ein breites Spektrum von Dialekten, von denen manche so wenig miteinander zu tun haben,
daß ein Gespräch unmöglich ist. Die geschriebene Sprache jedoch
ist die gleiche geblieben, und ihre vereinigende Kraft wird durch
die Ausbreitung der Bildung, durch Presse, Rundfunk, Fernsehen
und Film noch verstärkt. Das Türkische ist von den dreien am un-

einheitlichsten. Es gab eine Zeit, in der die Turkvölker trotz einer Unmenge von Dialekten nur zwei bedeutende Literatursprachen besaßen, das osmanische Türkisch der Türkei und das sogenannte Tschagataiisch in Zentralasien. Beide bedienten sich der arabischen Schrift, die durch ihr Fehlen der Vokale Dialektunterschiede eher unkenntlich machte und so eine breitere Allgemeinverständlichkeit förderte. Im 19. Jahrhundert erlebte auch das Aserbaidschanische eine bemerkenswerte literarische Erneuerung. Es war jedoch dem osmanischen Türkisch nahe verwandt und stark von der osmanischen Literatur beeinflußt. Im 20. Jahrhundert ist die arabische Schrift in fast allen türkischsprachigen Gegenden abgeschafft worden. In der Türkei trat die lateinische Schrift an ihre Stelle; in der Sowjetunion wurde sie erst von der lateinischen Schrift und dann, als die Türken mitgezogen hatten, durch ein modifiziertes kyrillisches Alphabet ersetzt. Die einheitliche tschagataiische Literatursprache wich im sowjetischen Nahen Osten einer Reihe von »Nationalsprachen« auf der Basis von Dialekten, deren Sprecher sich in der Regel untereinander nicht verstehen.

Der Zerfall der Sowjetunion und die Unabhängigkeit der sechs Republiken mit mehrheitlich muslimischer Bevölkerung brachten große Veränderungen mit sich und scharfe Meinungsverschiedenheiten über die Frage, wie diese neue Unabhängigkeit ausgeübt werden solle. Die Debatte über die Alphabete war ein markantes Beispiel für die Alternativen, die sich diesen Völkern bieten. Manche entschieden sich für die Rückkehr zum arabischen Alphabet, das sie vor der russischen Revolution gehabt hatten – das heißt für eine Rückkehr zum Islam und zweifellos für engere Verbindungen mit den islamischen Staaten in der Region, vor allem mit dem unmittelbaren Nachbarn Iran. Andere wollten lieber die kyrillische Schrift behalten und Teil eines lockereren, offeneren Verbandes früherer Sowjetstaaten bleiben. Wieder andere, vor allem in Aserbaidschan, sprachen sich für die türkische latinisierte Schrift aus – das heißt für die säkulare, modernisierende und demokratische Lebensweise nach dem Vorbild der türkischen Republik. Es ist, könnte man sagen, eine Entscheidung zwischen Kemalismus, Khomeinismus und Postsowjetismus.

Wir haben jetzt den Begriff »Naher Osten« im Hinblick auf Geographie und Geschichte, Religion, Sprache und Kultur definiert. Es empfiehlt sich, eine genauere Definition im Hinblick auf die heutigen politischen Formationen zu versuchen. Offensichtlich kann man die Grenzen einer Zone oder Region nicht abstecken wie die eines Staates oder einer Provinz. Mit Ausnahme der Meeresküsten läuft der Nahe Osten in ein unscharfes Umfeld von Ländern aus, die viel mit ihm gemeinsam haben und doch nicht richtig dazugehören. Im heutigen Sprachgebrauch umfaßt der Nahe Osten die Türkei, den Iran und vielleicht Afghanistan; den Irak und die Arabische Halbinsel; die vier levantinischen Staaten Syrien, Libanon, Israel und Jordanien; und Ägypten mit unterschiedlich definierten Ausdehnungen nach Süden und Westen ins arabischsprachige Afrika hinein. Die Südgrenze des Nahen Ostens bilden in Asien die Meere, die an die Küsten des Iran und der Arabischen Halbinsel spülen, und in Afrika jenes vage und umstrittene Grenzgebiet, wo Arabischafrika auf Schwarzafrika trifft, häufig in chronischen Konfliktregionen wie dem Sudan, Tschad und Mauretanien. Die einzige im neueren Gebrauch klar gezogene Grenze des Nahen Ostens war früher die im Norden, die meistens mit der sowjetischen Staatsgrenze gleichgesetzt wurde. Doch das war historisch und kulturell von jeher ungenau und entspricht nicht mehr den sich derzeit herausbildenden Realitäten. Nördlich der Grenzen Rußlands zur Türkei, zum Iran und zu Afghanistan liegen in Transkaukasien, dem Kaukasus und Zentralasien Länder, die bis zum 19. Jahrhundert noch integraler Bestandteil der nahöstlichen Welt waren. In früheren Zeiten hatten sie zu den großen arabischen, persischen und türkischen Reichen des Islam gehört, und solche großen muslimischen Städte wie Samarkand und Buchara hatten ebenbürtig neben Bagdad oder Kairo, Isfahan oder Istanbul gestanden. Georgien und Armenien sind christliche Länder am Rand des Nahen Ostens; sie haben jedoch zuzeiten eine gewisse Bedeutung in der nahöstlichen Politik gehabt, und viele ihrer Völker haben in den islamischen Ländern die verschiedensten Rollen gespielt. Von den übrigen süd- und zentralasiatischen Republiken sind fünf von türkisch- und die sechste von iranischsprachigen Muslimen bewohnt, die in ihren religiösen, kulturellen und politischen Traditionen den Ländern des normalerweise Naher Osten genannten Raumes sehr nahestehen. Nach der Räumung der letzten britischen Stellungen im Persischen Golf im Jahre 1971 waren diese Sowjetrepubliken in der Tat die einzigen Teile des Nahen Ostens, die noch zu einem nicht nahöstlichen politischen System mit europäischer Hauptstadt gehörten. Dieser anomale Zustand ist jetzt ebenfalls vorbei.

Bis zur iranischen Revolution 1979 hätte man meinen können, daß in der Definition des Nahen Ostens zuviel Wert auf den Islam – auf Religion – gelegt werde, wo doch der Nahe Osten ein Begriff des 20. Jahrhunderts ist und aus einer Gruppe erklärter Nationalstaaten besteht, die starke nationalistische und/oder patriotische Tendenzen an den Tag legen. Es gab eine noch gar nicht so weit zurückliegende Zeit, in der der Stempel des Islam im Nahen Osten blaß zu werden schien. Aber er war keineswegs ausgelöscht, und heute ist er deutlicher denn je.

Die Religion hat für die Menschen ganz verschiedene Bedeutungen. Im Westen bedeutet sie in erster Linie einen bestimmten Glauben und Dienst an Gott, klar getrennt von nationalen und politischen Zugehörigkeiten und in der modernen Zeit diesen meistens untergeordnet. Für Muslime aber hat sie einen sehr viel höheren Stellenwert. Der Islam ist eine Zivilisation und entspricht als solche sowohl der Christenheit als auch dem Christentum im Westen. Zweifellos haben sich viele lokale, nationale und regionale Traditionen und Eigentümlichkeiten unter den muslimischen Völkern erhalten und in der modernen Zeit ungemein an Wichtigkeit gewonnen, aber allen Völkern, die ihn angenommen haben, haben der Glaube und das Recht des Islam den Stempel einer gemeinsamen Identität aufgeprägt, die auch dann bestehen bleibt, wenn der Glaube sich verliert und das Recht abgeschafft ist. Diese gemeinsame Identität beruht in erster Linie auf dem mus-

limischen Bekenntnis »Gott ist Einer, und Muhammad ist sein Prophet«, auf dem Koran und den Überlieferungen und auf dem
ganzen subtilen und komplexen System der Theologie und des
Rechts, das aus ihnen entwickelt wurde. Die Lehren des historischen Islam enthalten neben moralischen und rituellen Vor-
schriften und theologischen Dogmen vieles, was man im Westen
als Recht bezeichnen würde: Zivilrecht, Strafrecht, sogar Verfas-
sungsrecht. Für den traditionellen gläubigen Muslim entstammen
diese Gesetze der selben Quelle und besitzen sie die gleiche
Autorität wie die sittlichen und gottesdienstlichen Satzungen. Die
politischen Traditionen der islamischen Völker wurden jahrhundertelang durch die Entscheidungen der Gelehrten des heiligen
Rechts und durch die Erinnerungen an die muslimischen Reiche
der Vergangenheit geformt. Ihre Sprachen, einerlei welcher Herkunft, bedienten sich der selben arabischen Schrift und entliehen
ein riesiges Vokabular arabischer Wörter, vor allem Ausdrücke, die
zwei eng verwandten Gebieten angehörten: einmal der Religion
und Kultur, zum andern dem Recht und Regierungswesen.

Es ist nicht schwer, ein islamisches Kunstwerk zu erkennen.
Jeder, auch wenn er bloß beschränkte Kenntnisse von Kunst und
Architektur besitzt, kann eine Mappe mit Fotos von Gebäuden
und Gegenständen durchblättern und diejenigen islamischen
Ursprungs herausfinden. Der Säulengang und das Minarett der
Moschee, die arabesken und geometrischen Verzierungen, die
Abfolge- und Verbindungsregeln in der Dicht- ebenso wie in der
Kochkunst, sie alle bezeugen, trotz vieler Abwandlungen, eine
grundlegende Einheit der Tradition und der Ästhetik, die isla-
misch ist und die im wesentlichen auf nahöstliche – arabische, per-
sische oder türkische – Vorbilder zurückgeht. In Musikstücken,
Bauwerken, Teppichen und Gerichten kann man diese Einheit in
der Verschiedenheit der islamischen Zivilisation hören, anfassen,
sehen und schmecken. Sie ist auch, wenn auch weniger leicht zu
erkennen und zu verstehen, in Dingen wie Rechtsprechung,
Regierungsführung und Institutionen, in sozialen und politischen
Einstellungen und Gedanken vorhanden.

Die islamische Geschichte des Nahen Ostens fing an mit den großen arabischen Eroberungen des 7. und 8. Jahrhunderts, die zum erstenmal seit Alexander ein geschlossenes Reich von Nordafrika bis an die Grenzen Indiens und Chinas schufen. Die territoriale und administrative Einheit des Arabischen Reiches wurde mit der Zeit von Invasionen, Zwistigkeiten und politischen Zersplitterungsprozessen verschlissen und zerstört; die Vormachtstellung der arabischen Nation wurde mit dem Aufstieg anderer Nationen innerhalb des Islam angegriffen und beendet. Aber die religiöse und kulturelle Einheit des nahöstlichen Islam blieb bestehen und fand ihren symbolischen Ausdruck in der idealen Einheit des Kalifats, das alle einmütig respektierten. Es gab Zeiten ernster Gefahr, in denen der Islam von Osten und Westen bedroht wurde, doch sie wurden überwunden. Die Türken kamen eigentlich als Eroberer, doch sie bekehrten sich und fügten sich ein und brachten einer siechen Gesellschaft und Ordnung neue Kraft und Frische. Mit dieser Kraft war der Islam imstande, eine andere Invasion aufzuhalten und abzuschlagen – die der Kreuzritter aus dem Westen.

Aus beiden Richtungen jedoch sollten neue und vernichtendere Schläge folgen. Zweimal wurde der islamische Nahe Osten von fremden Eindringlingen überwältigt, die ihn mit Waffengewalt beherrschten und, wenn sie die alte Zivilisation nicht zerstörten, das Selbstvertrauen ihrer Träger untergruben und sie auf neue Wege lenkten. Der erste Fall war die Invasion der heidnischen Mongolen aus Ostasien, die das Bagdader Kalifat zerschlugen und zum erstenmal seit der Zeit des Propheten einige der Herzländer des Islam unter nichtislamische Herrschaft brachten. Der zweite Fall war die Einwirkung des modernen Westens.

Kapitel 2

Die Einwirkung des Westens

Es ist bei uns seit einiger Zeit Brauch, die Gruppe von Ländern, zu der wir gehören, als den Westen zu bezeichnen – ein Ausdruck, der längst keinen rein geographischen Inhalt mehr hat, sondern der darüber hinaus ein kulturelles und gesellschaftliches Gebilde benennt und bis vor kurzem auch ein politisches und militärisches. Was sind die geographischen Grenzen dieses Gebildes – nicht bloß die des westlichen Bündnisses, die ziemlich klar sind, sondern des größeren Ganzen, dessen Überlebenswille sich in diesem Bündnis ausdrückte? Die westlichste Grenze des Westens ist ohne Frage die Pazifikküste Nordamerikas mit den pazifischen Ablegern. Die östliche Grenze ist problematischer. Wenn wir einmal von dem speziellen amerikanischen Begriff des Westens absehen, umfaßt der Kultur- oder Zivilisationsraum des Westens nach allgemeinem Verständnis beide Seiten des Nordatlantiks und erstreckt sich bis zu einem Punkt in Europa, der je nach Zeit und Zweck unterschiedlich bestimmt wurde: als der Ärmelkanal, der Rhein, die Elbe, die Oder, die Weichsel, der Bosporus oder der Ural, die traditionelle Grenze zwischen Europa und Asien.

Der Westen läßt sich am ehesten in bezug auf den Osten definieren, und natürlich gibt es mehr als einen Osten. Wenn wir im Westen früher von Ost-West-Unterschieden und -Konflikten sprachen, meinten wir gewöhnlich den kalten Krieg und seine Auswüchse. In diesem Sinne war mit Osten der sowjetische bzw. der kommunistische Block gemeint (die beiden waren nicht identisch) und mit Westen das westliche Bündnis und dessen Partner, mitunter vage die freie Welt genannt. Dieser Rahmen schloß eine Reihe mehr oder weniger diktatorischer Regimes auf mehreren Kontinenten ein, aber Schweden, die Schweiz, Irland und natürlich Finnland aus.

Der ehemals sowjetische Osten ist jedoch nicht unser einziger

Bezugspunkt. Es gibt auch den, wie man nur scheinbar tautologisch sagen könnte, orientalischen Osten, die vielen Länder, Gesellschaften und Völker Asiens und zum Teil auch Afrikas, die, so verschieden sie untereinander sind, doch folgendes gemeinsam haben: daß die christliche oder postchristliche Zivilisation Europas und ihrer Töchter ihnen fremd ist, daß sie lange unter dem Joch europäischer Herrschaft oder Bevormundung standen und daß sie dieses Joch mittlerweile abgeschüttelt haben. Für viele im Nahen Osten wie auch in geringerem Maße in anderen Teilen Asiens besteht der wirkliche Ost-West-Kampf seit langem genau darin und wird er geführt mit dem Ziel, die letzten Reste westlicher imperialer Herrschaft im Osten zu beseitigen. Der westlich-sowjetische Konflikt war nach dieser Auffassung zweitrangig: in vieler Hinsicht zweifellos nützlich, aber nicht von direktem Belang für die orientalischen Völker. Man könnte sogar behaupten, daß Rußland im Grunde ein Teil des Westens ist, mit dem es durch seine überwiegend europäische Bevölkerung, seinen jüdisch-christlichen und griechisch-römischen Hintergrund, seine wissenschaftliche und industrielle Entwicklung und, wie manche hinzufügen würden, seine räuberischen Gewohnheiten verbunden ist. Neuere Entwicklungen in der früheren Sowjetunion machen in der Tat den stärker werdenden Wunsch der Russen deutlich, ihr westliches beziehungsweise, um genauer zu sein, ihr europäisches Erbe wieder in Besitz zu nehmen und herauszustellen.

Im Nahen Osten ist der Begriff »Westen« als Bezeichnung eines kulturellen und politischen Gebildes verhältnismäßig neu – beinahe so neu wie der Begriff »Naher Osten« und gleichermaßen westlichen Ursprungs. Aber wie schon der Begriff »Naher Osten« bezeichnet auch er eine alte Realität, die lange unter anderem Namen bekannt und vertraut war. In jüngerer Zeit hat man dem Problem nationaler Bilder und Klischees einige Aufmerksamkeit geschenkt, und einige Autoren haben versucht, die Erinnerungen und Vorurteile zu beschreiben und zu klassifizieren, die die westliche Einstellung zum Nahen Osten prägen, sowie ihren Einfluß auf die Gestaltung der westlichen Politik. Viel weniger Aufmerksamkeit hat man dem Ursprung und der Entwicklung der nahöstlichen Einstellung zum Westen geschenkt, obwohl diese von mindestens gleicher Wichtigkeit ist, wenn es um die Beziehungen zwischen den beiden Seiten geht. Angesichts des Fehlens der eher westlichen Eigenschaften der Selbstanalyse und Selbstkritik dürfte sie sogar von größerer Wichtigkeit sein.

Das Wort »Westen« ist von muslimischen Schriftstellern seit dem Mittelalter gebraucht worden, aber nicht für das christliche Europa. Der Islam hatte seinen eigenen Westen in Nordafrika und Spanien, der bis zum Atlantik reichte, und hatte keinen Anlaß, diesen Ausdruck für die Länder der Ungläubigen und Barbaren zu verwenden, die nördlich des Mittelmeers lagen. Für den mittelalterlichen Muslim war die Welt in zwei große Zonen geteilt, das Haus des Islam und das Haus des Krieges. Südlich und östlich des Hauses des Islam war das Haus des Krieges von Heiden und Götzenanbetern bewohnt, die erobert und bekehrt werden wollten. Nördlich und nordwestlich lagen die Länder und Reiche des Christentums, das der größte Rivale des islamischen Glaubens und der tödlichste Feind der islamischen Macht war. Zuerst waren es die griechischen Christen von Byzanz, die die Schläge des islamischen Angriffs abbekamen; später, als Byzanz wankte und schließlich der türkischen Eroberung erlag, führten die Franken Westeuropas den Gegenangriff von Spanien bis Palästina, in Afrika und Asien. Vom späten Mittelalter an veränderte sich das Bild des europäischen Christen in den Köpfen der Muslime. Der orthodoxe Grieche, jetzt gleichfalls ein Untertan des türkischen Sultans, hörte auf, ein furchteinflößender Gegner zu sein, und wurde ein harmloser Nachbar. An seinen Platz als Hauptfeind trat der Franke. Dieser in zeitgenössischen arabischen Schriften gemeinhin für die Kreuzritter verwendete Ausdruck wurde bald zur allgemeinen Bezeichnung der katholischen – später auch protestantischen – Völker Mittel- und Westeuropas, womit man sie von den Muslimen einerseits und den griechisch-orthodoxen Christen andererseits unterschied.

Für den mittelalterlichen Muslim waren die Franken ein

Menschenschlag barbarischer Ungläubiger, mit denen sich die Völker des Islam kaum abzugeben brauchten. Nach muslimischer Weltanschauung war das Christentum, ebenso wie das Judentum, ursprünglich ein wahrer Glaube gewesen, ein früheres Glied in der Kette göttlicher Offenbarungen, die in der Muhammad zuteilgewordenen letzten und vollkommenen Offenbarung ihren Höhepunkt erreicht hatten. Was darin wahr war, wurde vom Islam bewahrt; der Rest war Hinzudichtung und Fälschung. Das Christentum, und mit ihm die darauf gegründete christliche Zivilisation, konnte daher als etwas Unvollständiges, Überholtes und Entartetes abgetan werden. Diese Sicht ist sicherlich toleranter als die des christlichen Europa zu der Zeit, derzufolge der Islam erst nach Gottes letzter Offenbarung gekommen und daher gänzlich falsch und böse war, und sie spiegelt sich in der viel größeren Toleranz wider, die man den Anhängern des rivalisierenden Glaubens entgegenbrachte. Daraus ergab sich jedoch keine größere Wertschätzung. Die Griechen waren Hüter einer alten Zivilisation, von denen man etwas lernen konnte und mit denen sich im Laufe der Jahrhunderte eine Form der Koexistenz herausgebildet hatte. Den wilden, grausamen Stämmen des finstersten Europa gestand man keine solchen ausgleichenden Eigenschaften zu. Es ist bemerkenswert, daß zwar viele Werke aus dem Griechischen, Syrischen, Altpersischen und anderen Sprachen ins Arabische übersetzt wurden, aber das ganze Mittelalter über nur ein Buch – ein spätrömisches Geschichtswerk – aus dem Lateinischen und aus den anderen abendländischen Sprachen kein einziges.

Diese Einstellung mag im sogenannten finsteren Mittelalter gerechtfertigt gewesen sein, als das fränkische Europa tatsächlich rückständig und unbedeutender war; sie kann vom Verhalten der Kreuzritter im Nahen Osten und anderswo nur bestärkt worden sein. Aber bereits im Spätmittelalter war diese Haltung bedenklich hinter der Zeit zurück.

Vom Ende des 15. Jahrhunderts an vollzogen die Völker Europas eine gewaltige Expansionsbewegung – wirtschaftlich, politisch, kulturell und demographisch –, die bis zum 20. Jahrhundert fast

die ganze Welt in den Bannkreis der europäischen Zivilisation gebracht hatte. Es war eine Expansion nach beiden Seiten: Während
die Portugiesen und Spanier, die Engländer, Holländer und Franzosen von Westeuropa aus über die Weltmeere segelten, um neue
Welten zu entdecken und alte zu erobern, rückten die Russen nach
Süden und Osten über die Steppen auf den Nahen Osten und nach
Asien vor.

An beiden Enden Europas fing diese Expansion mit einer
Rückeroberung an und nahm einen ganz ähnlichen und fast zeit-
gleichen Verlauf. Im Osten befreiten die Fürsten von Moskau nach
langem Kampf ihre Stadt und ihr Land von der Herrschaft der
muslimischen Tataren, deren letzten Angriff sie 1480 abschlugen.
Im Westen beendeten die Portugiesen und dann die Spanier die
Reconquista der Iberischen Halbinsel von den Arabern und Mau-
ren, die sie acht Jahrhunderte vorher erobert hatten, und errangen ihren endgültigen Sieg mit der Einnahme Granadas 1492, der
letzten muslimischen Residenz in Westeuropa. An beiden Enden
Europas verfolgten die siegreichen Christen ihre ehemaligen Herren dorthin, woher sie gekommen waren: in die Tatarei und nach
Asien die Russen, nach Afrika und weiter die Iberier. Es gab natürlich naheliegende militärische Gründe für die Weiterführung des
Angriffs: die Vernichtung des Feindes zu vollenden und ihm
keine Zeit zu lassen, sich neu zu formieren und einen Gegenangriff zu beginnen. Doch bald wurde die Rückeroberung zur Eroberung, getrieben von der gleichen Dynamik und erfüllt von der
gleichen Mischung religiöser und handfester Motive.

Dieser Expansionsprozeß hat verschiedene Formen und Phasen
durchlaufen und verschiedene Namen gehabt. Einer davon ist
Kolonisierung, andere lauten »die Bürde des weißen Mannes« oder
»Manifest Destiny« (die »offenkundige Bestimmung«, sich aus-
dehnen zu müssen), und die Russen werden ihrerseits Synonyme
für die Bewegung haben, die sie von Moskau zum Ural und vom
Ural bis zum Pazifik brachte. In manchen Gebieten verlief der
Kolonisierungsprozeß so erfolgreich und so gründlich, daß die
früheren Einwohner verdrängt oder allen Einflusses beraubt wur-

den, und die Kolonisatoren waren stark genug, sich auf die
eigenen Beine zu stellen, ohne weitere Stützung durch das Mut-
terland. Die Franzosen in Nordafrika erreichten diesen Punkt nicht
ganz; die Engländer in Nordamerika erreichten ihn. In Asien und
Afrika waren die angestammten Kulturen und Völker meistens zu
stark und zu tiefverwurzelt, um sich verdrängen zu lassen, und die
Kolonisatoren mußten sich mit der Rolle der Herren und Regenten begnügen. Das Ergebnis war das klassische imperiale Regie-
rungssystem, wie es im 19. und frühen 20. Jahrhundert bestand.

Im Nahen Osten kam die Einwirkung des europäischen Imperialismus spät und war kurz und in den meisten Fällen indirekt.
Die Einwirkung Europas jedoch war nachhaltig und erdrückend.

Zunächst war diese Einwirkung rein wirtschaftlich. Politisch und
militärisch waren die europäischen Staaten viel schwächer als die
islamischen Staaten des Nahen Ostens, und sie kamen nicht als
Herren, noch weniger als Invasoren, sondern als demütige Bitt-
steller, die um die Gnade und Gunst der islamischen Herrscher
warben und nur die Genehmigung erbaten, in den Häfen und ein
paar Städten im Landesinnern zu kaufen und verkaufen. Die
ersten europäischen Positionen in den islamischen Mittelmeerhä-
fen waren während der Kreuzzüge gewonnen worden. Sie blieben
auch nach der Niederlage und Vertreibung der Kreuzritter erhalten, und in osmanischer Zeit wuchsen, expandierten und florier-
ten sie.

Im Handel zwischen den Seestaaten Westeuropas und den muslimischen Staaten des Nahen Ostens besaßen die Abendländer
mehrere praktische Vorteile. Ihre Schiffe waren für Atlantikstürme
gebaut und daher stärker, größer und besser manövrierbar als die
der muslimischen Mächte. Sie konnten mehr Kanonen und auch
größere Frachten fassen, und sie konnten größere Strecken bei
relativ niedrigen Kosten zurücklegen. Nachdem sich die Abendländer die östlichen Meere erschlossen hatten, konnten sie Güter
aus Süd- und Südostasien in den Nahen Osten bringen; nachdem
sie ihre tropischen und subtropischen Kolonien in Nord- und Südamerika und Südostasien konsolidiert hatten, konnten sie mit

einem viel breiteren Warenangebot aufwarten als in mittelalterlicher Zeit.

Wichtiger als dies alles war vielleicht die unterschiedliche Einstellung zu Produktion und Handel. Der Aufstieg des Merkantilis-
mus im produktionsorientierten Westen trug dazu bei, daß europäische Handelsgesellschaften und die Staaten, von denen sie
geschützt und gefördert wurden, einen durchorganisierten Handel und eine Konzentration wirtschaftlicher Kräfte erreichten, wie
sie im konsumorientierten islamischen Nahen Osten unbekannt
waren und nicht ihresgleichen hatten, da dort – in der Praxis mehr
als in der Theorie – die »Kräfte des Marktes« ohne ernste Behin-
derung wirkten. Die westlichen Handelsgesellschaften, unterstützt
von ihren geschäftstüchtigen Regierungen, stellten einen vollkommen neuen Faktor dar. Ihre Macht nahm immens zu, als die
Westeuropäer sich in Süd- und Südostasien festsetzten, und zwar
nicht nur als Händler, sondern auch als Herrscher, und daher in
der Lage waren, den Handel mit Gewürzen und anderen Waren
zwischen Asien und Europa an beiden Enden zu kontrollieren.
Westliche Kaufleute – und später Hersteller und schließlich Regierungen – konnten fast die totale Herrschaft über die nahöstlichen Märkte und zuletzt sogar über viele bedeutende nahöstliche
Gewerbe an sich bringen.

Beispiele lassen sich leicht anführen. Webwaren aus dem Nahen Osten, einst im Westen hoch angesehen, wurden erst von den
auswärtigen und dann sogar von den einheimischen Märkten
durch westliche Waren verdrängt, die zwar sicher nicht besser waren, aber dafür rationeller und billiger erzeugt und aggressiver ver-
marktet wurden. Sogar Kaffee und Zucker, zwei Artikel, die einst
unter den nahöstlichen Importen in den Westen, wo man sie gar
nicht gekannt hatte, ganz obenan standen, wurden mit der Zeit
von den westlichen Mächten in ihren tropischen Kolonien erzeugt
und wechselten zuletzt – wieder dank der billigeren Produktion
und der besseren Vermarktung – von der Export- auf die Import-
seite des nahöstlichen Handels mit Westeuropa. Wenn im 18. Jahrhundert ein Türke oder ein Araber eine Tasse gesüßten Kaffee

schlürfte, war der Kaffee aller Wahrscheinlichkeit nach von holländischen Kaufleuten aus Java und der Zucker von britischen oder französischen Kaufleuten aus Westindien eingeführt worden. Nur das heiße Wasser war einheimischer Herkunft. Im Laufe des 19. Jahrhunderts wurde auch das noch fraglich, denn die zügig vorangetriebene Wasserversorgung nahöstlicher Städte lag weitgehend in den Händen westlicher Firmen.

In der Anfangszeit der europäischen Expansion, im späten 15. und frühen 16. Jahrhundert, konnte man den Eindruck bekommen, der Nahe Osten geriete immer mehr in die Zange zwischen den Westeuropäern, die übers Meer aus dem Südosten vordrangen, von ihren Stützpunkten in Indien, und den Russen, die aus dem Norden kamen. Aber in ihrer militärischen und politischen Form wurde diese Gefahr abgewendet. Eine neue Macht hatte sich im Nahen Osten erhoben, die imstande war, sowohl das Schwarze als auch das Rote Meer für den Islam zu halten und die Eindringlinge von Norden und von Süden abzuweisen. Die Anfänge der europäischen Expansion waren mit dem Aufstieg zweier neuer nahöstlicher Reiche zusammengefallen: des Safawidenstaates im Iran und des Osmanenstaates in der Türkei. In den ersten Jahren des 16. Jahrhunderts endete der harte Kampf dieser beiden um die Vormacht im Nahen Osten mit dem Sieg der Osmanen. Die arabischen Länder, die seit langem schon an die Herrschaft türkischer und anderer fremder Militärkasten gewöhnt waren, wurden vierhundert Jahre lang Teil des Osmanischen Reiches.

Von der Militärmacht des Osmanischen Reiches vor Invasionen und von dem Schutzwall traditioneller Gelehrsamkeit vor der Wirklichkeit abgeschirmt, hielten die Völker des Nahen Ostens weiter an dem uralten menschlichen Mythos von der Autarkie fest und fuhren fort, wie andere Gesellschaften vor und nach ihnen, an die unermeßliche und unwandelbare Überlegenheit ihrer eigenen Lebensweise zu glauben und die barbarischen westlichen Ungläubigen von der Höhe der richtigen Lehre und der militärischen Stärke aus zu verachten.

Die andauernden osmanischen Siege über christliche Gegner

während des 16. Jahrhunderts können diese Haltung nur gefördert haben; das militärische Patt des 17. Jahrhunderts lieferte
keinen wirklichen Grund, sie zu modifizieren. Der tatsächliche
Wandel begann erst, als das Osmanische Reich entscheidende und
unübersehbare Niederlagen hinnehmen mußte: Niederlagen im
Kampf, gefolgt von Gebietsverlusten und Friedensverträgen nach
dem Diktat der siegreichen Feinde. Das war eine neue und
schmerzliche Erfahrung, und siesetzte eine lange und schwierige
Umstellung in Gang, die noch immer nicht abgeschlossen ist.

Der Prozeß fing mit der zweiten türkischen Belagerung Wiens
im Jahre 1683 an. Der türkische Mißerfolg war diesmal endgültig
und gefolgt von dem raschen Vormarsch der Österreicher und
ihrer Verbündeten tief in osmanisches Gebiet hinein. 1696 nahmen die Russen Asow ein und gewannen damit ihre erste Stellung
am Schwarzen Meer; 1699 diktierten die Österreicher den Friedensvertrag von Karlowitz – den ersten, den das Osmanische Reich
als besiegte Macht unterzeichnete. Trotz vereinzelter Erfolge setzte sich die Kette der Niederlagen, Demütigungen und Rückzüge
das 18. Jahrhundert über fort, wobei der herbste Schlag von allen
1783 die russische Annexion der Krim war, denn sie war altes türkisches, islamisches Land.

Das Problem stellte sich zunächst als ein militärisches dar, und
die ersten Gegenmaßnahmen, die vorgeschlagen wurden, waren
ebenfalls militärisch. Die osmanischen Heere waren im Feld von
europäischen Heeren geschlagen worden; es erschien daher geraten, europäische Waffen, Ausbildung und Techniken zu übernehmen. Während des 18. Jahrhunderts wurden von Zeit zu Zeit
Militärinstrukteure aus Europa geholt, Militärfachschulen gegründet und türkische Offiziere und Kadetten in der europäischen
Kriegskunst ausgebildet. Es war ein bescheidener Anfang, aber
ein ungemein folgenreicher. Anstatt die ungehobelten Abendländer zu verachten, nahmen junge Muslime sie zum erstenmal
als Leiter und Lehrer an, lernten ihre Sprachen und lasen ihre
Bücher. Am Ende des 18. Jahrhunderts konnte der junge Artille-
riekadett, der Französisch gelernt hatte, um sein Kanoniershand-

buch zu lesen, anderen Lesestoff finden, explosiveren und durch-
schlagenderen.

Die Militärreformen waren zwar die ersten und lange Zeit die
wichtigsten Breschen in der Mauer der Autarkie, aber keineswegs
die einzigen. 1729 wurde in Istanbul die erste türkische Drucker-
presse errichtet; als sie 1742 wieder geschlossen wurde, hatte sie
siebzehn Bücher gedruckt, darunter eine Beschreibung Frankreichs durch einen 1721 dorthin entsandten türkischen Botschafter und eine Abhandlung über die von den Heeren Europas ge-
übte Kriegstechnik. Der Verlust an kulturellem Selbstvertrauen
läßt sich auch an den europäischen Einflüssen auf die osmanische
Architektur ablesen, sogar auf religiöse Bauwerke wie zum Beispiel
die 1755 fertiggestellte Nuruosmaniye-Moschee mit ihren Verzierungen im Stil des italienischen Barock.

Das durch militärische Niederlagen entstandene Gefühl
der Schwäche und des Verfalls muß durch den rapiden Anstieg
europäischer Exporte in den Nahen Osten noch verstärkt worden
sein, zumal diese über bloße Luxusprodukte hinaus jetzt auch
Artikel des Alltagsbedarfs wie Zucker und Kaffee umfaßten. Es war
eine Zeit der Mutlosigkeit, die verschiedentlich Ausdruck fand in
einer Absage an die osmanische Vorherrschaft, in ersten, zaghaften Versuchen mit europäischen Formen und im häufigen Gebrauch eines islamischen Sprichwortes, das jetzt mit einer neuen
Bedeutung und einer neuen Schärfe wiederholt wurde: »Dem wahren Gläubigen ist die irdische Welt ein Höllenpfuhl, dem Giauren
aber ein Paradies.«[1]

Das 18. Jahrhundert über kam die hauptsächliche territoriale
Bedrohung des Nahen Ostens aus dem Norden, wo die militärische
Großmacht Rußland sich stetig auf das Schwarze Meer und den
Kaukasus zubewegte. England und Frankreich – inzwischen eben-
so sehr asiatische wie europäische Mächte – waren die wesentlichen
wirtschaftlichen Konkurrenten auf den Märkten Ägyptens, der
Levante und Persiens.

Mit dem Einmarsch französischer Expeditionstruppen unter
General Napoleon Bonaparte 1798 begann in Ägypten eine neue

Phase in der Geschichte der westlichen Einwirkung. Sowohl westliche als auch nahöstliche Historiker haben darin eine geschichtliche Wasserscheide erblickt: den ersten bewaffneten Einfall des modernen Westens in den Nahen Osten, die erste Erschütterung der islamischen Selbstgefälligkeit, den ersten Anstoß zu Verwestlichung und Reform. Alle drei Aspekte waren bis zu einem gewissen Grad von den türkischen Niederlagen im Norden und der türkischen Reaktion darauf antizipiert worden. Seine Bedeutung bleibt trotzdem beträchtlich. Den Muslimen führte Bonaparte vor, wie leicht eine moderne europäische Armee eines der Herzländer des Islam besetzen, erobern und beherrschen konnte; den Engländern, wie leicht eine feindliche Macht ihren Landweg nach Indien abschneiden konnte. Beide Seiten, jede auf ihre Weise, lernten die Lektion, zogen Konsequenzen und setzten sie in die Tat um. Die französische Expedition stellte die arabischen Länder ganz akut vor die Probleme fremder Einwirkung und einer Reaktion darauf; sie leitete zudem anderthalb Jahrhunderte direkter britisch-französischer Einmischung in die Angelegenheiten dieser Länder ein.

Die Gefahr aus dem Norden war durchaus nicht gebannt. Bis zum 18. Jahrhundert hatten die Russen die Kontrolle über die Nord- und Ostküste des Schwarzen Meeres gewonnen, das damit kein muslimisches Gewässer mehr war. 1800 brachten sie Georgien in ihre Gewalt, 1806 nahmen sie Baku ein, und in den ersten Jahrzehnten des 19. Jahrhunderts nahmen sie Persien und etlichen kleinen Fürsten die Provinzen ab, die später die sowjetischen Republiken Armenien und Aserbaidschan bildeten.

Die fünfziger und sechziger Jahre des 19. Jahrhunderts waren eine Zeit rapider und einschneidender Entwicklungen im Nahen Osten. Der Krimkrieg hatte die übliche katalytische Wirkung eines großen Krieges: er brachte rasche und jähe Veränderungen und verlieh den Gefühlen und Erfahrungen eine neue Intensität. Das Bündnis mit Großbritannien und Frankreich und das Eintreffen britischer und französischer Truppen in der Türkei bescherte Kontakte mit dem Westen von bis dahin unbekanntem Ausmaß.

Nachdem sie durch den Krimkrieg im näheren Osten gebremst

worden waren, wandten sich die Russen nach Zentralasien, wo sie in den sechziger und siebziger Jahren die Khanate von Kokand, Buchara und Chiwa unterwarfen. Durch die Annexion des Gebietes zwischen dem Kaspischen Meer und dem Oxus (Amu-Darja) in den achtziger Jahren festigten sie ihre Position in Zentralasien und an der Nordostgrenze Persiens. Ein anderes Problem tauchte im osmanischen Europa auf, wo den Türken durch den Ausbruch nationalistischer Bewegungen Gebietsverluste und die Verseuchung mit gefährlichen Gedanken drohten.

In den arabischen Ländern durchlief die Einmischung und Einflußnahme des Westens mehrere Phasen. In der ersten Hälfte des 19. Jahrhunderts galt das westliche Interesse vor allem dem Handel und der freien Durchfahrt. Es kam zwar zu territorialen Übergriffen, etwa im Persischen Golf und in Südarabien, wo die Briten 1839 Aden an sich rissen, aber diese Vorstöße waren auf die äußerste Peripherie begrenzt und geschahen primär um der Sicherheit der Seewege willen. Den Interessen Großbritanniens, inzwischen die aktivste westliche Macht im Nahen Osten, leistete die berühmte Politik der »Wahrung der Unverletzlichkeit und Unabhängigkeit des Osmanischen Reiches« gute Dienste. Die Annahme schien begründet, daß die Türken als beherrschende und alteingesessene Macht in dem Gebiet sich mit denjenigen, deren Interessen rein wirtschaftlicher und strategischer Art waren, gegen einen potentiellen Feind verbünden würden, dessen Ziele expansionistisch und aggressiv waren. Diese britische politische Linie wurde nur mit größtem Widerstreben und vielen Nostalgiebekundungen aufgegeben. In gewissem Sinne stellte die neuere Nahostpolitik erst der Briten und dann der Amerikaner eine Reihe von erfolglosen Versuchen dar, eine nahöstliche Macht zu entdecken bzw., da sich keine fand, eine zu schaffen, deren Unverletzlichkeit und Unabhängigkeit sie wahren könnten und deren Herrscher im Gegenzug ihre vitalen Interessen schützen würden. Man darf feststellen, daß sowohl die Briten als auch die Osmanen dieses Protektionsspiel besser beherrschten als alle späteren Akteure, die in den Rollen von Protektor und Protegé auftraten.

Die zweite Hälfte des 19. Jahrhunderts brachte wichtige Veränderungen. Die rasche Modernisierung der Durchfahrtswege, die
Zunahme direkter wirtschaftlicher und finanzieller Interessen des
Westens an dem Gebiet und von den achtziger Jahren an die Ausweitung des deutschen Einflusses in der Türkei führten zu einer
Umorientierung der britischen Politik. Die Besetzung Ägyptens
1882, eigentlich zu einem begrenzten Zweck und für eine begrenzte Zeit gedacht, wurde ein Dauerzustand und zudem auf den
Sudan ausgeweitet. 1918 wurde das Osmanische Reich, das vier
Jahrhunderte lang die arabischen Länder unter sich gehabt hatte,
geschlagen und vernichtet und aus den Trümmern wurden eine
Reihe neuer, unvertrauter politischer Strukturen zusammenge-
bastelt.

Zwischen 1918 und 1945 waren Großbritannien und Frankreich,
mal als Bundesgenossen, mal als Rivalen, die dominanten Mächte
im arabischen Osten. Aden, Palästina und der Sudan wurden
direkt durch Regimes kolonialer Prägung regiert; andernorts
wurde die Kontrolle – sofern dies das richtige Wort ist – indirekt
ausgeübt, nämlich durch einheimische Regierungen, manche unter ein Mandat gestellt, einige nominell unabhängig, mit einem
unterschiedlichen und ungewissen Maß an Zuständigkeit für ihre
eigenen Angelegenheiten. Diese Formen der Verwaltung hörten
in den Jahren nach dem Zweiten Weltkrieg auf, als alle Länder des
arabischen Nahen Ostens die volle politische Unabhängigkeit
erlangten und neue Führer und Lenker fanden, damit diese auch
verwirklicht werden konnte.

Die anderthalb Jahrhunderte britisch-französischer Vorherrschaft im Nahen Osten – von dem großen Konflikt von Nelson und
Napoleon bis zum vergeblichen Zusammengehen von Eden und
Mollet in der gescheiterten Suez-Expedition des Jahres 1956 – und
die etwas längere Zeitspanne verwestlichender Einflüsse in der
Türkei bewirkten gewaltige und irreversible Veränderungen auf
allen gesellschaftlichen Ebenen. Keineswegs alle Veränderungen
waren das Werk westlicher Herrscher und Oberherren, die in den
meisten Fällen zu einer vorsichtig konservativen Politik tendierten.

Einige der einschneidendsten Veränderungen gingen auf das Konto energischer und rücksichtsloser nahöstlicher »Verwestlicher« – Herrscher, die bestrebt waren, sich die westlichen Machtinstrumente anzueignen und zunutze zu machen, Kaufleute, die auf westliche Art Reichtümer aufhäufen wollten, Theoretiker und Praktiker, die von der Durchschlagskraft westlicher Erkenntnisse und Ideen fasziniert waren. Die Veränderungsprozesse fanden ihren symbolischen Niederschlag in der schrittweisen Übernahme westlicher Kleidung. Nur einmal zuvor in der Geschichte waren die Muslime von ihren eigenen Sitten abgegangen und hatten ausländische Tracht angenommen: Ende des 13. Jahrhunderts, als die Mamlukenemire Ägyptens auf Befehl des Sultans mongolische Gewänder und Rüstungen trugen und sich nach mongolischer Art die Haare wachsen ließen. Die gleiche Art von Sympathiezauber bewirkte zweifellos im 19. Jahrhundert die Übernahme von Hosen, Uniformröcken und Gehröcken – erst, auf Anordnung, in der Armee; dann, abermals auf Anordnung, im Staatsdienst; schließlich unter den nichtbeamteten städtischen Gebildeten durch eine Art sozialer Osmose. Der mongolische Stil wurde Anfang des 14. Jahrhunderts wieder abgeschafft, vielleicht weil die Mongolen ihrerseits Muslime wurden. Die Jacken und Hosen Europas sind jedoch geblieben und zum äußeren Zeichen und Symbol der Bildung und Modernität geworden. In unseren Tagen fällt mit dem Verschwinden von Turban und Tarbusch die letzte Bastion des muslimischen Konservatismus, und an ihre Stelle tritt die westliche Kopfbedeckung mit Krempe und Schirm. Die Soldaten des islamischen revolutionären Iran tragen nach wie vor Uniformen westlichen Stils. Sogar die Diplomaten der Islamischen Republik – anders als die der Monarchen Arabiens – tragen immer noch westliche Kleidung, nur die Krawatte lassen sie als symbolische Ablehnung westlicher Lebensformen und Zwänge weg.

Der Anfang war rein militärisch: der schlichte Wunsch, in einer Welt zu überleben, die von einem expandierenden und vorrückenden Europa beherrscht wurde. Dazu bedurfte es Armeen europäischer Art – eine einfache Frage, meinte man, der Ausbildung und Ausrüstung, die durch die vorübergehende Einstellung einiger Instrukteure und die Bestellung der richtigen Materialien zu lösen sein mußte. Doch die Aufgabe, die neuartigen Armeen zu leiten, führte unausweichlich zum Bau von Offiziersschulen und zur Reform des Bildungswesens, zur Bildung von dafür zuständigen Ressorts und zur Reform der Regierung, zur Schaffung und staatlichen Verwaltung von Dienstleistungen und Fabriken zu ihrer Versorgung und ganz zögernd zur Reform der Wirtschaft.

Der wirtschaftliche und technische Fortschritt war lange Zeit größtenteils die Sache der Europäer. Sie waren es, die Straßen, Eisenbahnen, Brücken und Häfen bauten, im 19. Jahrhundert die Dampfmaschine und im 20. Jahrhundert den Benzinmotor brachten, zudem Gas und Elektrizität, Telegraphie und Rundfunk und die ersten Anfänge einer industriellen Entwicklung. Manchmal kamen sie in eigenem Interesse, im Auftrag ihrer Regierungen oder konzessionierter Unternehmen, manchmal als Experten oder Berater, angestellt von nahöstlichen Regierungen und von anderen Stellen. Am Anfang beschäftigten sie nur ungelernte einheimische Arbeitskräfte, dann auch teilqualifizierte Handwerker; schließlich konnten sie aus bedeutenden einheimischen Reserven an technischen und akademischen Qualifikationen schöpfen – und die Männer, die sie besaßen, übernahmen zuletzt ihre Posten.

Das wichtigste ausländische Wirtschaftsprojekt im 20. Jahrhundert war sicherlich die Entdeckung und Förderung des Erdöls, das den nahöstlichen Regierungen, in deren Ländern es gefunden wurde, riesige öffentliche Einnahmen verschaffte. Schon im Mittelalter hatten muslimische Heere europäische Waffen bewundert und begehrt, und europäische Kaufleute hatten nie etwas dagegen, sie zum entsprechenden Preis damit auszurüsten. In einem Brief an den Kalifen in Bagdad schilderte Saladin, wie europäische Händler ihn mit ihren neuesten Waffen versahen und damit zu ihrer eigenen Niederlage und Vernichtung beitrugen. Einige Jahrhunderte später trugen europäische Schiffbauer, Kanonengießer und andere Hersteller von Kriegsgerät ihren Teil zum osmanischen Vormarsch ins Herz Europas bei. Der gewaltige Reichtum aus dem

Verkauf von Erdöl ermöglichte es nahöstlichen Regierungen, sich die modernsten und verheerendsten Erzeugnisse der westlichen Rüstungsindustrie zu kaufen und sie – wie Saddam Hussein vorführte – nach Belieben einzusetzen. Mit dem Kauf westlicher Waffen zum Kampf gegen den Westen folgte er einer jahrhundertealten Tradition. Gleiches gilt für die Händler, die sie ihm verkauften.

Mit europäischen Waffen und technischen Erfindungen kam ein weiterer Importartikel, europäische Ideen, die sich für die alte soziale und politische Ordnung als mindestens genauso zerstörerisch erweisen sollten. Bis zum 18. Jahrhundert war die Welt des Islam vom intellektuellen und kulturellen Kontakt mit dem Westen fast vollständig abgeschnitten gewesen. Die Renaissance und die neuen Erkenntnisse, die naturwissenschaftlichen, technischen und geistigen Bewegungen des christlichen Europa fanden kein Echo und weckten kein Interesse bei Völkern, für die sie zutiefst fremd und völlig irrelevant waren. Selbst der Einfluß der europäischen Wirtschaft und Diplomatie wurde, da er sich nicht ganz vermeiden ließ, von einer Zwischenschicht einheimischer Christen und, zu einem geringeren Grad, Juden gedämpft und abgefangen, die als Kaufleute, Agenten, Mittelsmänner und Dolmetscher ihre muslimischen Herren vor der Verunreinigung durch direkten Kontakt bewahrten. Das Osmanische Reich unterhielt in seiner großen Zeit keine festen Botschaften im Ausland. Sogar die Verhandlungen mit den ausländischen Botschaften in Istanbul wurden über den Großdragoman abgewickelt, der gewöhnlich ein Grieche war. Es gab nur sehr wenige Muslime, die eine westliche Sprache lesen konnten; abgesehen von wenigen unbedeutenden Ausnahmen gab es keine arabischen, persischen oder türkischen Übersetzungen abendländischer Bücher. Mit den Worten eines osmanischen Geschichtsschreibers: »Vertrauliche Gemeinschaft mit Heiden und Ungläubigen ist den Anhängern des Islam verboten, und freundlicher und intimer Umgang zwischen zwei Seiten, die zueinander wie Finsternis und Licht stehen, ist alles andere als wünschenswert.«[2]

Die Militärreform veränderte dies alles. Aus einem unwissenden Barabaren wurde der Franke zu einem Lehrer der edelsten und wichtigsten aller Künste, der Kriegskunst. Seine Sprache war kein »plumpes Kauderwelsch« mehr, wie ein Schriftsteller sie genannt hatte, sondern der Schlüssel zu wesentlichem Wissen. Die Heeresreformer hatten vorgehabt, eine Schleuse in der Mauer zu öffnen, um einen begrenzten und geregelten Zufluß hereinzulassen. Statt dessen kam eine Flut herein, eine reißende, schäumende Flut, die durch tausend Ritzen sickerte und brach und Zerstörung wie auch die Samen neuen Lebens brachte. Es war eine Überschwemmung, die kein Ende zu haben schien, denn der anscheinend unerschöpfliche Erfindungsreichtum Europas gab jeder Generation immer mehr und immer neue Ideen zu bewältigen auf. Im 19. Jahrhundert waren zwei Richtungen vorherrschend, manchmal in Eintracht, oft in Konflikt miteinander: der radikale Liberalismus der Französischen Revolution und der autoritäre Reformismus der Aufklärung.

Es gab viele neue Kanäle, durch die westliche Ideen in die bis dahin abgeschlossene Welt des Islam einsickern und eindringen konnten. Einer waren zum Beispiel die muslimischen Besucher aus dem Nahen Osten, die jetzt in wachsender Zahl in den Hauptstädten Europas aufzutauchen begannen. Einige wenige furchtlose Reisende hatten schon in früheren Zeiten gewagt, sich den Gefahren des unbekannten Europa auszusetzen, doch von den Kreuzzügen bis zum 17. Jahrhundert hinterließen kaum zwanzig irgendwelche schriftlichen Aufzeichnungen – fast alle offizielle Gesandte auf Sondermissionen. 1791 schickte der Osmanensultan Selim III. den Ebubekir Ratib Efendi nach Wien, wo dieser einen detaillierten Bericht über das Wirken des aufgeklärten Despotismus verfaßte und Empfehlungen für Reformen im Osmanischen Reich gab. In den folgenden Jahren richtete der Sultan die ersten festen Botschaften in London, Wien, Berlin und Paris ein. Dem folgten im 19. Jahrhundert persische Botschaften und, auf informeller Basis, diplomatische Vertreter der neuen unabhängigen Macht, die unter Muhammad Ali und seinen Nachfolgern in Ägypten entstanden war. Zu einer Zeit, in der die Beherrschung fremder Sprachen und die Kenntnis fremder Länder seltene und hochwichtige Qualifikationen waren, stellten diese Botschaften einmalige Gelegenheiten dar, sie zu erwerben, und die Männer, die in ihnen gedient hatten, bildeten ein wichtiges Element in der neuen politischen Elite. Nicht die Ulema (Theologen und Rechtsgelehrte) und nicht die Armee, sondern die Übersetzungskanzleien und die Botschaften waren jetzt der Königsweg zu Einfluß und Macht.

Die zweite – und auf längere Sicht wichtigere – Gruppe von Orientalen nach den Diplomaten, die in Europa auftauchte, waren die Studenten. Die erste ägyptische Studentenmission wurde 1809 von Muhammad Ali Pascha nach Italien gesandt, und im Jahre 1818 gab es in Europa dreiundzwanzig ägyptische Studenten. Die erste persische Studentenmission erschien ungefähr zur gleichen Zeit in England. 1826 schickte der Pascha von Ägypten die erste große ägyptische Mission, vierundvierzig Studenten, nach Paris. Was dem Pascha recht war, war dem Sultan nur billig, und so schickte Sultan Mahmud II. 1827 gegen starken Widerstand aus dem religiösen Lager eine osmanische Mission von etwa einhundertfünfzig Studenten in verschiedene Länder. Im Laufe der Jahre folgten Hunderte ihnen nach, die Vorläufer der zahllosen Tausenden, die noch kommen sollten. Es ist eine allbekannte Tatsache, daß Studenten mehr voneinander als von ihren Lehrern lernen, und in den zwanziger, dreißiger und vierziger Jahren des 19. Jahrhunderts gab es auf den Universitäten Europas viel zu lernen.

Es lag zweifellos zum Teil an dieser Ausbildung, daß in den sechziger Jahren eine dritte Besucherwelle rollte – Exilanten. Die Jungosmanen waren eine Gruppe mehr oder weniger liberaler Patrioten, die es ratsam fanden, die Türkei zu verlassen und ihre Kritik an den Ministern des Sultans von Europa aus fortzusetzen, wo sie in London, Paris und Genf Oppositionszeitschriften herausbrachten, die sie in die Türkei einschmuggeln ließen. Ihnen folgten Ende des 19. und Anfang des 20. Jahrhunderts weitere liberale und patriotische Gruppen, die man unter dem losen Oberbegriff

Jungtürken zusammenfaßt. Von Zeit zu Zeit kamen andere Gruppen politischer Exilanten aus dem Nahen Osten, aber im ganzen
waren sie überraschend wenige und überraschend untätig.

Neben den nahöstlichen Westreisenden gab es westliche Nah-
ostreisende: Lehrer und Wissenschaftler, Experten und Berater,
Missionare und Propagandisten sowie Männer, die die verschiedensten politischen und wirtschaftlichen Projekte verfolgten. Die
ersten, die einen persönlichen Einfluß auf junge Muslime ausübten, waren die europäischen Militärinstrukteure in türkischen,
ägyptischen und später persischen Diensten. Die meisten waren
Franzosen, und sie sprachen natürlich französisch. Mit der Revolution in Frankreich riß diese Verbindung nicht ab, und noch 1796
sandte die osmanische Reichsregierung eine Anfrage um eine
Reihe von Militärexperten und -ingenieuren an die französische
Regierung in Paris. Sie kamen – befehligt von dem neuen französischen Botschafter General Aubert Dubayet, gebürtig aus New
Orleans und ein glühender Revolutionär, der in Amerika unter
Lafayette gekämpft hatte. Die Militärschule in Istanbul soll eine
Bibliothek von vierhundert Büchern gehabt haben, viele davon
französisch, darunter eine Gesamtausgabe der *Grande Encyclopédie*.
Jeder Hochschullehrer weiß, daß das Vorhandensein von Büchern
in einer akademischen Bibliothek nichts darüber besagt, ob sie
auch gelesen werden, zumal wenn die Bücher in einer fremden
Sprache sind und ungewohnte Ideen enthalten. Wir können nicht
mehr sagen, als daß die Bücher verfügbar waren und daß einige
der Ideen sich in späteren Generationen bemerkbar machten.
Muhammad Ali in Ägypten zog ebenfalls französische Offiziere
heran, von denen nach 1815 viele zur Verfügung standen. Seine
Mathematikschule in Kairo hatte eine Bibliothek mit französischen
Büchern, darunter Werke von Rousseau und Voltaire und Bücher
über europäische Institutionen. Es folgten noch viele Militärmis-
sionen aus verschieden Ländern, darunter eine erste Gruppe amerikanischer Offiziere, die nach dem Bürgerkrieg nach Ägypten gingen. Von allen Gruppen in der nahöstlichen Gesellschaft waren
die Offiziere am längsten und nachhaltigsten dem westlichen Ein-

fluß ausgesetzt, und sie haben das dringlichste Interesse an Modernisierung und Reform. Dies mag helfen, das in anderen Teilen der Welt ungewöhnliche nahöstliche Phänomen zu erklären, daß hohe Offiziere die Speerspitze der gesellschaftlichen Veränderung bilden.

Wenn auch die Offiziere und Instrukteure die ersten westlichen Lehrer waren, gab es doch noch viele andere – Lehrer aller Fächer in Schulen jeder Art. Manche unterrichteten in den modernen Schulen und Akademien, die in wachsender Zahl von den nahöstlichen Regierungen gegründet wurden; andere in Schulen, die von ausländischen Missionen und Regierungen als Dienst an der Menschheit und Instrument der Kulturpolitik geschaffen wurden. Zu ihnen gesellte sich in beiden Gruppen eine wachsende Zahl Einheimischer, die auf westlichen Schulen im In- oder Ausland gewesen waren, eine westliche Sprache beherrschten und westliche Qualifikationen besaßen.

Zwischen 1854 und 1856 durchlebte man die Schule des Krieges in neuer Form und mit neuer Heftigkeit. Der Krimkrieg war keineswegs der erste, den die Türkei gegen Rußland führte, und es war auch nicht das erstemal, daß die Türkei Unterstützung von europäischen christlichen Verbündeten bekam. Doch in der Vergangenheit waren diese fern gewesen und kaum in Erscheinung getreten – Mitunterzeichnende von Kriegserklärungen gegen einen gemeinsamen Feind statt Verbündete im echten Sinne. Diesmal waren Großbritannien und Frankreich Verbündete und Waffengefährten, die mit Truppen auf türkischem Boden und Flotten in türkischen Gewässern an einer gemeinsamen Kriegsanstrengung teilnahmen. Diese führte zu raschen und ausgedehnten Kontakten zwischen Türken und Westeuropäern auf vielen Ebenen. Die starke westliche Präsenz – ziviler und technischer wie auch militärischer Art – in türkischen Städten leitete viele wichtige Veränderungen ein. Manche waren positiv – zum Beispiel die Ausdehnung des Telegraphennetzes bis nach Istanbul. Das erstmalige Eintreffen von Korrespondenten ausländischer Tageszeitungen hatte beispielhafte Wirkung und bereitete mit der Zeit den neuen

türkischen Zeitungen den Weg. Die ausländische Präsenz gab auch
der Verbesserung der Straßenbeleuchtung, des Verkehrswesens
und anderer Aspekte der Infrastruktur neuen Auftrieb.

Manche der Veränderungen waren fragwürdiger. Als Verbündeter Großbritanniens und Frankreichs war es dem Sultan möglich, Kriegsanleihen auf westlichen Finanzmärkten aufzunehmen,
womit er auf die schiefe Bahn von Verschwendung und Bankrott
geriet.

Einen großen Beitrag zur Verbreitung westlicher Kenntnisse
und Ideen leistete das in vielerlei Weise Fuß fassende europäische
Buch. Je allgemeiner die Kenntnis europäischer Sprachen wurde,
um so mehr fanden europäische Bücher Leser und, was noch wichtiger war, Übersetzer. Im 16. Jahrhundert erschienen, soweit bekannt, zwei Bücher westlicher Herkunft auf türkisch: eines, das un-
gedruckt blieb, war eine Geschichte Frankreichs, übersetzt 1572
auf Anweisung des Reis Efendi, des für auswärtige Angelegenheiten
zuständigen Vorstehers der Kanzleisekretäre; das andere war ein
Bericht von der Entdeckung und den Wundern der Neuen Welt,
zusammengestellt aus europäischen Quellen um 1580. Das 17.
Jahrhundert brachte ein paar Bücher über Geschichte und Geographie und eine Abhandlung über die Diagnose und Behandlung
der Syphilis, die die Türken und nach ihnen andere nahöstliche
Völker *firengi* nannten; im 18. Jahrhundert kamen noch ein paar
dazu, darunter Übersetzungen französischer Bücher über Kriegs-
kunde, die in Istanbul gedruckt wurden. Bis zum Ende des 18. Jahrhunderts waren immer noch nur eine Handvoll westlicher Werke
auf türkisch erhältlich, die meisten davon trockene und sachbe-
zogene Sammelwerke für den Amtsgebrauch; auf arabisch oder
persisch gab es gar keine.

Den ersten Anstoß zur neuen Übersetzungsbewegung scheinen
die Franzosen gegeben zu haben, aus offen propagandistischen
Motiven. So wurde zum Beispiel die Adresse des Nationalkonvents
an das französische Volk vom 9. Oktober 1794 ins Arabische übersetzt und in einem Quartheft mit französischem und arabischem
Text auf gegenüberliegenden Seiten veröffentlicht – eine nützliche

Hilfe für alle, die die Sprache und andere Dinge lernen wollten. Andere französische politische Schriften wurden ins Arabische und Türkische übersetzt und im Nahen Osten vertrieben. Die französische Expedition nach Ägypten sorgte für die Veröffentlichung französischer Meldungen und Meinungen auf arabisch.

Die unmittelbaren Auswirkungen all dessen waren, soweit wir wissen, begrenzt. Viel einflußreicher war die Übersetzungsbewegung, die sich während des 19. Jahrhunderts in den drei Hauptzentren entwickelte, der Türkei, Ägypten und Persien. Sie war zunächst durchweg staatlich gefördert und folgte weitgehend der offiziellen Meinung. Zu den ersten unter den Auspizien nahöstlicher Herrscher erstellten und veröffentlichten Übersetzungen gehören Werke über Napoleon und Katharina die Große, Voltaires *Geschichte Rußlands unter Peter dem Großen* und die *Geschichte Karls XII.*, Robertsons Geschichte der *Regierung des Kaisers Karl V.* und die Anweisungen Friedrichs des Großen an seine Truppenbefehlshaber. Später wurde die Arbeit auf Initiative von Redakteuren, Verlegern, Druckern und Übersetzern fortgeführt und ungemein ausgeweitet.

Der Westen hatte neue Kommunikationsmedien geboten – Buchdruck im 18., Presse und Telegraphie im 19., Rundfunk und Fernsehen im 20. Jahrhundert –, die alle eine bedeutende Rolle bei der Verbreitung westlicher und anderer Ideen spielten. Die ersten Zeitungen gaben hauptsächlich die Regierungsmeinung wieder; der Leitartikel in der ersten Ausgabe des offiziellen osmanischen Blattes, die am 14. Mai 1832 erschien, gibt als Aufgabe der Presse an, den wahren Charakter der Ereignisse und den wirklichen Zweck der Maßnahmen und Befehle der Regierung bekanntzumachen, damit Mißverständnissen gewehrt und unsachlicher Kritik vorgebeugt werde; ein weiterer Zweck sei es, nützliche Kenntnisse über Handel, Wissenschaft und Kunst zu vermitteln. Die erste nichtamtliche Zeitung auf türkisch war ein Wochenblatt, das 1840 von einem Engländer namens William Churchill gegründet wurde. Ihm folgten viele andere auf türkisch, arabisch und persisch und in anderen Sprachen.

Mit der Presse kam der Journalist, eine neue und ominöse
Gestalt im nahöstlichen Leben. Ebenfalls neu und nicht minder
wichtig war der Jurist. In der alten Zeit war das Recht heiliges Recht,
ein Zweig der Religionslehre, und die einzigen Juristen waren die
Ulema gewesen. Durch Justiz- und Verfassungsreformen und die
Schaffung moderner Gesetze und Gerichtshöfe zu ihrer Ausführung entstand eine neue Schicht weltlicher Advokaten, die in
dem neuen politischen Leben und in der Anwendung neuer politischer Ideen und Methoden eine große Rolle spielten.

Die Journalisten und Juristen brauchten ebenso wie die neuen
Offiziere und Beamten statt der traditionellen religiösen und
literarischen Bildung der Vergangenheit eine Ausbildung neuer
Art. Ihr Stoff waren westliche Sprachen und Literatur, Geschichte,
Geographie und Recht, zu denen später noch Wirtschaft und
Politik hinzukamen. Die meisten dieser Fächer waren neu und
befremdlich; sie waren jedoch insofern vertraut, als sie alle auf
Geschriebenem beruhten, aus Büchern oder Vorlesungen auf-
genommen und dann auswendig gelernt werden konnten. Sie
konnten so den traditionellen Erziehungsmethoden angeglichen
werden, die hauptsächlich auf der Autorität des Lehrers und dem
Gedächtnis des Schülers beruhten.

Mit den praktischen und exakten Wissenschaften jedoch ging
das nicht. Die einst so große muslimische Tradition naturwissenschaftlichen Forschens und Experimentierens war schon seit langem verkümmert und abgestorben und hatte eine Gesellschaft hinterlassen, die sich heftig gegen den naturwissenschaftlichen Geist
sperrte. Mit den Worten eines türkischen Wissenschaftshistorikers:
»Die naturwissenschaftliche Strömung brach an den Deichen der
Literatur und Jurisprudenz.«[3] Ein nicht minder ernstes Hindernis
war die tiefverwurzelte gesellschaftliche Einstellung zu Macht,
Arbeit und Status, die aus dem Orientalen auch heute noch häufig einen verwegenen und geschickten Autofahrer, aber einen widerwilligen und unberechenbaren Mechaniker macht. Medizin,
Ingenieurkunde und andere brauchbare Wissenschaften wurden
an den allerersten Militärschulen unterrichtet; naturwissenschaft-

liche Abhandlungen waren unter den ersten abendländischen Werken, die ins Türkische und Arabische übersetzt wurden, aber viele Studenten, die einen Abschluß in Medizin hatten, zogen es vor, die Verwaltungslaufbahn einzuschlagen, statt sich die Hände an Patienten schmutzig zu machen, und die naturwissenschaftlichen Schulen blieben fremde und exotische Gewächse, die ständiger Betreuung und erneuter Nachpfropfung aus dem Westen bedurften. Zu einem eigenständigen naturwissenschaftlichen Arbeiten wie etwa in Japan, China oder Indien kam es im Grunde nicht, und jede Studentengeneration mußte wieder aus den Quellen im Westen schöpfen, die unterdessen ihrerseits gewaltige Fortschritte gemacht hatten. Das Ergebnis war, daß die Ungleichheit zwischen dem Nahen Osten und den höherentwickelten Ländern des Westens, was naturwissenschaftliche Kenntnisse, technische Kapazitäten und daher militärische Macht anbelangt, heute stärker ist als vor zweihundert Jahren, als der Prozeß der Verwestlichung anfing. Diese Ungleichheit wurde aufrechterhalten und sogar noch verschärft durch die Weigerung oder die Unfähigkeit, die sozialen und kulturellen Veränderungen zu vollziehen, die für die Führung eines modernen Staates nach westlichem Vorbild nötig sind. Die militärischen Konsequenzen dieser Ungleichheit wurden im Golfkrieg von 1991 drastisch deutlich.

Von Zeit zu Zeit haben nahöstliche Denker die Frage gestellt: Was ist das Ergebnis dieser ganzen Verwestlichung? Das ist eine Frage, die wir im Westen uns ebenfalls stellen sollten. Wir in der westlichen Welt haben die selbstgefällige Angewohnheit, uns in allem, was Qualität und Fortschritt betrifft, als Vorbild hinzustellen. Wer wie wir ist, ist gut; wer anders ist, ist schlecht. Wer mehr so wird wie wir, steigt auf; wer eher anders wird als wir, fällt ab. Das stimmt aber nicht unbedingt. Wenn Zivilisationen aufeinanderprallen, gibt es eine, die die Oberhand behält, und eine, die zerschlagen wird. Idealisten und Ideologen mögen salbungsvoll daherreden von einer »Vermählung der besten Elemente« von beiden Seiten, aber das normale Resultat eines solchen Zusammenstoßes ist die wilde Ehe der schlechtesten.

Das Eindringen des Westens in den Nahen Osten hat große Vorteile gebracht und wird sicher weitere bringen: mehr Wohlstand
und Bequemlichkeit, Kenntnisse und Geräte und die Öffnung
neuer Wege, die vorher verschlossen waren. Es sind gute Straßen,
wenn auch nicht immer sicher ist, wohin sie führen.

Die Verwestlichung – von westlichen und noch stärker von
bestimmten nahöstlichen Kräften betrieben – hat auch Veränderungen von zweifelhaftem Wert gebracht. Eine davon ist die politische Zersetzung und Zersplitterung der Region. Bis zur modernen Zeit gab es im Nahen Osten eine festgefügte politische
Ordnung mit dem Schah als dem Herrscher Persiens und dem
Sultan als dem Souverän oder Suzerän des Restes. Der Sultan mag
bei seinen Untertanen nicht immer beliebt gewesen sein, aber er
war respektiert und, was wichtiger ist, anerkannt als der legitime
Herrscher des letzten muslimischen Weltreiches. Der Sultan wur-
de gestürzt und das Reich zerstört. Auf ihn folgte eine lange
Kette von Königen, Präsidenten und Diktatoren, denen es eine
Zeitlang glückte, den Beifall und die Unterstützung ihrer Völker
zu gewinnen, aber niemals jene selbstverständliche und fraglose
Anerkennung ihres Rechts zu herrschen, die die alten legitimen
Souveräne genossen und die sie der Notwendigkeit zu gewaltsamer
Repression oder demagogischer Politik enthob.

Mit der alten Legalität und Loyalität verloren die Völker des
Nahen Ostens auch ihre alte Gemeinschaftsidentität. Statt Angehörige eines tausendjährigen islamischen Imperiums zu sein,
fanden sie sich als Bürger einer Reihe von Schutzgebieten und
dann Nationalstaaten wieder – die meisten davon historisch neue
Gebilde (oft mit geborgten oder künstlich wiederbelebten Namen), die erst jetzt im Bewußtsein und Gefühl ihrer Völker Wurzeln zu schlagen beginnen.

Die Aushöhlung und der Zusammenbruch der alten politischen
Ordnung waren von einem parallelen Prozeß gesellschaftlicher
und kultureller Zersetzung begleitet. Die alte Ordnung mag ab-
gewirtschaftet gewesen sein, aber sie funktionierte noch, und es
gab ein allseits verstandenes System von Loyalitäten und Ver-

pflichtungen, das die verschiedenen Gruppen und Schichten der Gesellschaften zusammenhielt. Die alten Strukturen wurden zerstört, die alten Werte verhöhnt und verworfen; an ihrer Stelle wurde ein neuer Komplex von Institutionen, Gesetzen und Normen aus dem Westen importiert, der den Bedürfnissen, Gefühlen und Zielen der muslimischen Völker des Nahen Ostens lange fremd und gleichgültig blieb. Es mag ja sein, daß diese Veränderungen »notwendig« und »unvermeidlich« waren, wie Politiker und Historiker es ausdrücken. Tatsache bleibt, daß sie eine Periode der Formlosigkeit und Unverantwortlichkeit herbeiführten, die für die politische und soziale Ordnung des Nahen Ostens zutiefst schädlich war.

Die wirtschaftlichen Folgen der Verwestlichung sind so wohlbekannt, daß sie nur kurz erwähnt werden müssen: das explosive Bevölkerungswachstum, vor allem in Ägypten, ohne entsprechende Verbesserung der Ernährungssituation; der vom Erdöl herrührende ungeheure neue Reichtum mit seiner ungleichen, ja erratischen Verteilung sowohl zwischen den Ländern als auch innerhalb der Länder; die breiter und sichtbarer werdende Kluft zwischen Reichen und Armen; die Schaffung neuer Wünsche und Hoffnungen und das Hinterherhinken der Mittel, sie zu befriedigen. Die technische Unterlegenheit blieb bestehen, und jeder neue Krieg im Nahen Osten machte abermals deutlich, daß der Ankauf technisch hochentwickelter Rüstungsgüter beträchtlichen Schaden anrichten kann, aber noch lange keine technisch hochstehende Armee schafft, noch weniger eine technisch hochstehende Gesellschaft. Diese Spannungen bauen sich seit geraumer Zeit auf. In der heutigen Zeit haben sie den Zerreißpunkt erreicht.

Die Haltung der Völker des Nahen Ostens gegenüber dem Westen ist durch mehrere Phasen gegangen. Während Europa sich viele Jahrhunderte lang zu immer größeren Höhen aufschwang, versank der Orient in der wohligen Trägheit des Verfalls und war nicht willens und nicht fähig, die gewaltigen Veränderungen zu erkennen oder zu verstehen, die sich vollzogen. Im 19. Jahrhundert wurden ihre Illusionen von Überlegenheit und Autarkie endlich zerschlagen, und sie wurden sich der unerfreulichen Realität bewußt, in der ihre Länder, ihre Ressourcen, ihre Zivilisationen, ja ihre Seelen selbst von einem Europa bedroht wurden, das unglaublich reich und mächtig war und das in seiner grenzenlosen Selbstsicherheit, Aggressivität und Gewinnsucht die ganze Welt in seinen Griff zu bekommen schien.

In dieser Situation begann sich die innere Einstellung des Orientalen zu wandeln: aus ignoranter Selbstgefälligkeit wurde hektisches Nacheifern. Der Westen war groß und stark; durch Studium und Nachahmung war es vielleicht möglich, das schwer ergründliche Geheimnis seiner Größe und Stärke zu entdecken und anzuwenden, und Generationen von eifrigen Studenten und Reformern plagten sich mit der Suche. Sie haben den Westen vielleicht nicht geliebt, ihn vielleicht nicht einmal verstanden, aber sie haben ihn bewundert und respektiert.

Es kam eine Zeit, in der viele weder das eine noch das andere taten. Die Haltung der Bewunderung und Nachahmung wich einer neidischen Erbitterung. Zu diesem Wandel trugen unsere bedauerlichen politischen und moralischen Verfehlungen zweifellos ihren Teil bei, desgleichen die Lektionen der Freiheit und der menschlichen Selbstachtung, die der Westen lehrte. In einem Gedicht an England über die Sehnsucht des Orientalen nach Freiheit schreibt Muhammad Iqbal:

Den Weg zum Garten hat zuerst der Rose Duft gezeigt –
Daß es den Rosengarten gibt, wie wüßt's die Nachtigall? [4]

Aber vor allen Dingen entsprang die Welle der Feindseligkeit der Krise einer Zivilisation, die endlich gegen den Einfluß fremder Kräfte aufstand, die sie beherrscht, zerrüttet und umgekrempelt hatten. Daher müssen wir jetzt unsere Aufmerksamkeit auf einige der Formen richten, in denen sich Einwirkung, Annahme und Abwehr abspielten.

Kapitel 3

Das Streben nach Freiheit

Im Jahre 1878 besuchte ein junger türkischer Diplomat namens Sadullah die Weltausstellung in Paris. In einem Brief beschrieb er, was er gesehen hatte:

> Vor dem zentralen Eingangstor ist eine Freiheitsstatue; sie hat einen Stab in der Hand und sitzt auf einem Stuhl. Ihr Stil und Aussehen will besagen: »O ehrenwerte Besucher! Wenn ihr euch diese faszinierende Ausstellung des menschlichen Fortschritts anseht, vergeßt nicht, daß alle diese Errungenschaften das Werk der Freiheit sind. Unter dem Schutz der Freiheit nämlich erlangen Völker und Nationen das Glück. Ohne Freiheit kann es keine Sicherheit geben, ohne Sicherheit keinen Unternehmungsgeist, ohne Unternehmungsgeist keinen Wohlstand, ohne Wohlstand kein Glück.«[1]

Mit anderen Worten, die Freiheit ist, über die angebenen Zwischenstufen, eine wesentliche Vorbedingung für das Streben nach Glück.

Mit diesen Worten brachte Sadullah eine Ansicht zum Audruck, die im 19. Jahrhundert unter nahöstlichen Europakennern gang und gäbe war: daß die politische Freiheit die heimliche Quelle der westlichen Macht und Durchsetzung sei, die Aladinslampe, mit der der Osten den Geist des Fortschritts hervorzaubern und die sagenhaften Schätze des prächtigen und geheimnisvollen Abendlandes erringen könne.

An dieser Stelle sind ein paar Begriffsdefinitionen nötig. »Freiheit« und »Unabhängigkeit« werden oft leichthin synonym verwendet, sollten aber eigentlich auseinandergehalten werden. Um der Klarheit willen können wir »Freiheit« einstweilen als einen politischen Begriff definieren, der sich auf die Stellung des einzelnen in der Gruppe bezieht – darauf, daß der Bürger vor willkürlichen und illegalen Maßnahmen der Obrigkeit gefeit ist und das Recht hat, an der Bildung und Führung der Regierung beteiligt zu sein. »Unabhängigkeit« dagegen bezieht sich auf die Stellung der Gruppe zu anderen Gruppen – darauf, daß die Bildung und die Souveränität des Staates keiner Einschränkung durch eine ausländische Obrigkeit unterliegen. Freiheit und Unabhängigkeit sind demnach ganz verschiedene – manchmal sogar sich gegenseitig ausschließende – Dinge und repräsentieren unterschiedliche Ziele. Freiheit wird durch eine politische Organisationsform aufrechterhalten und ausgeübt, die von denen, die sie praktizieren, heute gewöhnlich Demokratie genannt wird. Es stimmt, daß in moderner Zeit das Wort »Demokratie« mit vielen Zusätzen und für vieles andere gebraucht worden ist: Sozial-, organische, Basis-, geführte und Volksdemokratie; für die neomarxistische Diktatur des Sekretariats; für die einstimmige nachträgliche Bestätigung vollendeter militärischer Tatsachen; für königliche Leutseligkeit und die Selbstdarstellung von Parteien. Sie alle sollen uns im Moment nicht interessieren, sondern nur die freie, repräsentative und konstitutionelle Regierungsform und der Versuch, diese Regierungsform im Nahen Osten einzuführen. Die bisherige Bilanz ist traurig.

Die Idee der politischen Freiheit tauchte im Nahen Osten erstmals am Ende des 18. Jahrhunderts auf, wuchs und entwickelte sich während des 19. Jahrhunderts und starb Mitte des 20. Jahrhunderts im größten Teil des Raumes aus.

Trotz der Wahltheorien der muslimischen Rechtsgelehrten, die das Andenken einer fernen nomadischen Vergangenheit verklärten, war die politische Wirklichkeit des Nahen Ostens unter den Kalifen und Sultanen die nahezu schrankenlose Autokratie, in der Gehorsam gegen den Souverän religiöse wie politische Pflicht war und Ungehorsam eine Sünde und ein Verbrechen. Aber obwohl der muslimische Souverän ein Selbstherrscher war, war er kein reiner Despot. Er war theoretisch und in hohem Grade auch in der Praxis an das heilige Recht des Islam gebunden. Im 18. Jahrhundert wurde die tatsächliche Herrschaftsgewalt des osmanischen

Sultans durch fest verwurzelte und mächtige Gruppen wie die Ulema, die Janitscharen und die Provinznotabeln begrenzt. Sie besaßen jedoch keine institutionellen Vertretungen. Das islamische Recht kennt keine juristischen Personen; in der islamischen Geschichte gibt es keine Räte oder Gemeinden, keine Synoden oder Parlamente und auch sonst keinerlei gewählte oder repräsentative Versammlung. Es ist interessant, daß die Rechtsgelehrten niemals das Prinzip der Mehrheitsentscheidung akzeptierten. Es war unsinnig, da die Notwendigkeit einer allgemeinen, kollektiven Entscheidungsfindung niemals auftrat. Im Himmel gab es einen Gott und nur einen; auf Erden gab es keinen Gerichtshof, sondern einen einzigen Richter, keinen Staat, sondern einen einzigen Herrscher.

Diese altehrwürdige Tradition der Selbstherrschaft und Unterordnung wurde erstmals durch den Einfluß der Französischen Revolution durchbrochen. Ein Interesse war bald geweckt. Im April 1797 hatte der englische Reisende W. G. Browne ein Gespräch mit dem Drusenführer Hassan Dschunblat in Kasrauan im Nordlibanon: »Er forschte eifrig nach den Motiven und der Geschichte der Französischen Revolution und dem gegenwärtigen religiösen Bekenntnis jener Nation, machte jedoch, als er Näheres darüber hörte, weiter keine interessanten Bemerkungen.«[2] Im Jahr darauf wurden mit der Ankunft der Franzosen in Ägypten genauere und vielleicht anregendere Einzelheiten zugänglich. In der Türkei wurden die Revolutionsideen schon früher bekannt und von der französischen Botschaft und ihren Freunden aktiv propagiert. Am 14. Juli 1793 hielt die französische Gemeinde eine Feier ab, bei der sie die Erklärung der Menschenrechte verlas, der Republik die Treue schwor und auf die französische Republik und Selim III., auf die Soldaten des Mutterlands und die Freunde der Freiheit und auf die allgemeine Brüderlichkeit anstieß. Das Hissen der republikanischen Fahne im folgenden Jahr bot Anlaß zu einer noch größeren Feier, deren Höhepunkt ein Salut aus zwei französischen Schiffen war, die vor dem Serail lagen. Das Fest endete damit, daß die Gäste eine republikanische Carmagnole um den Freiheitsbaum tanzten, den man auf dem Gelände der französischen Botschaft in türkischer Erde gepflanzt hatte.

Nichts deutet darauf hin, daß sich die Türken für diese Vorgänge sehr interessiert hätten. Aber die Ideen, die dahinterstanden, begannen bei der geistigen Elite durchzusickern – zunächst in einem sehr beschränkten Kreis, dann in immer größeren Gruppen. Der Freiheitsbaum trug Früchte. Die Französische Revolution war die erste große geistige Bewegung in Europa, die sich nicht als mehr oder weniger christlich verstand, und daher konnten sich ihre Lehren durch die neuen Kanäle, die sich in die Welt des Islam auftaten, ungehindert verbreiten. Eine neue Generation wuchs heran im Banne der Ideale von Freiheit, Gleichheit und Brüderlichkeit. Es dauerte eine Zeit, bis ihre Nachkommen befanden, daß die ersten beiden sich gegenseitig ausschlossen und das dritte einer Neudefinition bedurfte.

Der erste Schritt in Richtung einer konstitutionellen Regierung wurde bereits 1808 unternommen, als der Großwesir Bairakdar Mustafa Pascha eine Reichsversammlung von Würdenträgern, Provinzfürsten und Notabeln in Istanbul einberief. Nach einigen Verhandlungen unterzeichneten sie ein »Dokument der Einhelligkeit«, zu dem auch der Sultan seine Unterschrift gab. Es hat unterschiedliche Interpretationen dieser Ereignisse gegeben, die auf jeden Fall zu nichts führten. Gelegentliche Beratungen, *meschveret* genannt (von arabisch *maschwara*), waren im Osmanischen Reich nichts Ungewöhnliches. Neu und wichtig hingegen war, daß das »Dokument der Einhelligkeit« ein auf Gegenseitigkeit beruhender Vertrag zwischen dem Sultan und Gruppen seiner Diener und Untertanen war, in dem diese als unabhängige Vertragsparteien auftreten und gewisse Rechte und Privilegien ebenso erhalten wie zugestehen.

Die Beratung wird im Koran empfohlen, und von Zeit zu Zeit wurde sie von Souveränen mit ihren Ratgebern, Beamten und Höflingen gepflegt. Im 19. Jahrhundert gab es die ersten Versuche, sie auszudehnen und zu institutionalisieren. Die Franzosen hatten durch die Einsetzung mehrerer beratender Organe während ihrer Besatzung Ägyptens ein Beispiel gegeben. 1829 richtete Muhammad Ali Pascha ein Beratergremium *(madschlis al-maschwara)* von einhundertsechsundfünfzig Mitgliedern ein, allesamt ernannt. Es handelte sich um dreiunddreißig hohe Beamte der Zentralregierung, vierundzwanzig Provinzbeamte und neunundneunzig Notabeln. Sie kamen nur einmal im Jahr zusammen, einen Tag oder länger, wenn nötig, und diskutierten Themen wie Landwirtschaft, Erziehung und Steuern. Als Muhammad Ali Palästina und Syrien okkupierte, setzten seine Gouverneure in jeder großen Stadt einen Rat von Notabeln *(madschlis asch-schura)* ein, der beratende und einige richterliche Funktionen hatte. Im Jahre 1845 machte der Osmanensultan Abdülmedschid ebenfalls einen Versuch mit einer Versammlung von Provinzvertretern. Aus jeder Provinz sollten zwei Vertreter ausgewählt werden »unter denen, die Achtung und Vertrauen genießen, intelligente und gebildete Menschen sind, die die Voraussetzungen des Wachstums und die Eigenarten der Bevölkerung kennen«[3]. Trotz dieser hohen Qualifikationen brachte das Experiment keine Ergebnisse und wurde aufgegeben. Ein ähnliches und genauso fruchtloses Experiment fand kurze Zeit später in Persien statt.

Während Sultane und Paschas mit ernannten Beratergremien experimentierten, fingen einige ihrer Untertanen an, mit radikaleren Ideen zu spielen. Im klassischen islamischen Sprachgebrauch war *hurrijja* (Freiheit) primär ein Rechtsbegriff, der den Status des Freien im Gegensatz zu dem des Sklaven bezeichnete. Die ersten Erwähnungen politischer Freiheit in muslimischen Schriften sind ablehnend und mißtrauisch; sie sei etwas Törichtes und Übles, weitgehend dasselbe wie Sittenlosigkeit und Anarchie. Doch schon bald macht sich eine positivere Einstellung bemerkbar. In den zwanziger und dreißiger Jahren des 19. Jahrhunderts gingen junge Muslime auf der Suche nach Erkenntnis und dem schwer ergründlichen Geheimnis westlicher Macht erstmals auf Europareise. Im Europa der damaligen Zeit fehlte es nicht an Stimmen, die das Lob des Liberalismus sangen, der Idealisten wie Geschäftsleuten gleichermaßen lieb war – und was hätte einem ausländischen Besucher außergewöhnlicher, typischer für den Westen erscheinen können als die konstitutionelle und repräsentative Regierungsform? Es überrascht nicht, daß viele von ihnen zu der Ansicht kamen, diese sei der von ihnen gesuchte Talisman.

Einer der ersten Orientalen, die die Vorzüge der parlamentarischen Regierungsform zu bedenken gaben, war ein Ägypter, Scheich Rifaa Rafi at-Tahtawi von der Al-Azhar. Er begleitete 1826 im Alter von fünfundzwanzig Jahren die ägyptische Studentenmission nach Paris und blieb bis 1831 dort. Er selbst gehörte der Mission nicht an, sondern war ihr geistlicher Betreuer. Er scheint jedoch mehr gelernt zu haben als irgendeiner seiner Schützlinge. Sein Buch, das eine Schilderung seiner Eindrücke in Frankreich enthält, erschien 1834 auf arabisch und 1839 in einer türkischen Übersetzung. Es gibt eine Beschreibung der parlamentarischen Regierungsform, deren Zweck es sei, eine gesetzliche Herrschaft zu sichern und die Untertanen vor Tyrannei zu schützen – oder vielmehr, wie er treffend beobachtet, den Untertanen die Möglichkeit zu geben, sich selbst zu beschützen. Scheich Rifaa erlebte und schilderte die Revolution von 1830, in der, wie er schreibt, der König abgesetzt wurde, weil er die Verfassung verletzt und versucht habe, die von ihr verbürgten Freiheitsrechte zu beschneiden. Große Bedeutung besaß in seinen Augen die Presse, »die täglichen Blätter, welche man ›Journale‹ nennt *(al-warakat ... al-musammat bi'l-dschurnalat wa'l-gasetat)*«[4], zur Vorbeugung gegen Mißregierung und als Mittel zur Verbreitung von Wissen und Ideen. Das Buch enthält auch eine vollständige Übersetzung der französischen Verfassung, mit Kommentaren.

Scheich Rifaa war kein liberaler Revolutionär, sondern ein treuer Gefolgsmann Muhammad Alis und seiner Nachfolger, denen er viele Jahre mit hohen Auszeichnungen diente. Seine politischen Ansichten nach seiner Rückkehr nach Ägypten waren eher zurückhaltend und konservativ: Der Souverän müsse die Herrschaft haben und die Regierung führen, aber er solle sein Macht weise und gerecht gebrauchen, mit gehöriger Achtung des Gesetzes und der Rechte der Untertanen – was eher die Position der aufgeklärten Despoten als der Revolution war. Solche Ermahnungen an die Adresse des Souveräns, mit Gerechtigkeit zu regieren, standen in der klassischen Tradition des islamischen politischen Schrifttums; neu daran war der Gedanke, der Untertan habe ein Recht auf Gerechtigkeit und es könnte geraten sein, einen Apparat zur Wahrung dieses Rechtes zu schaffen. Der gleiche modifizierte Konservatismus findet sich in einem Aufsatz, den Sadik Rifat Pascha, der türkische Botschafter in Wien, 1837 verfaßte, vielleicht unter Metternichs Einfluß. Auch er spricht von den »Rechten des Volkes« und den »Freiheitsrechten«[5], womit er die Freiheit von Unterdrückung und Willkürherrschaft durch die Regierung meinte.

Tatsächlich jedoch wurde die Unterdrückung mehr und nicht weniger. Durch die Schaffung eines modernen Verwaltungsapparates einerseits und die Einführung moderner Kommunikations- und Zwangsmethoden andererseits wurden die Schrauben der Regierung eher fester gedreht; die alten Schranken setzenden und vermittelnden Machtpositionen der Religion, des Militärs und der Grundbesitzer wurden aufgehoben oder geschwächt, so daß der Staat durch nichts anderes mehr gezügelt wurde als durch seine eigenen Edikte und Garantien. Vom Volk wenig verstanden, von den Beamten halbherzig umgesetzt, von keiner starken Interessen- oder Meinungsvertretung getragen, konnten diese Garantien von Bürgerrechten, so gut sie gemeint waren, nur wenig ausrichten.

An diesem Punkt beginnt sich eine Spaltung zwischen Reformern und Radikalen abzuzeichnen – zwischen den osmanischen Erben der Aufklärung und der Revolution. Erstere, politisch zumeist konservativ und autoritär eingestellt, wollten modernisieren, um ihre Länder zu stärken und zu bereichern, und setzten alle Kräfte des gefestigten Staates zu diesem Zweck ein. Letztere, zu denen sowohl reaktionäre als auch progressive Elemente gehörten, kritisierten die Reformen und mehr noch ihre Durchführung und suchten ihr Heil im Konstitutionalismus, in Ideen, die sie vom europäischen Liberalismus hatten, aber häufig koranischen und anderen islamischen Lehren zuschrieben. Diese ideologischen Differenzen wurden kompliziert – manchmal sogar ausgelöst – durch persönliche und politische Querelen und in erster Linie durch die Rivalität zwischen dem osmanischen Istanbul und dem chediwischen Kairo, die das ganze 19. und frühe 20. Jahrhundert hindurch ein wichtiger Faktor im nahöstlichen politischen Leben war.

In den sechziger und siebziger Jahren des 19. Jahrhunderts schien der Konstitutionalismus im Nahen Osten wichtige Schritte nach vorne zu machen. 1861 verkündete der Bei von Tunis, damals eine autonome Monarchie unter lockerer osmanischer Suzeränität, eine Verfassung, die erste in einem islamischen Land überhaupt. Der Bei blieb Staats- und Religionsoberhaupt und behielt die Exekutivgewalt sich und seinen Ministern vor, mit denen er sich jedoch vor einem Großen Rat verantworten mußte, dessen sechzig Mitglieder für eine Amtszeit von fünf Jahren teils vom Bei ernannt, teils dazugewählt wurden. Die rechtsprechende Gewalt sollte von einer unabhängigen Richterschaft ausgeübt werden, die gesetzgebende Gewalt sollte sich der Rat mit der Regierung teilen. Die tunesische Verfassung wurde 1864 aufgehoben, aber der Trend setzte sich andernorts fort. Das Jahr 1866 brachte wichtige Entwicklungen in anderen Ländern unter osmanischer Oberherrschaft, näher der Heimat. In Rumänien wurde eine liberale Verfassung verkündet, die auf dem belgischen Grundgesetz von 1831 basierte. In Ägypten bildete der Chediwe (Vizekönig) Ismail eine Beratende Delegiertenkammer (Madschlis asch-Schura an-Nuwwab) aus fünfundsiebzig Abgeordneten, die nach einem indirekten Kollegialsystem für drei Jahre gewählt wurden. Die jungosmanischen Konstitutionalisten, die 1867 in England und Frankreich Asyl suchten, erhielten finanzielle Unterstützung vom Bruder des Chediwen, Mustafa Fasil Pascha, und dann vom Chediwen Ismail selbst. Nach einigen Rückschlägen schien ihre Sache zu siegen, als 1876 von dem neuen Sultan Abdülhamid II. in Istanbul eine osmanische Verfassung ausgerufen wurde. Auch sie war beeinflußt von der liberal-monarchistischen belgischen Verfassung, sowohl direkt als auch über die preußische »oktroyierte« Verfassung von 1849, in der belgische liberale Grundsätze in mehrerlei Hinsicht an die obrigkeitsstaatlicheren Traditionen Preußens angepaßt wurden. Sie sah ein Parlament vor, bestehend aus einem berufenen Senat und einem gewählten Abgeordnetenhaus, und enthielt eine ziemlich oberflächliche Anerkennung des Prinzips der Gewaltenteilung.

Das tatsächliche Bestehen der Verfassung währte kurz. Nach allgemeinen Wahlen trat das erste osmanische Parlament im März 1877 zusammen und tagte bis Juni. Dann wurden Neuwahlen abgehalten, und ein zweites Parlament kam im Dezember zusammen. Es legte bald einen beunruhigenden Elan an den Tag und wurde am 14. Februar vom Sultan kurzerhand aufgelöst. Das erste osmanische Parlament hatte zwei Sitzungsperioden getagt, insgesamt fünf Monate; es wurde dreißig Jahre lang nicht mehr einberufen.

Diese frühen konstitutionellen Reformen waren nicht nur auf Europa zielende Nachahmungsgesten; sie hatten auch Beschwichtigungscharakter. Sie sollten beweisen, daß ihre Urheber ebenfalls zivilisiert und fortschrittlich nach europäischen Maßstäben waren und daher Achtung verdienten – sowie Anleihen und andere Begünstigungen –, und in extremen Fällen sollten sie Einmischung und Besetzung abwenden. Diesen Zielen war nur sporadischer und begrenzter Erfolg beschieden. Weder die kurzlebige tunesische Verfassung noch das ein bißchen länger haltende ägyptische parlamentarische Experiment konnten den Absturz in Bankrott, Unordnung, ausländische Kontrolle und Besatzung im geringsten aufhalten. Manche Beobachter meinten, sie hätten sogar dazu beigetragen. In der Türkei beschloß Sultan Abdülhamid, der letzte der großen autoritären Reformer des 19. Jahrhunderts, auf das demokratische Kostüm zu verzichten und die Modernisierung mit traditionelleren Methoden durchzuführen.

Die nächsten dreißig Jahre über war das einzige Land im Nahen Osten, das überhaupt irgendwelche parlamentarischen Institutionen hatte, Ägypten. Die Delegiertenkammer von 1866 tagte ihre vorgeschriebenen drei Sitzungsperioden und wurde von weiteren, ähnlichen Kammern abgelöst, die 1869, 1876 und 1881 gewählt wurden. 1882, während des Urabi-Aufstands, erarbeitete und ver-

öffentlichte die Kammer den Entwurf eines Parlamentsgesetzes.
Der Entwurf wurde aufgehoben und die Kammer aufgelöst, als
Urabi scheiterte. Ein neuer Ansatz wurde nach der britischen
Okkupation von 1882 unternommen, als Lord Dufferin, der nach
Ägypten entsandt wurde, um die Regierung des Landes zu reor-
ganisieren, an den Außenminister Lord Granville in London
schrieb, die britische Besatzung solle auf »nationaler Unabhängigkeit und konstitutioneller Regierung« basieren.[6] Der erste
Punkt fand, wegen der veränderten Umstände, weniger Berück-
sichtigung, als er verlangte, wenn auch mehr, als mitunter genehm
war. Der zweite hörte nicht auf, die britische Obrigkeit in London
wie Kairo zu beschäftigen, und sie unternahm einen ernsthaften
Versuch, die Regierung des Landes auf eine Verfassungsgrundlage
zu stellen, und gewährte der Presse eine gewisse Freiheit, die zwar
begrenzt war, aber doch ausreichte, um geistreiche und kritische
Journalisten aus benachbarten Gebieten anzulocken, die volle Unabhängigkeit genossen, aber keine Freiheit. Das neue, im Mai 1883
verkündete Organgesetz für Ägypten sah zwei quasiparlamentari-
sche Kammern vor. Das erste war ein Legislativrat von dreißig Mitgliedern, davon vierzehn auf Dauer ernannt und sechzehn auf
sechs Jahre indirekt gewählt; das zweite, die Generalversammlung,
bestand aus den Ministern des Chediwen, den Mitgliedern des Rates und sechsundvierzig auf sechs Jahre gewählten Vertretern. Diese Körperschaften mit ihrer eingeschränkten und apathischen
Wählerschaft, ihren begrenzten und rein beratenden Befugnissen,
ihren kurzen und spärlichen Sitzungen müssen als ein armseliger
Ersatz für die Verfassungsbestrebungen der Liberalen erschienen
sein. Sie arbeiteten jedoch ordentlich und nicht ganz wirkungslos
von 1883 bis 1912 und konnten bei mehr als einer Gelegenheit
eine unabhängige Position vertreten und ihre Ansichten und Rechte gegen den Chediwen und manchmal auch gegen die Besatzungsmacht durchsetzen. Ihre wachsende Autorität wurde 1913
anerkannt, als sie zu einer neuen und mächtigeren Körperschaft
zusammengefaßt wurden, der sogenannten Gesetzgebenden Versammlung. Sie bestand aus den Ministern, siebzehn ernannten Mit-

gliedern und sechsundsechzig weiteren, die auf sechs Jahre indirekt gewählt wurden, und zwar alle zwei Jahre ein Drittel. Dieses Rotationsprinzip ging vielleicht auf amerikanischen Einfluß zurück. Die ersten Wahlen waren im Oktober 1913; die erste Sitzungsperiode dauerte von Januar bis Juni 1914. Die nächsten Wahlen oder Versammlungen fanden erst wieder nach dem Krieg statt.

Unterdessen hatten sich weiter im Norden viel radikalere Entwicklungen abgespielt. Im Jahre 1905 lief eine Begeisterungswelle durch Asien, als eine asiatische Macht, Japan, es zum erstenmal schaffte, eine europäische Großmacht, Rußland, im Kampf zu Lande und zu Wasser zu schlagen. Einige trafen darüber hinaus die Feststellung, daß die fernöstliche Siegermacht das einzige asiatische Land war, das sich eine parlamentarische und konstitutionelle Regierung gegeben hatte, während der europäische Verlierer die einzige europäische Macht war, die das abgelehnt hatte. In Rußland schien der Zar selbst durch die Revolution zum Einlenken gezwungen worden zu sein, denn er stimmte einer Verfassung und der Einberufung der ersten Duma zu. In Ägypten schrieb der nationalistische Führer Mustafa Kamil ein Buch mit dem Titel *Die aufgehende Sonne,* in dem er am Beispiel Japans zeigte, wie eine orientalische Nation zu Selbsterneuerung und Erfolg gelangen konnte. In der Türkei schrieben zwei Offiziere eine fünfbändige illustrierte Geschichte des Russisch-Japanischen Krieges, und ein kleiner Staatsbeamter, der nebenher Derwisch war, notierte in sein Tagebuch, daß seine inbrünstigen Gebete den japanischen Sieg mit herbeigeführt hätten. Im Iran zwang im Sommer 1906 eine konstitutionelle Revolution den Schah, eine Nationalversammlung einzuberufen, die eine liberale Verfassung aufsetzte. Zwei Jahre später beschlossen jungtürkische revolutionäre Offiziere aus der – wie sich herausstellte, falschen – Befürchtung heraus, das Treffen des britischen Königs mit dem russischen Zaren in Reval kündige das Ableben des »Kranken Mannes am Bosporus« an, augenblicklich eine Dosis des Verfassungselixiers zu verabreichen, und zwangen den widerwilligen Sultan, die Verfassung von 1876 wieder in Kraft zu setzen. Damit leiteten sie das zweite, etwas längere und weitaus stürmischere Intermezzo einer konstitutionellen Regierung in der Türkei ein.

Der Sieg der Alliierten und ihrer Partner über ihre etwas weniger demokratischen Gegner im Jahre 1918 sowie der Zusammenbruch der einzigen Autokratie im alliierten Lager schienen den endgültigen Beweis für die These zu liefern, daß die Demokratie einen Staat gesund, reich und stark mache. In Damaskus setzte Prinz Faisals Syrischer Nationalkongreß eine Verfassung für eine beschränkte parlamentarische Monarchie auf. Sie wurde mit der Ankunft der Franzosen am 19. Juli 1920 aufgehoben. Die Briten und Franzosen schufen als Mandatsmächte in den ihrer Kontrolle unterstehenden Ländern konstitutionelle Republiken und Monarchien nach eigenem Vorbild. Auch sonst breiteten sich in den Jahren nach dem Sieg Verfassungen und Parlamente in einem regelrechten Triumphzug liberaler und demokratischer Grundsätze über den ganzen Nahen Osten aus.

Bis vor ganz kurzer Zeit noch machte es den Eindruck, als hätte dieses große Experiment mit einem nahezu vollständigen Scheitern geendet. Das langlebigste konstitutionelle Regime im Nahen Osten war das im Iran, wo die nach der liberalen Revolution von 1906 ausgerufene Verfassung in Kraft, wenn auch weitgehend ohne Wirksamkeit blieb – bis zur islamischen Revolution von 1979, die sie in aller Form aufhob. Das älteste noch bestehende parlamentarische Regime ist das im Libanon, wo die Verfassung von 1926 trotz vieler Widrigkeiten und ziemlich drastischer Änderungen faktisch in Kraft geblieben ist, wenn auch der Bürgerkrieg und Einmischungen von außen ihre Geltung untergraben und vielleicht eliminiert haben. Ansonsten wurden sämtliche Verfassungen, die in der demokratischen Begeisterung der zwanziger Jahre angenommen worden waren, durch mehr oder weniger gewaltsame Entwicklungen abgeschafft oder ersetzt.

In der Türkei sind der Wille und der Wunsch nach einer demokratischen Regierung ungebrochen. Trotz nicht abreißender innerer Krisen, trotz dreier Machtübernahmen durch das Militär seit 1960 hat die Türkei an ihrem Bekenntnis zu demokratischen

Werten festgehalten, und jedes der drei Militärregimes trat freiwillig ab und machte Platz für die Wiederherstellung der verfassungsmäßigen und parlamentarischen Regierung. Als stabile Demokratie kann von den einundfünfzig Mitgliedsstaaten der Islamischen Konferenz nach Samuel Huntingtons einfacher, aber sinnvoller Definition – ein Regime, in dem die Macht zweimal durch Wahlen verliehen wurde[7] – allein die Türkei gelten. Das zweite Mal ist von entscheidender Bedeutung. Es kann vorkommen, daß eine an der Macht befindliche Regierung, sei es aus Überzeugung oder ungewollt, es zuläßt, daß sie aus dem Amt gewählt wird. Dann bleibt immer noch abzuwarten, ob ihre Nachfolger ihrem Beispiel folgen und bereit sind, auf demselben Weg zu gehen, auf dem sie gekommen sind.

Im Iran verkündeten die siegreichen Revolutionäre außer der Rückkehr zu den alten islamischen Werten auch eine geschriebene Verfassung, und sie bildeten eine gewählte gesetzgebende Nationalversammlung, wofür es in beiden Fällen keinerlei Vorbild in der islamischen Lehre oder Praxis gibt. In der Islamischen Republik werden durchaus Wahlkämpfe durchgeführt, und es herrscht eine gewisse Diskussionsfreiheit im Parlament und Meinungsfreiheit in der Presse. Diese Freiheiten sind natürlich gebunden an die Anerkennung der Grundsätze des Islam und der islamischen Revolution, wie sie von ihren Führern und deren Nachfolgern definiert wurden. Die Grenzen der Diskussionsfreiheit sind nie klar gezogen worden, aber wer sie übertritt, wird rasch und streng bestraft.

Die längste und abgesehen vom Libanon erfolgreichste Erfahrung mit der parlamentarischen Regierungsform in der arabischen Welt hat Ägypten. Nach dem Sturz der Monarchie und der Schaffung einer neuen Republik durch die »freien Offiziere« in den Jahren 1952 bis 1954 schien Ägypten den anderen arabischen Staaten abermals ein Beispiel zu geben, diesmal durch das endgültige und vollständige Abgehen von der westlichen Form der repräsentativen und liberalen Demokratie. Seit damals jedoch hat es unter Präsident Nassers Nachfolgern eine zögernde Rückkehr zu demokra-

tischen Wahlen für eine Nationalversammlung gegeben sowie zu
einer Oppositionspresse mit dem Recht, innerhalb bestimmter un-
mißverständlicher Grenzen freie Kritik zu üben.

In Kuwait wurde ein kurzes Experiment mit einer geschriebenen
Verfassung und einem gewählten Parlament einige Zeit vor der irakischen Invasion von 1990 von den Herrschern für beendet erklärt.
In jüngster Zeit jedoch hat es Versuche mit demokratischen Wahl-
en und kritischen Zeitungen in Jordanien und Algerien gegeben.
In Algerien konnte im Januar 1992 die oppositionelle Islamische
Heilsfront sogar einen deutlichen Wahlsieg erringen. Sie kam
jedoch nicht in den Genuß der Macht, statt dessen wurde ein neues Krisenregime eingesetzt. Außer in der Türkei durften Kritiker
die Regierenden oder die grundlegenden politischen Ziele, die sie
verfolgten, nicht angreifen, auch durften Oppositionsgruppen,
einerlei wie groß, ihre Herrscher nicht abwählen. Angesichts des
Charakters dieser Oppositionen war diese Einschränkung nicht
einmal unbedingt undemokratisch, denn häufig ist deutlich, daß,
gesetzt den Fall, die Herrscher ließen sich abwählen, die Sieger
den gleichen Fehler nicht wiederholen würden. Im allgemeinen
haben die Generäle und die Könige die arabischen Länder immer
noch unter sich aufgeteilt, und keine Seite zeigt die geringsten
Neigungen abzutreten.

Außer der Türkei gibt es nur noch eine dauerhaft funktionie-
rende Demokratie in der Region: Israel, das in vieler Hinsicht
eine merkwürdige Anomalie darstellt. Israel ist kein islamischer
Staat und hat nicht die Zerrüttungen und Umbrüche erduldet, die
seine Nachbarn durchmachen mußten. Trotzdem scheint die Entwicklung demokratischer Institutionen westlicher Art auf den
ersten Blick wenig Rückhalt zu haben. Die Mehrheit der israelischen Staatsbürger stammt aus Ländern mit geringer oder gar
keiner demokratischen Tradition oder Erfahrung – aus Mittel-
und Osteuropa, aus dem Nahen Osten und Nordafrika. Seit seiner
Gründung 1948 befindet sich der Staat Israel in einem ständigen
Kriegszustand mit allen oder den meisten seiner Nachbarn, der
häufig zu bewaffneten Auseinandersetzungen führt. In den von

ihm besetzten Gebieten und sogar innerhalb seiner ursprünglichen Grenzen herrscht er über eine große Bevölkerungsgruppe,
die in Sprache, Religion, Kultur und Sympathien mit diesen selben Nachbarn verwandt ist. In einer solchen Drucksituation spielt
das Militär zwangsläufig eine große Rolle, und in einer Region, wo
Machtübernahmen durch das Militär die Regel sind, hätte man
erwarten können, daß die israelischen Generäle – oder Obristen
– früher oder später der Gewohnheit der Region folgen und die
Macht ergreifen würden, zumal das israelische Proportionalwahl-
recht mit seiner unglücklichen Geschichte von kleinlichem Gezänk, Fraktionsdruck, wackligen Koalitionen und häufiger Hand-
lungsunfähigkeit eine solche Machtübernahme vertretbar und
sogar wünschenswert erscheinen lassen könnte. Es ist jedoch nicht
dazu gekommen, und Israel ist nach wie vor, obwohl oder vielleicht
weil es sich in einem Zustand ständiger Semimobilisierung befindet, ein aggressiv ziviler Staat.

Es hat demnach im modernen Nahen Osten nur drei Länder
gegeben, in denen die politische Demokratie mit einem gewissen
Erfolg und für eine nennenswerte Dauer funktioniert hat: Israel,
den Libanon und die Türkei. Sie sind auch die drei europäisch-
sten Staaten in dem Raum: der erste nicht islamisch, der zweite
nur halb islamisch, der dritte ganz islamisch, aber mit einer langen Geschichte der Verwestlichung und des Säkularismus. Dies
hat einige Beobachter zu dem Schluß gebracht, daß Islam und
Demokratie unvereinbar seien – das heißt, daß es einen grundlegenden Zug im islamischen sozialen und politischen Verhalten
gebe, der das ordentliche Arbeiten parlamentarischer Institutionen hemmt oder verhindert. Um diese These zu stützen, beru-
fen sie sich auf die Fehlschläge und Zusammenbrüche parlamentarischer Regierungen in den alten wie neuen islamischen Staaten,
die es damit versucht haben, darunter sogar Pakistan, dessen
Scheitern in auffallendem Gegensatz zur lebendigen Demokratie
Indiens stand, einem anderen Nachfolgestaat desselben imperialen Regimes.

Das Streben nach Freiheit macht sich im Nahen Osten, wie anderswo auch, primär und am allgemein sichtbarsten an bekannten und erkennbaren politischen Zielen fest: an den Rechten der Nation gegenüber fremden Oberherren und in jüngerer Zeit an den Rechten des einzelnen gegenüber der Nation und denen, die sie regieren. Eine andere, parallele Bestrebung wird weniger diskutiert und ist doch kontroverser und im großen und ganzen erfolgreicher: das Streben nach sozialer Freiheit, insbesondere danach, den Entrechteten in der Gesellschaft Rechte zu erkämpfen. Im Prinzip ist der Islam stark egalitär und bestreiten und verurteilen der Koran und die Überlieferung explizit erbliche gesellschaftliche Privilegien in jeder Form. Rang und Ehre haben sich nach Verdienst, Frömmigkeit und persönlicher Leistung zu bemessen, nicht nach der Abstammung, gleichviel ob rassisch oder sozial definiert. In Wirklichkeit aber waren die Muslime wie andere auch darauf bedacht, das von ihnen Errungene an ihre Kinder weiterzugeben, und so gab es immer wieder die Tendenz zur Bildung neuer Eliten auf der Basis von Macht und Reichtum, gestützt von Geburt und Status. Die daraus resultierenden sozialen Ungleichheiten kamen trotz, nicht wegen des Islam auf, und bis noch vor ganz kurzer Zeit waren die sozialen Klassenschranken stets weniger starr und durchlässiger als im christlichen Europa.

Doch während Klassen- oder Standesungleichheiten von der islamischen Lehre im Prinzip abgelehnt und in der Praxis gemildert wurden, gab es andere Ungleichheiten, die vom heiligen Recht des Islam nicht nur sanktioniert, sondern geradezu gefordert und vorgeschrieben wurden. Die drei wesentlichen Ungleichheiten bestehen zwischen Mann und Frau, zwischen Gläubigen und Ungläubigen und zwischen Freien und Sklaven.

Die Kämpfe um die Abschaffung dieser drei Ungleichheiten nahmen ganz verschiedene Entwicklungen und erzielten stark abweichende Ergebnisse. Der Kampf um die Unabhängigkeit kam von innen, wenn er auch zum Teil von ausländischen Ideen angeregt war, und richtete sich gegen ausländische Bedrücker. Der Kampf um die Emanzipation der drei benachteiligten Gruppen war dagegen ganz und gar von Ausländern ausgelöst und weitgehend auch geführt und richtete sich gegen eine Autorität, die angestammt und in der Gesellschaft verwurzelt war.

Der Verlauf der drei Emanzipationsbewegungen war sehr unterschiedlich. Zwei Bestrebungen, gleiche Rechte für Anhänger anderer Religionen und die Abschaffung des Sklavenhandels und letztlich der Sklaverei, wurden von den europäischen Mächten aktiv gefördert: die erste von der vereinigten Diplomatie Gesamteuropas und die zweite durch den massiven Einsatz der britischen Kriegsmarine. Beide profitierten von dem wachsenden Bewußtsein bei beträchtlichen Teilen der Muslime, daß diese Ungleichheiten dem Ansehen ihrer Religion und Kultur in den Augen einer westlichen Welt schadeten, die erst kurz davor – und ziemlich inkonsequent – beiden abgeschworen hatte und sich infolgedessen immer noch aggressiv rechtschaffen gebärdete.

In früherer Zeit hatte der Islam, was religiöse Toleranz anbelangt, einen weitaus besseren Ruf gehabt als das Christentum. Aber die großen Religionskriege, die Europa fast zerstört hätten, hatten eine neue, der Not entsprungene Toleranz hinterlassen und ein neues, säkulares Verständnis von Identität, Autorität und Gefolgschaft. Im 19. Jahrhundert genossen abtrünnige Christen und selbst Nichtchristen in den aufgeklärteren Teilen Europas die meisten, wenn auch vielleicht nicht alle Bürgerrechte, und ihre Stellung war merklich besser als die der Nichtmuslime in den muslimischen Staaten, die sich seit Jahrhunderten nicht wesentlich verändert hatte.

Jedenfalls fanden es die christlichen Mächte Europas unerträglich, daß in einer von ihnen beherrschten Welt Christen irgendwo einen geringeren Rang einnehmen sollten. Teils wegen des europäischen Drucks, aber mindestens in gleichem Maße wegen der steigenden liberalistischen Flut daheim erließen erst die Türkei und dann andere muslimische Länder Gesetze oder verkündeten Verfassungen, in denen die rechtliche Gleichstellung aller Religionsgemeinschaften erklärt wurde. In der Praxis ging das nicht immer auf, und sowohl westlichen Botschaftern als auch einheimischen Christen wurde von Zeit zu Zeit scharf in Erinnerung

gerufen, daß es nicht ratsam war, darüber hinauszugehen, was die
öffentliche Meinung zu akzeptieren bereit war. Zu bestimmten
Zeiten und Gelegenheiten waren nichtmuslimische Untertanen in
den muslimischen Staaten nach der Emanzipation schlechter dran
als vorher. Der alte Status, den ihnen das islamische Recht zu-
erkannte, mit begrenzten, aber festen und allgemein anerkannten
Rechten, war aufgehoben worden. Der neue Status als gleich-
berechtigte Bürger bedeutete immer weniger in einer Situation,
in der das Bürgerrecht selbst jede Bedeutung verlor.

Wie jede andere in der Menschheitsgeschichte bekannte Religion und Zivilisation nahm der Islam die Sklaverei als naturgege-
ben hin und bemühte sich genau wie das Christentum und
Judentum, ihre Härten zu mildern. Der Koran und die Überlieferung halten zur humanen Behandlung des Sklaven an und emp-
fehlen die Freilassung als verdienstvolle Tat. Mit einer in der antiken oder mittelalterlichen Welt beispiellosen Vorschrift verbot
der Islam die Versklavung freier Muslime und sogar freier Nichtmuslime, wenn sie zu den tolerierten Gemeinden unter muslimischer Herrschaft gehörten. Das hieß, daß die Sklavenbevölkerung
nur durch Geburt vermehrt werden konnte, da die Kinder von
Sklaven als Sklaven geboren wurden, oder durch Anschaffung
außerhalb der islamischen Länder, entweder als Tribut oder durch
Kauf. Da eine den bestehenden Bedürfnissen entsprechende Sklavenbevölkerung nicht, wie in den antiken Gesellschaften, dem
eigenen Land entnommen werden konnte, mußten Sklaven an-
derswoher eingeführt werden. Es ist ein trauriges Paradox, daß
eine der großen humanisierenden Reformen, die der Islam brachte, in Europa, in Asien und vor allem in Afrika zu einer Ausdehnung des Sklavenfangs und Sklavenhandels über die Grenzen hinaus führte.

Sklaven wurden manchmal für wirtschaftliche Zwecke benutzt,
zum Beispiel in Bergwerken und auf Plantagen, aber sie stellten
nicht das hauptsächliche Arbeitskräftepotential der islamischen
Welt dar. Sie wurden vor allen Dingen für ein breites Spektrum
von Haus- und Gesindetätigkeiten herangezogen und zudem, viel-

leicht noch spezieller, als Diener und Dienerinnen, Konkubinen oder Eunuchen. Letztere wurden in großer Zahl in Palästen und wohlhabenderen Häusern benötigt und außerdem für die Pflege und den Schutz heiliger Stätten.

So sehr auch zu gütiger Behandlung gemahnt und die Freilassung empfohlen wurde, bot doch weder Recht noch Sitte im Islam eine Grundlage für die Abschaffung der Sklaverei oder auch nur für die Eindämmung des Sklavenhandels. Von Zeit zu Zeit wetterten muslimische Rechtsgelehrte gegen die Missetaten der Sklavenhändler, vor allem gegen den islamischem Recht widersprechenden Brauch, freie schwarze Muslime in Afrika zu versklaven, bloß weil sie schwarz waren. Im 19. Jahrhundert wurden erstmals Stimmen laut, die sich unzufrieden mit der Institution als solcher äußerten. Aber der Hauptanstoß zur Reform kam von den westlichen Mächten, die oft gewaltsam eingriffen, um den Fang von Sklaven in Afrika und ihren Export in den Nahen Osten und nach Asien zu verhindern. Die gesetzliche Abschaffung der Sklaverei blieb in Ländern, die formell noch dem islamischen Recht unterstanden, lange Zeit unmöglich und somit auf die Maßnahmen begrenzt, die von den Briten, Franzosen und später Italienern in den Gebieten unter ihrer Verwaltung ergriffen wurden. Das Osmanische Reich jedoch unternahm unter dem Druck der ausländischen wie der einheimischen öffentlichen Meinung ernste Schritte, um den Sklavenhandel zu reduzieren und so weit als möglich abzuschaffen, so daß er in den letzten Jahrzehnten des Osmanischen Reiches nur noch in Gebieten wie Arabien und Libyen fortbestand, wo die osmanische Kontrolle am schwächsten war.

Die formelle gesetzliche Abschaffung der Sklaverei wurde in den meisten übrigen Ländern der Region in der Zeit zwischen dem Ersten und Zweiten Weltkrieg durchgeführt, und Sklavengesetze blieben anscheinend nur auf der Arabischen Halbinsel und in Teilen Afrikas in Kraft. Die Umstände des Zweiten Weltkriegs und die Wechselfälle der postimperialen Politik scheinen ein geringfügiges Wiederaufleben des Sklavenhandels ermöglicht zu haben, aber der Prozeß der gesetzlichen Abschaffung wurde fortgesetzt und

praktisch zu Ende geführt. Die letzten größeren Sklavenhalterge-
sellschaften in Vorderasien – der Jemen und Saudi-Arabien –
schafften beide 1962 die Sklaverei ab. Mauretanien, wo die Sklaverei 1960 nach dem Ende der französischen Herrschaft wieder
eingeführt worden war, schaffte sie 1980 in aller Form ab.

Die westliche öffentliche Meinung einerseits, wirksam unterstützt durch westliche Machtpositionen, und ein wachsender auf-
geklärter Anteil der öffentlichen Meinung in den muslimischen
Ländern andererseits trugen bedeutend, ja entscheidend zur gesetzlichen Gleichstellung der Nichtmuslime und der Sklaven bei.
In der großen Zeit der Emanzipation scheinen sich jedoch weder
westliche noch muslimische Liberale viel um die dritte Kategorie
rechtlich Benachteiligter gekümmert zu haben: die Frauen. Dabei
war ihre Position in mancher Hinsicht die schlechteste von allen
dreien. Ein Sklave konnte befreit werden, und das kam auch häufig vor; ein Nichtmuslim konnte, wenn er wollte, zum Islam über-
treten. Freilassung und Bekehrung beendeten beide rechtlich den
Zustand der Benachteiligung. Der Frau stand kein solcher Weg
offen. Frauen waren zudem ungleich zahlreicher und wichtiger als
Sklaven und Ungläubige, und ihre Emanzipation konnte einen
großen Umbruch in der ganzen Gesellschaftsstruktur auslösen. Als
die Frauenrechtsbewegung schließlich auf den Plan trat, war sie
zwar von westlichen Ideen angeregt, aber in ihrer Führung und
ihrem Charakter ganz und gar muslimisch.

Es hat einen gewissen Fortschritt gegeben. Eine sehr kleine Zahl
muslimischer Länder hat die Polygamie abgeschafft, sei es gesetzlich oder de facto, und ganz wenige andere haben ihr strenge Be-
schränkungen auferlegt. Doch während mit der Abschaffung der
Sklaverei das Konkubinat im Prinzip mit beseitigt wurde, blieben
in den meisten muslimischen Ländern Polygamie, Kinderheirat
und Scheidung durch Verstoßung gesetzlich und häufig sozial
zulässig. Polygamie und Kinderheirat, beide vom Schah abgeschafft, wurden von der Islamischen Republik im Iran wieder eingeführt. Im allgemeinen hat die Bewegung für die Emanzipation
der Frau durch den Aufstieg des Fundamentalismus weniger er-

reicht und schwerere Rückschläge hinnehmen müssen als die anderen beiden.

Die Frauenemanzipation ist in den Schriften und Predigten islamischer Fundamentalisten aller Art zu einem zentralen Thema geworden. Sie steht unter den Übeln, die sie anprangern und aus der Welt schaffen wollen, ganz weit oben, häufig an erster Stelle. Mit den anderen beiden Punkten haben sich die Fundamentalisten viel weniger beschäftigt. Das Wiederaufleben der Sklaverei ist begrenzt, heimlich und illegal, und bis jetzt hat sich noch niemand öffentlich dafür ausgesprochen. Nichtmuslime fühlen sich von Fundamentalisten bedroht und sind mitunter tatsächlich angegriffen worden, doch außer in bestimmten lokalen Fällen ist das kein wichtiger Punkt im Programm der Fundamentalisten. Die Stellung der Frau jedoch ist einer, und Frauen sind überall die Hauptleidtragenden, wo Fundamentalisten herrschen oder auch nur Einfluß ausüben. Es kann gut sein, daß die Frauen, die von der Reaktion am meisten zu befürchten und von liberalisierenden Reformen am meisten zu erhoffen haben, eines Tages die entschiedensten Vorkämpferinnen für die entstehenden Demokratien der islamischen Welt sein werden.

»Die Semiten«, sagt T. E. Lawrence, »kennen keine Halbtöne im Register ihrer Anschauungen. … Sie suchten nie einen Ausgleich, führten die Logik mehrerer einander widersprechender Behauptungen bis zum unstimmigen Ende durch, ohne der Ungereimtheit gewahr zu werden.«[8] Daß an dieser Feststellung etwas dran ist, kann kein Beobachter der nahöstlichen politischen Verhältnisse leugnen. Aber wer daraus nun folgert, daß Araber und andere Muslime zwangsläufig für die demokratische Regierungsform untauglich seien, macht sich gewiß der gleichen Ungereimtheit schuldig. Einige Merkmale der traditionellen islamischen Zivilisation, etwa Toleranz, soziale Mobilität und Achtung vor dem Gesetz, begünstigen eine demokratische Entwicklung eindeutig. Dem klassischen Islam gelang es, wie dem Christentum im Grunde nie, religiöse Toleranz mit tiefer Gläubigkeit zu verbinden, denn er dehnte diese Toleranz nicht nur auf Ungläubige aus, sondern auch – eine viel härtere Probe – auf Häretiker. Die Koexistenz sich widersprechender Schulen des heiligen Rechts, die alle als orthodox gelten, ist ein weiteres Beispiel für islamische Toleranz und Kompromißbereitschaft. In sozialer Hinsicht ist der Islam von jeher demokratisch oder vielmehr egalitär gewesen und hat sowohl das Kastensystem Indiens als auch die aristokratischen Privilegien Europas abgelehnt. Es bedurfte keiner Revolution, um in der islamischen Welt »Aufstiegschancen für Begabte« einzuführen; es gab sie von Anfang an, und trotz der unvermeidlichen Tendenz zur Bildung von Aristokratien wurden sie nie wirklich beseitigt. Die islamische Theorie hat stets auf dem Vorrang des Gesetzes und der Unterordnung des Souveräns darunter bestanden. Im Osmanischen Reich hatte die Hierarchie der Ulema beachtliche Erfolge bei der Durchsetzung dieses Prinzips zu verzeichnen. Die politische Schwierigkeit blieb natürlich bestehen: daß trotz der Wahldoktrin der Rechtsgelehrten das Konzept einer repräsentativen oder eingeschränkten Regierung bzw. Erfahrungen mit einer solchen völlig fehlten. Ohne Zweifel ist dies die Grundlage der Theorie, daß die Demokratie in islamischen Ländern nicht funktionieren könne. Daß es bei muslimischen Völkern einen Hang zur autokratischen Regierungsform gibt, ist deutlich; daß es eine inhärente Unfähigkeit zu einer anderen Form gibt, bleibt zu beweisen.

Eine Hypothese, die so etwas wie eine politische Erbsünde in menschlichen Gesellschaften voraussetzt, hat immer etwas Beklemmendes. Hier ist sie jedenfalls unnötig, denn es gibt in der neueren Geschichte des Nahen Ostens genug Faktoren, mit denen man das Scheitern der konstitutionellen Demokratie ohne Rekurs auf politische Theologie erklären kann. Es ist für den Westen leicht und verführerisch, eine Haltung der Überlegenheit einzunehmen, ob verächtlich oder gönnerhaft, und das Versagen typischer westlicher Institutionen bei anderen Völkern auf ihren Mangel an einigen der typischen Tugenden des Westens zurückzuführen. Es ist leicht, aber es ist nicht klug und sicher nicht hilfreich. Die meisten Menschen im Westen sind zweifellos der Ansicht, daß die liberale Demokratie bei all ihren Schwächen das beste Instrument sei, das die Menschheit insgesamt zur Führung ihrer politischen Angelegenheiten bisher erfunden hat. Doch gleichzeitig sollten sie den lokalen Ursprung und Charakter dieses Instruments im Auge behalten und möglichst die primitive Überheblichkeit vermeiden, ihre Lebensweise zur allgemeinen Norm der politischen Moral zu erheben. »Er ist ein Barbar«, sagt Cäsar in Shaws Stück *Cäsar und Cleopatra* von dem britischen Sklaven Britannus, »und hält die Gebräuche seines Stammes und seiner Insel für Naturgesetze.« Die politische Demokratie ist ein guter Brauch. Sie hat sich bereits weit über ihr Ursprungsgebiet hinaus ausgebreitet und wird sich mit der Zeit sicher noch viel weiter ausbreiten. Sie ist jedoch kein Naturgesetz und ist in manchen Gegenden ausprobiert, für mangelhaft befunden und aufgegeben worden. Wir müssen fragen, warum.

Im Nahen Osten wurde der ernsthafte Versuch unternommen, die liberale Demokratie mit geschriebenen Verfassungen, gewählten souveränen Parlamenten, Rechtsgarantien, einer Vielzahl von Parteien und einer freien Presse einzuführen und zu praktizieren. Von wenigen und untypischen Ausnahmen abgesehen, sind diese Experimente fehlgeschlagen. In manchen Ländern sind die demokratischen Institutionen schwer angeschlagen oder zusammengebrochen, in anderen sind sie bereits aufgegeben worden, und man ist auf der Suche nach anderen Formen des Strebens nach Glück.

Heute, wo wir um diese geschichtlichen Erfahrungen klüger sind, können wir viele der Ursachen einigermaßen deutlich erkennen. Ein politisches System, das nicht allein von einem anderen Land, sondern von einer anderen Zivilisation fertig übernommen, das von westlichen oder verwestlichten Herrschern von oben und von außen aufgezwungen wurde, konnte nicht angemessen auf die Schwierigkeiten und Spannungen der islamischen, nahöstlichen Gesellschaft antworten. Die Demokratie wurde durch selbstherrlichen Erlaß installiert; das Parlament saß in der Hauptstadt, geführt und unterstützt von einer winzigen Minderheit, deren Begeisterung für das neue Spiel der Parteien, Programme und Politiker von der großen Masse des Volkes ignoriert oder mit verblüfftem Unverständnis verfolgt wurde. Das Resultat war eine politische Ordnung, die mit der Vergangenheit oder Gegenwart des Landes nichts zu tun hatte und für die Erfordernisse seiner Zukunft bedeutungslos war. Das Parlament in Westminster ist das Ergebnis einer jahrhundertelangen Geschichte und wurzelt noch in der angelsächsischen *witenagemot;* es ist die Spitze einer Pyramide von Selbstverwaltungsinstitutionen mit dem Dorfbrunnen an der Basis. Es wurde von Engländern auf der Grundlage englischer Erfahrungen als Antwort auf englische Erfordernisse entwickelt. Das Parlament von Kairo wurde als fertiger Bausatz importiert, der zusammengesetzt und in Betrieb genommen werden sollte, ohne daß auch nur eine Gebrauchsanweisung dabeigelegen hätte. Es bezog sich auf kein Bedürfnis oder Erfordernis des ägyptischen Volkes; es hatte keinerlei Rückhalt bei einer starken Interessen- oder Meinungsvertretung.

Wenn uns eine teure importierte Maschine unter den Händen auseinanderfällt, werden wir höchstwahrscheinlich nicht unserer eigenen unsachgemäßen Handhabung, sondern den Herstellern und Lieferanten die Schuld daran geben. Der Westen, der beides war, hat an dem Zusammenbruch der Demokratie vielleicht mehr als ein erlaubtes Maß an Schuld gehabt. Er kann sich nicht gänzlich aus der Verantwortung stehlen. Ein Fehler war das Versäumnis, diejenigen ausreichend zu unterstützen, die seine glühendsten Anhänger waren. Ein anderer liegt in dem Mandatssystem, das eigentlich eine Schule der Verantwortung sein sollte, aber statt dessen die hohe Schule der Verantwortungslosigkeit lehrte. Die Lage war in den Ländern, die nominell unabhängig waren, aber ständige Einmischungen hinnehmen mußten, eher noch schlimmer. Es lassen sich Gründe für und wider den imperialen Frieden – ob persisch, römisch, arabisch, türkisch, französisch oder britisch – als Stufe in der Entwicklung und Ausbreitung von Zivilisationen anführen. Es gibt wenig, was sich zur Verteidigung des sogenannten Imperialismus sagen läßt, mit dem der Nahe Osten in der ersten Hälfte des

20. Jahrhunderts Bekanntschaft machte – eines Imperialismus der Einmischung ohne Verantwortung, der stabile und ordentliche Regierungen weder schuf noch zuließ. Vielleicht besteht eine der folgenschwersten Diskrepanzen unter den ehemaligen Imperialländern Asiens und Afrikas zwischen denen, die direkt durch einen kolonialen oder imperialen Beamtenapparat verwaltet wurden, und denen, wo die Herrschaft oder der Einfluß indirekt ausgeübt wurden. Die Menschen der letzteren Ländergruppe bekamen von beiden Seiten das Schlechteste ab, denn sie erhielten weder die administrative Ausbildung der Kolonialgebiete, noch lernten sie die praktizierte Selbstverantwortung der alten unabhängigen Staaten kennen. Das System der Direktherrschaft hat außer der nützlichen Erbschaft einer effektiven modernen Verwaltung oft noch den zusätzlichen Vorteil der Klarheit. In Britisch-Indien zum Beispiel war die Übergabe der Macht und Verantwortung klar, präzise und unzweideutig. Bis zum 15. August 1947 waren die Briten verantwortlich; danach waren nicht mehr die Briten, sondern die Inder verantwortlich, und kein seriöser Beobachter hat irgend etwas anderes behauptet oder vermutet. In Algerien hatte ein lange und hart geführter Krieg mit einem eindeutigen Ausgang eine ähnliche Klarheit zur Folge. Was Ägypten betrifft, würde man sich schwertun, sich im Zeitraum eines halben Jahrhunderts auf das Datum der tatsächlichen Übergabe der Verantwortung zu einigen. Diese Situation, die Parallelen in anderen nahöstlichen Ländern hat, brachte eine Generation von Politikern mit der Gewohnheit hervor, die Verantwortung eher zu fordern als zu übernehmen, und mit einer Tendenz zur Realitätsflucht, die noch nicht ganz ausgestorben ist. Dies findet seinen Ausdruck in der Bereitschaft zu Verschwörungstheorien: Man vermeidet jede ernste kritische Untersuchung der eigenen Gesellschaft und Politik und gibt statt dessen alle Schuld an den Mißständen den früheren imperialen Herren und jetzigen offenen oder heimlichen Feinden. Zumindest die erste Schuldzuschreibung entbehrt, vierzig Jahre nach dem Ende der imperialen Herrschaft, selbst minimaler Glaubwürdigkeit. Es gibt zu viele Führer, die bereit sind, von dem hinterhältigsten westlichen

Vorurteil zu profitieren, das sich darin zeigt, daß man einen nied-
rigeren Verhaltens- und Leistungsstandard erwartet und hinnimmt.

Natürlich geht es bei der Frage der Demokratiefähigkeit um
mehr als um kulturelle Traditionen und politische Neigungen.
Israel und der Libanon vor dem Bürgerkrieg, zwei der Ausnahmen
in der Kette der Fehlschläge, sind nicht nur kulturell verwestlicht;
auch ihre Ernährungs-, Kleidungs- und Wohnungssituation ist bzw.
war relativ gut. Bei einer kleinen und stark urbanisierten Bevölkerung in einem kleinen Gebiet, mit guten Verkehrsverbindungen
und einem hohen Bildungs- und Lebensstandard, hat die Demokratie eine bessere Chance als in den ausufernden Slums verelen-
deter Bauern, die einen Großteil des übrigen Nahen Ostens aus-
machen. Nach Israel und dem Libanon hat die Türkei im Nahen
Osten das höchste Pro-Kopf-einkommen, den längsten Schienen-
strang im Vergleich zur Fläche, die niedrigste Analphabetenrate –
wobei allerdings Ägypten mehr Industrie und mehr Stadtbewohner hat und bis vor einiger Zeit auch mehr Zeitungsleser hatte. Es
scheint ein direkter Zusammenhang zwischen Demokratie und
materiellem Fortschritt zu bestehen, aber welcher Faktor dabei
die Henne und welcher das Ei ist, ist eine andere Frage.

Soviel läßt sich mit einiger Sicherheit sagen: Viele der sozialen
und ökonomischen Faktoren, die in anderen Teilen der Welt
zum Funktionieren der Demokratie beigetragen haben, fehlen
im Nahen Osten oder fehlten wenigstens in der entscheidenden
Phase, als der Versuch gemacht wurde. Die Gesellschaft war nach
wie vor hauptsächlich aus Großgrundbesitzern und Bauern zusammengesetzt. Die handeltreibende und industrielle Mittelschicht bestand, soweit vorhanden, überwiegend aus Ausländern
und Angehörigen von Minderheiten, die als solche nicht die klassische politische und kulturelle Rolle der Bourgeoisie in den westlichen Gesellschaften spielen konnten. Der neuen, muslimischen
Akademikerschicht von Juristen, Journalisten und Lehrern fehlte
es an der wirtschaftlichen Macht und dem Zusammenhalt, die für
eine wirklich unabhängige Rolle nötig gewesen wären. Eine industrielle Arbeiterklasse gab es kaum; die bäuerlichen Massen und

das städtische Lumpenproletariat waren arm, unwissend und unorganisiert, noch vollkommen untauglich zur Teilnahme am politischen Leben. In einer solchen Gesellschaft konnte keine neue und stärkere Bindung entstehen und die alten und nachhaltigen Bindungen an Stamm, Sippe und Familie, an Sekte und Zunft überwinden, konnte sich keine Tradition lokaler Zusammenarbeit und Initiative entwickeln und die altgewohnte Abhängigkeit und Unterordnung durchbrechen. Die Liberalen versuchten es und scheiterten, und das parlamentarische System fiel in die Hände derjenigen, die über den Reichtum verfügten und die Gehorsam befehlen oder erkaufen konnten. Sie benutzten ihn hauptsächlich als Instrument zum Erhalt der eigenen Macht und zur Verhinderung jeder Veränderung oder Reform, die sie als Bedrohung ihrer Interessen ansahen.

In einer langen Periode der Ruhe wäre es den Völkern des Nahen Ostens vielleicht gelungen, die importierten politischen Strukturen an ihre eigenen Bedingungen und Bedürfnisse anzupassen. Eine solche Frist wurde ihnen nicht gewährt. Statt dessen waren ihre jungen und unerprobten Demokratien sofort einer Reihe heftiger politischer Erschütterungen und Belastungen inneren wie äußeren Ursprungs ausgesetzt und mit dem bekannten afroasiatischen wirtschaftlichen Problem der Bevölkerungsexplosion konfrontiert. In den meisten Ländern brach das parlamentarische System unter dem Druck zusammen. Allzuoft ging die Enttäuschung und Frustration der Führer in einen Zynismus und Opportunismus über, der das sittliche und religiöse Empfinden derjenigen empörte, die sie angeblich führten, und die ganze Institution der liberalen Demokratie in Verruf brachte. Der einfache Ägypter verstand unter repräsentativer Regierung nicht Westminster oder Washington, sondern Faruk und die Paschas – wer konnte ihm Vorwürfe machen, wenn er sie ablehnte und verachtete?

Eine Zeitlang wurde das Ideal der Demokratie von einem anderen abgelöst: dem des Republikanismus. Es gab eine Zeit, in der man Republik und Demokratie als zwei verschiedene Wörter für ein und dieselbe Sache ansah; so bezeichnet im Neugriechischen das Wort *demokratia* in der Tat beides. Heute freilich wissen wir es besser. In einer Zeit demokratischer Monarchien und autoritärer Republiken werden wir die beiden schwerlich miteinander verwechseln. Weit davon entfernt, synonym zu sein, erscheinen Republik und Demokratie in vielen Teilen der Welt nachgerade als unvereinbar.

Im Nahen Osten ist der Republikanismus nicht immer mit freiheitlichen Ideen in Verbindung gebracht worden. Die ersten muslimischen Republiken wurden in den türkischen Territorien des Russischen Reiches gegründet, wo das vorübergehende Nachlassen des Drucks von der Zentralmacht nach der Revolution von 1917 eine Zwischenzeit lokaler Experimente zuließ. In manchen Gebieten, vor allem in Aserbaidschan, nahmen diese die Form bürgerlicher nationalistischer Republiken an, die alle früher oder später von der Roten Armee erobert und der Sowjetunion einverleibt wurden. Die kemalistische Republik in der Türkei und die Republiken französischen Zuschnitts in Syrien und im Libanon gaben neue Modelle ab, aber erst nach dem Zweiten Weltkrieg wurde mit der Proklamierung der ägyptischen Republik durch das Militärregime im Juni 1953 eine neue Welle des Republikanismus ins Rollen gebracht. Ihr folgten etliche andere, nicht alle von gleicher Art: Pakistan, eine Islamische Republik, im November 1953, der Sudan 1956, der Irak 1953 durch eine Revolution, Tunesien 1959, der Jemen 1962, Libyen 1969 und der Iran 1979. Von einer Handvoll abgesehen, nennen sich heute alle Staaten des Nahen Ostens Republiken, auch wenn sich unter der einheitlichen Bezeichnung eine bunte Vielfalt politischer Realitäten verbirgt. Eine Republik ist im nahöstlichen Sprachgebrauch ein Staat mit einem Oberhaupt, das keiner Dynastie entstammt. Der Begriff bezieht sich in keiner Weise auf die Prozesse, durch die das Staatsoberhaupt sein Amt erlangt, oder auf die Art, in der er es ausübt. Der Republikanismus bedeutete das Ende der Monarchie und von vielem – wenn auch nicht allem –, was damit zusammenhing. Er hatte nichts mit einem Repräsentativsystem oder liberaler Demokratie zu tun.

Während die Demokratie in den arabischen Ländern krankte

und einging, schlug das Streben nach Freiheit neue Bahnen ein. Die individuelle Freiheit war in der Zeit der britisch-französischen und später noch anderen ausländischen Herrschaft kein großes Thema. Sie war zwar verschiedentlich beschnitten, aber im großen und ganzen umfassender und besser geschützt als zu irgendeiner Zeit davor oder danach. Viel wichtiger war die Forderung nach gemeinschaftlicher, kollektiver Freiheit, sachlich richtiger als Unabhängigkeit bezeichnet. Die Reiche der Briten und Franzosen gewährten – eher der Logik ihrer eigenen Systeme folgend als auf Drängen der Bevölkerung hin – ein großes Maß an Freiheit, aber versagten die Unabhängigkeit. Es war daher natürlich, daß der nationale politische Kampf sich auf diese konzentrierte und jene vernachlässigte. Die Beendigung der imperialen Herrschaft war Ziel und Zweck sämtlicher politischer Bestrebungen, und das niemals mehr als in der Zeit, unmittelbar nachdem sie beendet war. Mit der Erlangung der Unabhängigkeit stellte man fest, daß man die Freiheit – im alten, klassischen liberalen Sinne – verloren hatte. Es gab wenige, die ihren Hingang aufhalten wollten oder beklagt hätten.

Als das Ende der Fremdherrschaft da war, waren damit die grundlegenden wirtschaftlichen, sozialen und politischen Probleme der arabischen Länder nicht gelöst, sondern erst richtig offenbar. Der Imperialismus, obwohl wiederholt bezwungen, blieb der Hauptfeind, aber er bekam einen Bundesgenossen: den Feudalismus, manchmal auch Kapitalismus genannt. Beide Ausdrücke bezeichneten die bestehende Wirtschaftsordnung. Eine Zeit der Experimente und Unruhen schloß sich an, eine Zeit politischen Taktierens, das von seinen Freunden pragmatisch und von seinen Gegnern opportunistisch genannt wurde. Und im Sommer 1961 schließlich gab die Regierung der Vereinigten Arabischen Republik den Namen der neuen Ideologie bekannt, die fürderhin ihr Leitstern sein sollte. Sie nannte sich »arabischer Sozialismus« und sollte die ökonomische Freiheit sichern, die einzige, auf die es ankam. So erklärte Präsident Nasser bei der Bekanntgabe einer Reihe von Nationalisierungen:

Heute lernen wir echte ökonomische Freiheit kennen. Niemand übt willkürliche Macht über die Wirtschaft des Landes oder über seine Bewohner aus. Jeder Bürger spürt, daß er in seinem Land auf der ökonomischen Ebene frei ist und daß er nicht der Diktatur des Kapitals unterworfen ist. ... Wahre Freiheit ist wahre Demokratie. Sie ist ökonomische Freiheit und soziale Gleichheit.

Ein paar Tage davor hatte der Präsident seine Definition von Demokratie gegeben:

Im wesentlichen bedeutet Demokratie die Herstellung sozialer Gerechtigkeit und Fairneß für die unterdrückte Klasse gegen die Unterdrückerklasse. Im wesentlichen bedeutet Demokratie, daß die Regierung nicht das Monopol des Feudalismus und des ausbeutenden Kapitals ist, sondern zum Wohl der ganzen Nation wirkt. ... Demokratie entsteht nicht dadurch, daß man einfach eine Verfassung erläßt oder ein Parlament hinstellt. Demokratie ist keine Frage der Verfassung oder des Parlaments, sondern wird durch die Beseitigung des Feudalismus und der Monopole und der Herrschaft des Kapitals geschaffen. Es gibt keine Freiheit und keine Demokratie ohne Gleichheit und keine Gleichheit mit Feudalismus und Ausbeutung und Herrschaft des Kapitals.[9]

Wie »Freiheit«, wie »Demokratie« ist auch »Sozialismus« ein Wort mit vielen Bedeutungen. Die Sowjetunion, so hieß es, strebte einst den Aufbau des Sozialismus an, aber er ist auch das Ziel der britischen Labour Party und der skandinavischen Arbeiterparteien. Eine der berühmtesten Parteien mit dem Titel »sozialistisch« im Namen war die Nationalsozialistische Deutsche Arbeiterpartei. In der Dämonologie der amerikanischen Rechtsradikalen – hat einmal jemand gesagt – bedeutet Sozialismus alles, was links von Ludwig XIV. ist. Nach einer Erklärung des Rektors der Al-Azhar-Universität vom 22. Dezember 1961 ist der vollkommenste, umfassendste, nützlichste und profundeste Sozialismus der, den der Islam vorschreibt und der auf dem Fundament des Glaubens beruht. Mit welchem davon, wenn überhaupt einem, ist der arabische Sozialismus verwandt?

Der Sozialismus begann im Nahen Osten in kleinen Zirkeln als eine etwas abseitigere Spielart der Mode, Europa nachzuahmen. Er wurde von ein paar ernsthaften Schriftstellern unterstützt wie dem syrischen Christen Schibli Schumaijil (1860–1917) und dem ägyptischen Christen Salama Musa (etwa 1887–1959). Beide folgten westlichen Modellen des Sozialismus: Schumaijil der französischen Schule von Jaurès, Musa den englischen Fabiern. Ebenfalls französisch inspiriert war die 1910 gegründete kurzlebige und wirkungslose Osmanisch-Sozialistische Partei, mit einem Ableger in Paris und einer Zeitung namens *Bescherijet*, Menschheit. Die Russische Revolution bewirkte einen kurzen Aufschwung linker sozialistischer Aktivitäten in mehreren Ländern, aber auch er verlief sich in sektiererischem Gezänk und hinterließ nur einen sehr kleinen, sehr harten Kern von Berufsrevolutionären. In Palästina entwickelte sich unter dem Mandatssystem in der jüdischen Bevölkerung eine starke sozialdemokratische Arbeiterbewegung europäischer Art. Ansonsten hatte der Sozialismus in den zwanziger und dreißiger Jahren im Nahen Osten so gut wie keine Anhänger – jedenfalls nichts im Vergleich etwa zum sozialen und politischen Radikalismus der nationalistischen Bewegungen in Indien und Südostasien.

Eine neue Phase begann mit dem Triumph der sowjetischen Waffen und dem Wahlsieg der britischen Labour Party 1945. Die Sowjets, so schien es, hatten den Krieg gewonnen, und sogar in Großbritannien hatte das Volk für den Sozialismus und gegen Churchill gestimmt. Da konnte es doch sein, daß der Sozialismus eine gute Sache war. Außerdem schien er eine Antwort auf die wachsenden wirtschaftlichen Probleme des Raumes zu haben. In etlichen Ländern tauchte eine Reihe von sozialistischen Parteien auf, deren wichtigste die 1950 in Syrien gegründete Arabische Sozialistische Partei von Akram Haurani war. 1953 vereinigte sie sich mit Michel Aflaks Partei der Arabischen Wiedergeburt zur Sozialistischen Partei der Arabischen Wiedergeburt, gemeinhin als

Bath-Partei bekannt. Der Kern der Partei war eine Gruppe, die sich 1941 im französisch besetzten Syrien bildete, um Sympathie und Unterstützung für das kurzlebige achsenfreundliche Regime Raschid Alis im Irak zu mobilisieren. Die ideologischen Schriften ihrer Gründer spiegeln deutlich die Ideen der Zeit und des Landes wider. Später machte die Partei einige Veränderungen durch, und mit einem Programm, in dem sich ein ökonomischer Sozialismus mit einem mystischen Nationalismus verband, gewann sie im arabischen Osten bald eine beträchtliche Anhängerschaft. Außer den Kommunisten war sie die einzige Partei mit einer systematischen Ideologie, mit einem weitverzweigten organisatorischen Netz und mit Anhängern sowohl unter den Intellektuellen als auch unter den Arbeitern. 1956 traten die Bath-Führer in Syrien in die Regierung ein und hatten Anteil daran, daß das Land die Vereinigte Arabische Republik mit Ägypten bildete. Eine Zeitlang spielte die Bath-Partei nach der Vereinigung eine tonangebende Rolle in Syrien und beanspruchte sogar die ideologische Führung in der VAR für sich. Ende 1959 jedoch begann sie an Boden zu verlieren. Im Irak, in Jordanien und im Libanon wurde sie bekämpft und gelegentlich verboten. Sogar in der VAR wurden ihre Führer aus den hohen Bundesämtern entlassen, die sie innehatten, und die Partei selbst wurde zweiundzwanzig Monate nach der Vereinigung aufgelöst. Die Bath-Partei trat erst im Frühjahr 1963 wieder in Erscheinung, als die Revolutionen im Irak und in Syrien sie in beiden Ländern an die Macht brachten und damit eine neue Runde von Zusammenarbeit und Konflikt mit Präsident Nasser eingeleitet wurde. In der Zwischenzeit war der einzige Ort, wo ernsthaft über die sozialistische Ideologie diskutiert werden konnte, das liberale, kapitalistische Beirut.

Der Sozialismus lag in den fünfziger Jahren in der Luft, so wie in den dreißiger und vierziger Jahren der Faschismus und ein Jahrhundert vorher der Liberalismus. Wie sein Vorläufer gewann der Sozialismus eine gewisse Anhängerschaft unter den Intellektuellen, aber es waren nicht sie, die ihn an die Macht brachten. Die sozialistische Revolution wurde, wie einst die liberalen Verfassungen, von oben verordnet – nicht auf die Forderung des Volkes hin, nicht durch den Sieg einer sozialistischen oder Arbeiterbewegung, sondern durch den Beschluß eines Militärregimes, das bereits neun Jahre an der Macht war. Einige praktische Maßnahmen nicht doktrinärer Art waren in Ägypten schon vorher ergriffen worden. Britische, französische und einige jüdische Unternehmen waren nach dem Sinai- und dem Suezfeldzug verstaatlicht worden; belgisches Kapital kam während der Kongokrise hinzu. Die daraus resultierende Kapitalflucht von Ausländern und Angehörigen der Minderheiten engte das Feld der Kandidaten für, wie man sagen könnte, konservative Nationalisierungen ein. Da die Regierung anscheinend den Glauben an die private Wirtschaft verlor, beschloß sie, eine aktivere Rolle im Wirtschaftsleben einzunehmen. Erklärungen aus jener Zeit sprechen von sozialer Gerechtigkeit statt von Sozialismus und scheinen so etwas wie einen begrenzten Staatskapitalismus mit einem Wohlfahrtsprogramm ins Auge zu fassen. Ab 1960 wurde der Sozialismus in Wort und Tat expliziter, vor allem bei der Verstaatlichung der großen Unternehmensgruppe Misr. Die Verstaatlichung der Tagespresse im selben Jahr war nicht ausschließlich, nicht einmal primär eine wirtschaftliche Maßnahme.

Das nächste Stadium kam in Ägypten mit der Reihe von Dekreten vom Juli 1961, die das Gemeineigentum an oder die staatliche Kontrolle von fast allen großen Wirtschaftsunternehmen erklärten, sämtlichen Grundbesitz über 100 Feddan (42 Hektar) mit Entschädigung enteigneten, den Besserverdienenden drastische Einkommenssteuern auferlegten und verboten, daß irgend jemand Anteile im Wert von mehr als 10 000 ägyptischen Pfund an namentlich in einer Liste aufgeführten Unternehmen besitzen durfte. Gleichzeitig wurden in einer Reihe von Reden und Artikeln Wesen und Zweck dieser Maßnahmen sowie des in ihnen beispielhaft vorgeführten arabischen Sozialismus erläutert. Das Land, schrieb Muhammad Hassanain Haikal in einem maßgebenden ideologischen Artikel, brauche einen umfassenden Plan, der die gesamte Energie der Nation einspanne und so das nötige Pro-

duktionswachstum sichere, während er gleichzeitig die unmittelbaren Verbraucherbedürfnisse der seit langem verelendeten Massen befriedige. Auf diese Weise ließen sich sowohl Wirtschafts-
wachstum als auch breiter Wohlstand ohne die inländische und
koloniale Ausbeutung durch den westlichen Kapitalismus oder
das gnadenlose Opfer der jetzigen Generation für künftige Ge-
schlechter erzielen, wie es von Stalin und Mao Tse-tung praktiziert
werde.[10] Ein französischer Politiker sagte einmal, der Krieg sei
eine zu ernste Angelegenheit, als daß man ihn den Generälen überlassen dürfe. Die ägyptischen Offiziere hatten bereits entschieden,
daß die Politik zu wichtig war, um sie den Politikern zu überlassen;
jetzt kamen sie auch zu dem Schluß, daß die Wirtschaft eine zu wichtige Angelegenheit war, um sie den Unternehmern zu überlassen.

»Die Archäologie«, sagte Bernard Berenson, »beruht wie alle
nach wissenschaftlicher Methode durchgeführten Untersuchun-
gen auf dem Vergleich. Sie vergleicht laufend Unbekanntes mit
Bekanntem, Ungewisses mit Gewissem, Unklassifiziertes mit Klas-
sifiziertem.«[11] Zweifellos gab die archäologische Methode, die in
der Erforschung früherer Perioden der nahöstlichen Geschichte
so gute Dienste geleistet hatte, das Vorbild für viele Versuche ab,
neuere nahöstliche Entwicklungen zu erklären und zu kategori-
sieren, indem man sie mit früheren, bereits kategorisierten Ereignissen verglich, die zu anderen Zeiten oder an anderen Orten stattgefunden hatten.

Der arabische Sozialismus, die beherrschende Ideologie der
fünfziger, sechziger und siebziger Jahre, ist mehreren solcher ver-
gleichenden Erklärungen unterzogen worden. Manche haben
nach Vorbildern in der ägyptischen Vergangenheit gesucht, denn
es gibt auch eine einheimische Tradition staatlicher Wirtschafts-
lenkung, zu beobachten etwa an den Handelsmonopolen der
Mamlukensultane im 15. Jahrhundert und an der Nationalisierung
des Bodeneigentums durch Muhammad Ali Pascha Anfang des 19.
Jahrhunderts. Andere haben westliche Parallelen sehen wollen
und haben das Militärregime zu verschiedenen Zeiten beschuldigt,
nazistisch bzw. kommunistisch zu sein, seiner Verbindungen wegen.

Eine Bewegung nazistisch zu nennen galt im Westen wie in der Sowjetunion und im größten Teil Asiens und Afrikas normalerweise als Beleidigung. In den östlichen arabischen Ländern, wo viele Führer aus ihren Kriegssympathien für die Achsenmächte und sogar aus ihrer Verbindung mit ihnen keinen Hehl machten, war das nicht der Fall. Als Kassem Nasser einen Hitleristen nannte, war der Name ein gefährliches Anzeichen kommunistischer Infiltration in Bagdad. Er gehörte nicht zu den üblichen arabischen Beschimpfungen, und sein Auftreten allein war ein Zeugnis der Beeinflussung von außen. In Ägypten gab es, vor allem in den fünfziger und sechziger Jahren (in Syrien erst viel später), viele Berichte über die Beschäftigung von Experten aus Nazideutschland, vor allem in der Polizei und der Propagandaarbeit. Es kann gut sein, daß das reibungslose Funktionieren der einen und die schrille Verlogenheit der anderen dem Beispiel oder der Instruktion von Nazispezialisten etwas zu verdanken haben. Präsident Nasser selbst zitierte und empfahl bei einer Gelegenheit die sogenannten Protokolle der Weisen von Zion.[12]

Dennoch sollte man dem nicht zuviel Gewicht beimessen. Auf beiden Seiten des eisernen Vorhangs hatten andere keine Bedenken, sich Naziexperten auf verschiedenen Gebieten zunutze zu machen, wenn es ihnen gelegen kam. Schlechte Verbindungen verderben die guten Sitten. Diese Nazibeziehungen schienen eine moralische Abgestumpftheit des ägyptischen Regimes anzuzeigen, die in der modernen Welt recht weit verbreitet ist, aber nicht unbedingt eine Nähe zur Nazidiktatur, die darüber hinausginge.

Kommunismusvorwürfe stehen ebenfalls auf ziemlich wackligen Beinen. Die Kommunisten konnten wie die Nazis mit einer freundlichen Aufnahme rechnen, denn sie kamen im gleichen Gewand: als Feinde des Westens. Anders als der Nazismus war der Kommunismus nach Kriegsende mehrere Jahrzehnte lang eine Tatsache, keine Erinnerung, und das bedeutete sowohl Chancen als auch Gefahren. Es gab eine Zeit, in der der kommunistische Einfluß in der arabischen Welt groß und im Wachsen begriffen zu sein schien. Doch mit der Zeit führten die Aktivitäten der sowjetischen Re-

gierung in der arabischen Welt und die nähere Bekanntschaft der
Araber mit sowjetischen Realitäten daheim beide dazu, daß die
Anziehungskraft dieser politischen und ökonomischen Glaubens-
lehre abnahm.

Eine Zeitlang gab es in der arabischen Welt ziemliche Auseinandersetzungen zwischen den Vertretern des »arabischen Sozialismus«, der als authentischer wie auch humaner begriffen wurde,
und dem »wissenschaftlichen Sozialismus« (ein anderer Name für
den marxistischen Kommunismus), der nach Meinung seiner Anhänger der verfälschten einheimischen Nachahmung überlegen
und der einzig wahre Weg zu einer idealen Gesellschaft war. Anfang der neunziger Jahre waren beide Spielarten gründlich diskreditiert. Der »wissenschaftliche Sozialismus« hatte in seinen Ursprungsländern erbärmlich Schiffbruch erlitten, während der
arabische Sozialismus nach Meinung immer größerer Beobach-
terkreise die verheißene wirtschaftliche Entwicklung verhindert
statt herbeigeführt und die Staaten der arabischen Welt sowohl
von der traditionellen arabischen Toleranz als auch von der westlichen politischen Demokratie abgebracht und tendenziell zu einer Kette von totalitären Diktaturen gemacht hatte, die sich an den
abscheulichsten mittel- und osteuropäischen Vorbildern orien-
tierten.

Es ist ohne Zweifel verführerisch, nahöstliche Phänomene an-
hand von europäischen oder auch nord- oder südamerikanischen
Erfahrungen erklären zu wollen, und innerhalb bestimmter Grenzen kann das auch sehr nützlich sein. Aber im großen und ganzen
verunklaren solche Vergleiche – vielleicht wäre Analogien das bessere Wort – mehr, als sie erklären. Sicherlich unterliegen Gesellschaft und Politik im Nahen Osten den gleichen menschlichen
Wechselfällen wie im Westen und müssen daher auch nach den
gleichen Kriterien interpretiert werden. Aber da der Nahe Osten
längere Zeit unter dem Einfluß des Westens gestanden und zur
Organisation und zum Ausdruck seines politischen und gesellschaftlichen Lebens westliche äußere Formen übernommen hat,
ist es für den westlichen Beobachter fatal einfach, diese fremden

äußeren Formen als Vergleichsmoment zu nehmen und die tieferen Realitäten, die sie höchst unvollkommen ausdrücken, zu über-
gehen oder zu entstellen. Die islamische Gesellschaft des Nahen
Ostens mit ihrem eigenen komplexen Netz von Erfahrungen und
Traditionen kann nicht mit ein paar westlicher Vergangenheit ent-
lehnten Namen und Begriffen zureichend gefaßt und klassifiziert
werden.

In der Zwischenzeit gaben, wie schon so oft in diesem Jahrhundert, wieder einmal Ereignisse von außen dem Freiheitsstreben im Nahen Osten einen neuen Anstoß und eine neue Richtung.
Der Zerfall des sowjetischen Blocks und dann sogar der Sowjetunion selbst, der Rückzug und vielleicht der Zusammenbruch der
Sowjetmacht und dahinter das deutliche Scheitern des kommunistischen Systems und seine gänzliche Unfähigkeit, seine Verspre-
chungen zu erfüllen – dies alles hatte unmittelbare und offenkundige Auswirkungen auf das Gleichgewicht der Macht im
regionalen wie im internationalen Maßstab. Wichtiger noch,
setzte es auch ein grundlegendes Überdenken der Bestrebungen
und der Möglichkeiten in Gang – ähnlich, wenn auch in einem viel
größeren Rahmen, den neuen Impulsen, die ausgelöst wurden
durch den japanischen Sieg über Rußland 1905, den Sieg der
Alliierten 1918, den Aufstieg des Faschismus und Nationalsozialismus in der Zeit zwischen den Weltkriegen und den sowjetischen
Sieg 1945. Diesmal waren die Beendigung des kalten Krieges und
der Sieg des Westens verbunden mit solchen grundlegenden westlichen Vorstellungen wie der offenen Gesellschaft, der Marktwirt-
schaft und der Wahrung der Menschenrechte, jetzt endlich als die
des einzelnen und nicht nur der Nation verstanden. In den letzten Jahrzehnten sind im Nahen Osten ebenso wie in Osteuropa
die Begriffe »Demokratie« und »demokratisch« auf traurige Art
und Weise mißbraucht worden, so daß sie – in den Augen der Menschen unter den Regimes, die diese Begriffe mit Beschlag beleg-
ten – die von der Politik der Tyrannei durchgedrückte Ökonomie
der Verelendung bedeuteten. Anfang der neunziger Jahre gewannen sie – in den Augen derjenigen, die sie von außen betrachte-

ten – wieder die Bedeutung von Freiheit und Fülle. Es bleibt abzuwarten, wieweit sich diese neu definierten demokratischen Hoffnungen mit den wirtschaftlichen, gesellschaftlichen und politischen Realitäten der Region und mit den tiefverwurzelten nationalen und religiösen Traditionen seiner Völker vereinbaren lassen. Eine der großen Gefahren für die Freiheit ist die – in der Region wie andernorts – weitverbreitete Meinung, daß freie Wahlen mit allgemeinem Stimmrecht das Fundament der Demokratie seien. Das sind sie nicht. Sie sind der Deckstein, der obendrauf gesetzt wird, wenn der sonstige Bau steht.

Der Kampf für nationale Freiheit ist geführt und gewonnen worden, obwohl der Triumph des Nationalismus über den Imperialismus ein neuer nahöstlicher Mythos geworden ist, der immerzu wiederholter ritueller Aufführung bedarf. Der Kampf für politische Freiheit ist geführt und verloren worden, aber diese Niederlage braucht nicht endgültig zu sein. Der Kampf für ökonomische Freiheit – was Freiheit von der Not bedeutet – ist aufgenommen worden, und nach schweren Rückschlägen und vielen selbst geschlagenen Wunden gibt es (noch sehr zögernde) Anzeichen einer neuen Orientierung und einer Bereitschaft, die verbleibenden, immer noch gewaltigen Probleme in Angriff zu nehmen. Der Kampf für soziale Freiheit ist noch nicht entschieden, einige Gefechte wurden gewonnen und andere verloren, so daß der Ausgang höchst zweifelhaft ist. In allen diesen Kämpfen, soviel steht fest, gleich welcher Art und gleich welchen Ergebnisses am Schluß, hat sich der ökonomische und soziale Radikalismus als eine starke Kraft in den nahöstlichen Angelegenheiten erwiesen und dem Nationalismus ebenso wie der Religion neuen Auftrieb und eine neue Richtung gegeben.

Kapitel 4

Patriotismus und Nationalismus

Es ist eine allgemeine Gewohnheit menschlicher Gesellschaften, die Menschen in Insider und Outsider einzuteilen und für letztere verächtliche Namen zu finden. Die zwei zungenfertigsten Völker der Antike bezeichneten die übrigen als Heiden und Barbaren; die mittelalterlichen Muslime und Christen bezeichneten sich gegenseitig als Ungläubige; in vielen modernen Gesellschaften verbinden die Menschen mit dem Begriff »Ausländer« die übelsten Eigenschaften von sowohl Barbarei als auch Unglaube. Ein verändertes lateinisches Sprichwort – »Nichts Fremdes ist mir menschlich« – könnte für einen Großteil der Regierungspolitik und Behördenpraxis im 20. Jahrhundert als Motto dienen.

In Europa und in anderen Ländern mit europäischer Zivilisation ist es seit geraumer Zeit Brauch, die Menschen politisch nach der Nationalität zu klassifizieren. Es gibt im Gebrauch dieses Begriffs einige Unterschiede. Im Englischen (dem britischen wie dem amerikanischen) und im Französischen gibt das Wort *nationality* bzw. *nationalité* das Land oder den Staat an, dessen Bürger oder Untertan jemand ist. Im Deutschen wird *Staatsangehörigkeit* in diesem Sinne gebraucht, während der Ausdruck *Nationalität*, gleicher Wortherkunft zum Trotz, sich semantisch von *nationality* unterscheidet und eher ethnische als rechtlich-politische Bedeutung hat. Im russischen Sprachgebrauch wurde diese Unterscheidung übernommen und formalisiert. Sowjetische Visumanträge und andere Dokumente hatten getrennte Rubriken für *Graschdanstwo* (Staatsbürgerschaft) und für *Nazionalnost*, was dem Sinn nach der deutschen Nationalität und nicht der englisch-französischen *nationality/nationalité* entspricht. Abgesehen von diesen formalen Unterschieden im Sprachgebrauch haben einzelne Nationen und Parteien von Zeit zu Zeit die Wichtigkeit von Staatsbürgerschaft, Abstammung, Sprache, Religion und anderen Faktoren zur Bestimmung der nationalen Identität unterschiedlich betont. Aber ungeachtet dieser ganzen Differenzen ist es dennoch im großen und ganzen so, daß sich in Europa und Amerika Identität und Loyalität nach der Nationalität bestimmen – das heißt mit unterschiedlichem Schwergewicht, nach dem Gemeinwesen, dessen Bürger man ist, nach dem Land, das man bewohnt, und in den meisten Ländern der östlichen Hemisphäre nach der Abstammung, die man sich zuschreibt, und der Sprache, die man spricht.

In der islamischen Welt war das nicht so. Herkunft, Sprache und Wohnsitz waren allesamt von zweitrangiger Bedeutung, und erst seit dem vorigen Jahrhundert hat sich, unter europäischem Einfluß, der Begriff der politischen Nation in den Vordergrund geschoben. Die Grundunterscheidung für Muslime – der Prüfstein, an dem die Menschen sich trennen, an dem man zwischen dem Bruder und dem Fremden unterscheidet – ist der Glaube, die Zugehörigkeit zu einer Religionsgemeinschaft. In unserer Zeit ist »Glaube« vielleicht das falsche Wort. Wir alle wissen – aus der Tageszeitung, wenn nicht aus eigener Erfahrung –, daß die Abneigung gegen andere Religionen den tatsächlichen Glauben an die eigene lange überlebt. Gemeint ist vielmehr Religion als soziale und gemeinschaftsbildende Kraft, als Maßstab der Identität und Gegenstand der Gruppenloyalität.

Innerhalb der weltweiten muslimischen Gemeinschaft nahm der Muslim, wenigstens theoretisch, andere Muslime gleich welcher Sprache, Herkunft oder Staatsangehörigkeit als Brüder an. Er distanzierte sich von seinem eigenen Landsmann, wenn der zwar zum selben Volksstamm gehörte und dieselbe Sprache hatte, aber einer anderen Religion anhing. Er distanzierte sich auch von seinen nichtmuslimischen Vorfahren, denen gegenüber er kaum ein oder gar kein Gefühl der Identität oder Kontinuität hatte. Das Desinteresse der Völker des islamischen Nahen Ostens am Altertum kam nicht daher, daß sie barbarisch oder unwissend gewesen wären, unfähig, die Bedeutung solcher Dinge zu verstehen. Im Gegenteil, sie waren Völker von hoher Kultur mit einem ungewöhnlich ausgeprägten Sinn für Geschichte und ihren Platz darin. Aber

für sie fing die eigentliche Geschichte mit dem Aufstieg des Islam
an. Ihre geistigen Vorfahren waren die frühen Muslime in Arabi-
en und den Herzländern; die heidnischen Ägypter, Babylonier und
andere waren ferne und fremde Völker, zu denen sie, trotz zufäl-
liger und unwichtiger Bluts- und Bodenzusammenhänge, keine
wirkliche Verbindung hatten. Erst im 19. Jahrhundert, als die europäische Archäologie etwas von dem Wert dieser vergessenen
Vergangenheit enthüllte, fingen sie an, ein Interesse daran zu entwickeln – ein Interesse, das in dem Maße wuchs und sich entwickelte, als es sich mit den frisch importierten westlichen Ideen
des Vaterlandes und der Nation verband, der mystischen und die
Zeiten überdauernden Identität eines Volkes und des Landes, das
es bewohnt.

Das Osmanische Reich war das letzte und das dauerhafteste der
großen islamischen Weltreiche, die seit der Zeit, als der erste Kalif die Nachfolge des letzten Propheten antrat, über den Nahen
Osten geherrscht hatten. In ihm galt die grundlegende Loyalität
der Muslime dem Islam, dem islamischen Reich, das seine politische Verkörperung war, und der durch Zeit und Anerkennung le-
gitimierten Dynastie, die darüber herrschte. Die Unzufriedenen
und die Empörer betrieben vielleicht einen Wechsel der Minister,
des Souveräns, in einigen wenigen Fällen sogar der Dynastie, aber
sie versuchten nie, die Grundlage des Staates oder der kollektiven
Identität zu verändern.

In dieser Hinsicht war die Situation im Nahen Osten bis zum
19., vielleicht sogar bis zum 20. Jahrhundert der nicht unähnlich,
die im mittelalterlichen Europa bestanden hatte. Den größten
Dichter der mittelalterlichen Christenheit, Dante, störte es bei seinen Träumen von der Wiederaufrichtung eines allgemeinen christlichen römischen Reiches durchaus nicht, daß die römischen Kaiser seiner Zeit zufällig Deutsche waren und nicht Italiener. Italien
und die Italiener bestanden und waren von großer Bedeutung,
aber ihren wahren politischen Ausdruck fanden sie als Teil des allgemeinen christlichen Kaiserreiches. Die Vorstellung von Italien
als einem eigenständigen politischen Gebilde, das seine territoriale

und nationale Identität in staatlicher Form ausdrücken mußte, lag noch in ferner Zukunft. In gleicher Weise waren sich die arabischen Untertanen des Osmanischen Reiches vor der Beeinflussung durch europäische politische Ideen zwar ihrer sprachlichen und kulturellen Eigenständigkeit und der daran haftenden geschichtlichen Erinnerungen wohl bewußt, aber sie hatten keinen Begriff von einem eigenen arabischen Staat und nicht ernstlich den Wunsch, sich von den Türken zu trennen. Mit Sicherheit stellten sie nicht die Tatsache in Frage, daß die Sultane zufällig Türken waren. Im Gegenteil, sie hätten es merkwürdig gefunden, wenn sie irgend etwas anderes gewesen wären. Der Gedanke eines territorial festgelegten Nationalstaates war ihnen so fremd, daß es im Arabischen kein Wort für Arabien gibt, während das Türkische bis in die neuere Zeit kein Wort für die Türkei hatte. Die Türken verwenden jetzt ein Wort europäischen Ursprungs; die Araber behelfen sich mit einem Ausdruck, der die Halbinsel der Araber bedeutet.

Die alte Ordnung funktionierte mehr oder weniger effektiv weiter, bis die Einführung neuer Ideen aus Europa anfing die feste Grundlage der Anerkennung zu untergraben, auf der sie beruht hatte. Westliche Einwirkungen und Vorbilder veränderten die Struktur der Gesellschaft und des Staates; der Einfluß des westlichen Denkens und Handelns förderte das Aufkommen neuer politischer Vorstellungen, die sowohl das Autoritätsgefüge im Staat als auch die Grundlage des Zusammenhalts seiner Untertanen in Mitleidenschaft zogen. Während des 19. und 20. Jahrhunderts wurden die alten islamischen und dynastischen Loyalitäten, die unter den Türken, Arabern und Persern herrschten, von den zersetzenden europäischen Ideen des Patriotismus und Nationalismus modifiziert, verändert und zeitweise auch verdrängt, wenn die neuen, abstrakten Theorien von Land und Nation sich über die älteren Gegebenheiten von Staat und Glaube legten.

Heute haben sich die drei Hauptvölker des Nahen Ostens, die Türken, Araber und Perser, geistig voneinander isoliert. Jedes war lange von seinem eigenen Dialog mit dem Westen in Anspruch genommen und besaß über die Oberflächenerregung politischer

Ereignisse hinaus wenig Kenntnis von den anderen beiden oder Interesse an ihnen. Arabisch wird in iranischen höheren Schulen immer noch als klassische Sprache des Koran unterrichtet – und stellt ungefähr soviel Berührung mit arabischen Bewegungen her wie der verbliebene Griechischunterricht in englischen Privatschulen mit dem modernen Griechenland. Das klassische Arabisch wurde auch in türkischen religiösen Hochschulen wiedereingeführt und ist auf einem ziemlich elementaren Niveau ein Teil des allgemeinen muslimischen Religionsunterrichts. Abgesehen davon werden nahöstliche Fremdsprachen im Nahen Osten nur von kleinen Schülergruppen in speziellen und akademischen Institutionen gelernt. Die breite Öffentlichkeit beherrscht die anderen beiden Sprachen nicht und hatte bis zur iranischen Revolution von 1979 fast keine Ahnung von den geistigen und kulturellen Bewegungen, die sich in ihnen artikulieren. Nach der Revolution von 1979 unternahm die neue Führung im Iran eine energische Anstrengung, die islamische Revolution auf andere muslimische und speziell arabische Länder auszuweiten. Sie konnte ein paar begrenzte Erfolge verbuchen, vor allem unter der schiitischen Bevölkerung des vom Krieg zerrissenen Südlibanon. Sie hatte zweifellos auch Anteil an der Errichtung eines islamischen fundamentalistischen Regimes im Sudan und an Versuchen, ähnliche Regimes in anderen Ländern an die Macht zu bringen. Aber nach der anfänglichen revolutionären Begeisterungswelle flaute ihr Einfluß beträchtlich ab und bewegte gerade in der gebildeten Mittelschicht oder allgemeiner unter den Intellektuellen bemerkenswert wenig. Kairo, Teheran und Istanbul hatten sich kulturell weit voneinander entfernt. Wenn sie Anleitung und Anregung suchten, dann nicht voneinander, sondern von außen.

Das war nicht immer so. Im 19. Jahrhundert konnten die meisten gebildeten Muslime noch Arabisch lesen und verstehen; Türkisch war immer noch eine Reichssprache, die Verkehrssprache des letzten großen, unabhängigen muslimischen Reiches, das für die Muslime überall Führung und letzte Hoffnung bedeutete. Heute sind Türkischkenntnisse in den arabischen Ländern eine

Seltenheit. In osmanischen Zeiten war Türkisch in den Städten
Syriens und des Irak eine Regierungs- und Bildungssprache, und
sogar in Ägypten hielt es sich, bis vor kurzem noch, als Sprache des
Hofes und der Aristokratie. Persischkenntnisse waren das Kenn-
zeichen eines gebildeten Edelmanns in den osmanischen Ländern;
wichtige Teile der türkischsprachigen Bevölkerungen in Transkaukasien, im Iran und in Zentralasien konnten das osmanische
Türkisch lesen und verstehen. Abgesehen von der mühelosen Verständigung standen sich die drei Völker geistig und weltanschau-
lich noch nahe und hatten sich noch nicht zu separaten, abge-
schotteten Nationalstaaten auseinanderentwickelt. Neue Ideen
und neue Stimmungen konnten sich noch rasch über den ganzen
Nahen Osten verbreiten, und überhaupt läßt sich die eigenständige Entwicklung der Türken, Araber und Perser nur im größeren
Rahmen des Gesamtraumes angemessen verstehen.

Die Türkei war das fortgeschrittenste und mächtigste Land in
der Region, die kultivierteste und welterfahrenste Nation, die die
längste und engste Berührung mit Europa hatte. Es war selbstverständlich, daß die neuen Ideen zuerst unter den Türken aufkamen
und von ihnen an ihre Untertanen und Nachbarn weitergegeben
wurden.

»Patriotismus« und »Nationalismus« sind die Begriffe, in denen
sich die politische Loyalität und Identität in der modernen Welt
normalerweise ausdrückt. Beides sind Wörter mit unsicherem und
daher explosivem Inhalt und folglich mit Vorsicht zu behandeln.
Im englischen Sprachgebrauch transportieren die beiden ganz
unterschiedliche Vorstellungen und Assoziationen. Patriotismus
bedeutet für die meisten von uns etwas, das richtig und gut ist: die
Liebe und Loyalität, die wir alle unserem Land schuldig sind.
Nationalismus dagegen ist eher etwas Fremdes und daher ein wenig
suspekt. Der Ausdruck »englischer Nationalismus« zum Beispiel
kommt einem nicht selbstverständlich über die Zunge. Man stellt
sich den Nationalismus als keltisch oder kontinental, afrikanisch
oder orientalisch vor, aber nicht als englisch oder amerikanisch.

Die ersten Bekundungen der neuen Loyalität im Nahen Osten

nahmen die Form des Patriotismus, nicht des Nationalismus an. Sie gingen aus von dem Beispiel Westeuropas, vor allem Frankreichs und Englands, wo Nation und Staat verbunden waren und wo der Patriotismus die Loyalität war, die Bürger ihrem Vaterland schuldeten und normalerweise ihrer Regierung leisteten, wenn sie fällig war. Diese neue Vorstellung, die den Anspruch des Staates auf die Loyalität seiner Bürger zu bestärken und auszuweiten schien, wurde von den nahöstlichen Regierungen zunächst gefördert; später stellten sie fest, daß die Übertragung der Bindung von einer Person an eine Abstraktion unerwartete Schwierigkeiten aufwarf.

Das Wort, mit dem man den Gedanken des Vaterlandes, genauer der französischen *patrie*, vermitteln wollte, war das arabische *watan*, das mit geringen Ausspracheänderungen ins Persische, Türkische und in andere islamische Sprachen eingegangen ist. Die ursprüngliche Bedeutung von *watan* war der Herkunfts- oder Wohnort eines Menschen, gewöhnlich gebraucht für eine Stadt, ein Dorf oder höchstens für eine Provinz. Jemandes *watan* konnte Gegenstand von Gefühlen, von Liebe und Hingabe sein, wie viele Stellen in der klassischen islamischen Literatur bezeugen, und hing mit Familienbanden, Jugenderinnerungen und Heimweh zusammen. Daraus wird deutlich, daß das klassische Wort *watan* nicht dem französischen *patrie* entsprach, sondern vielmehr dem englischen Wort *home* im weiteren Sinne von »Heimat«. Wie »Heimat« enthielt es eine Fülle von Gefühlsassoziationen, deutlich vor allem zur Zeit der Kreuzzüge, als so viele ihre Heimat verloren oder darum fürchten mußten; genauso wie »Heimat« hatte es keinen politischen Inhalt.

Der Gebrauch des Wortes *watan* (türkisch *vatan*) im politischen Sinne, gleichbedeutend mit französisch *patrie*, englisch *country* oder deutsch *Vaterland*, datiert aus dem späten 18. Jahrhundert und ist deutlich auf den Einfluß und das Beispiel Europas zurückzuführen. Soweit ich feststellen konnte, erscheint es zum erstenmal in diesem Sinne in einem türkischen Dokument, einem Bericht von Morali Esseijid Ali Efendi, der unter dem Direktorium in

Paris als osmanischer Botschafter diente. In einer Beschreibung
der Armenhäuser und Altenheime, die die französische Obrigkeit
für entlassene und kriegsversehrte Soldaten zur Verfügung stellte,
spricht er davon, daß diese Männer »für die Sache der Republik
[dschumhur] und aus Eifer für das Vaterland *[vatan]*«[1] gekämpft
hätten. Beide, *dschumhur* und *vatan*, waren alte Worte mit Wurzeln
im klassischen Arabisch. *Dschumhur* hatte durch den osmanischen
Kontakt mit Venedig und anderen europäischen Republiken
schon früher einen politischen Beiklang bekommen. Der Patriotismus war eine neue, durch die Französische Revolution be-
kanntgewordene Entdeckung, und es ist zweifelhaft, ob Ali Efendi, dessen Berichte keine sonderlich scharfe Beobachtungsgabe
verraten, ihn wirklich verstand. Wahrscheinlicher ist, daß er, oder
vielmehr sein Dolmetscher, lediglich wörtlich aus einem französischen Original übersetzte, ohne sich um die tatsächliche Bedeutung zu kümmern.

Dennoch verbreitete sich der neue Gedanke, und 1839 erscheint der Ausdruck »Liebe zum Vaterland« (vatan) sogar in
einem osmanischen Regierungsdokument, dem berühmten
Reformedikt von Gülhane, dem »Großherrlichen Erlaß aus dem
Rosenhaus«. 1840 spricht der türkische Diplomat Mustafa Sami in
seinem *Versuch über Europa* von der »Vaterlandsliebe« als einer der
lobenswerten Eigenschaften der Pariser und führt seine eigene Vaterlandsliebe als Grund für die Veröffentlichung des Büchleins an.
1841 war der Ausdruck *hubb ül-vatan* (Vaterlandsliebe) in seiner
neuen Bedeutung so weit eingeführt, daß er als Übersetzung von
Patriotismus in Handjéris türkisch-französischem Wörterbuch stehen konnte, wo er mit einer Reihe von Wendungen verdeutlicht
wird, in denen sich patriotische Gefühle ausdrücken. 1851 schrieb
der türkische Dichter und Journalist Schinasi in einem Brief an
seine Mutter: »Ich will mich opfern für meine Religion, meinen
Staat, mein Land und mein Volk« *(din ve devlet ve vatan ve millet)*.
Der Krimkrieg war der Anlaß zu einem militanteren Patriotismus
und dem Erscheinen des ersten patriotischen Gedichts. Inzwischen
war das Wort *vatan* in der Presse allgemein gebräuchlich; 1866

erschien es sogar im Namen einer neuen Zeitung: *Ajine-i Vatan,* »Spiegel des Vaterlandes«.[2]

In Ägypten kam das Auftauchen patriotischer Ideen etwas später als in der Türkei und war in hohem Maße das Werk von Scheich Rifaa Rafi at-Tahtawi. Während seines Aufenthalts in Paris von 1826 bis 1831 muß er die Bedeutung des Patriotismus im französischen Leben erkannt haben, wenn er sich auch in seinem Buch über Frankreich wenig dazu äußert. Seine patriotischen Schriften kamen einige Jahre später und erfreuten sich offizieller Unterstützung. 1855 veröffentlichte er eine »ägyptische patriotische Ode« *(kasida watanijja misrijja)* zum Lob des neuen Herrschers Said Pascha und im selben Jahr eine Sammlung von »ägyptischen patriotischen Gedichten« *(manzumat watanijja misrijja),* inspiriert von den Heldentaten des ägyptischen Truppenkontingents, das den Türken im Krimkrieg beistand. Eine andere patriotische Ode feierte acht Jahre später den Regierungsantritt Ismails, und weitere *watanijjat* (patriotische Gedichte) erschienen 1868 nach der Heimkehr des ägyptischen, übrigens rein schwarzen Bataillons aus Mexiko, wo es einen Teil der Expeditionsstreitkräfte Napoleons III. gebildet hatte.

Scheich Rifaas patriotische Gedichte singen, mitunter in schlichten, martialischen Versen, das Lob Ägyptens, des ägyptischen Soldaten und seiner Armee und der Chediwendynastie. In seinen Prosawerken entwickelt er seine patriotischen Anschauungen ausführlicher und führt dazu den Hadith an, »Vaterlandsliebe gehört zum Glauben«, und andere Überlieferungen. Der Patriotismus ist für Scheich Rifaa das Band, das die Gesellschaftsordnung zusammenhält; ihn der Jugend einzupflanzen ist eine der Hauptaufgaben der Erziehung. Sein Patriotismus ist klar und deutlich ägyptisch. Er ist nicht arabisch, denn er schließt die anderen arabischsprachigen oder muslimischen Länder nicht ein, dafür aber die alten Ägypter der vorislamischen Zeit und sogar die nichtmuslimischen Bewohner Ägyptens seiner eigenen Zeit. Schon 1838 hatte Scheich Rifaa die erste arabische Übersetzung eines europäischen Geschichtswerkes über das pharaonische Ägypten vorgelegt. 1868 ver-

suchte er sich selbst an einer Geschichte Ägyptens vom Altertum
bis zur arabischen Eroberung, hörte also dort auf, wo alle älteren
arabischen Geschichtswerke über Ägypten angefangen hatten.
Seine späteren Schriften sind erfüllt vom Stolz auf die Herrlichkeiten des alten Ägypten und von einer tiefen Liebe zu seinem
Land, in dem er eine lebendige, zusammenhängende Einheit von
der Zeit der Pharaonen bis zu seiner eigenen erblickt. Das war
eine neue und radikale Auffassung in der muslimischen Welt, und
es dauerte lange, bis in einem anderen muslimischen Land etwas
Entsprechendes auftrat.

Scheich Rifaas Patriotismus wurde von den Chediwen unterstützt und gefördert, die in dem Aufkommen einer deutlich ägyptischen politischen Mentalität und Loyalität eine Stütze ihrer eigenen dynastischen und separatistischen Bestrebungen sahen.
Mitglieder der chediwischen Familie gaben aus anderen Gründen
auch einem Patriotismus anderer Art Rückendeckung, dem der
türkischen Gruppe liberaler Patrioten, die sich die Jungosmanen
nannten.

Die fünfziger und sechziger Jahre des 19. Jahrhunderts brachten wichtige Entwicklungen. Der Krieg hatte den leidenschaftlichen Wunsch nach Nachrichten und Erklärungen entfacht; der
Telegraph und die Presse lieferten sie. Die Strapazen des Krim-
krieges und das Beispiel der westlichen Verbündeten der Türkei
stachelten das Wachstum des Patriotismus an, der in den neuen
und vielgelesenen Zeitungen und Zeitschriften Ausdruck fand. Die
jungosmanische Gruppe, die sich 1865 bildete, um für ein liberales politisches Regime im Reich zu kämpfen, gründete sich von Anfang an auf ein patriotisches wie auch ein liberales Programm.

Namik Kemal, der geistige Führer der Gruppe, verfaßte ein-
dringliche Prosaschriften und Gedichte über den Patriotismus –
über die Größe seines Landes und die Loyalität, die seine Bürger
ihm schuldeten. Der erste Leitartikel in der ersten Nummer der
Zeitschrift *Hürrijet* (Freiheit), die 1868 von den Liberalen im Londoner Exil herausgebracht wurde, ist überschrieben mit *Hubb al-
watan min al-iman* (Vaterlandsliebe gehört zum Glauben), ein

Hadith, der jetzt unter den neuen Patrioten populär wurde. Das gleiche Thema wird in einer Reihe von Artikeln behandelt und ausgeführt, die sowohl während seines Aufenthalts in Europa als auch nach seiner Rückkehr in die Türkei 1870 erschienen. Kemal mußte 1873 wieder ins Exil gehen – wegen der allzu enthusiastischen Reaktion auf sein glühend patriotisches Theaterstück *Vatan yahut Silistria* (Vaterland oder Silistria), das eine Episode aus dem Krimkrieg verherrlicht.

Der Gegenstand von Namik Kemals Patriotismus ist das Osmanische Reich – sein Herrscher, sein Territorium, seine Völker. Das Wort »Türke« taucht in seinen Schriften selten auf und dann als Synonym für den osmanischen Muslim. Das Wort »Osmane« ist in seinem Gebrauch und dem seiner Zeitgenossen häufig auf Muslime begrenzt, aber zu anderen Zeiten bezieht es sich auf sämtliche Untertanen des Sultans, ungeachtet der Religion oder Volkszugehörigkeit, die in einem einzigen Treuebund vereint werden sollen. Kemals Begriffe von Nation und Vaterland sind wirr, oft widersprüchlich, und wechseln im Laufe seines Lebens. Sie sind überschattet von seiner unbedingten Glaubenstreue. Obwohl er die Begriffe »Vaterland« und »Patriot« verwendet und seine nichtmuslimischen Mitbürger anzusprechen sucht, ist das Gemeinwesen, dem er dient, letztlich islamisch. Dies sieht man am deutlichsten in seinen vielen historischen Schriften und Anspielungen. Er interessiert sich nicht für die Geschichte der Türkei vor dem Einzug der muslimischen Türken; er interessiert sich genausowenig für die Geschichte der Türken vor ihrer Bekehrung zum Islam. Kemals *vatan* war in der Vergangenheit von arabischen Kalifen ebenso wie von türkischen Sultanen regiert worden, und zu seinen Söhnen gehören arabische und persische Weise ebenso wie türkische Helden. Nichts an Kemals Patriotismus gleicht dem klaren Gefühl der Identität und Kontinuität Ägyptens und der Ägypter, das sich in den Schriften Scheich Rifaas ausdrückt. Kemal war ein Kritiker und nicht ein Sprecher des Regimes, mehr ein Journalist als ein Lehrer, aber immer noch ein Mitglied der herrschenden Gruppe eines Reiches. Die Ungereimtheiten seiner

Ideen sind vielleicht ein Maßstab ihrer Relevanz und ihrer Realitätshaltigkeit in einer Zeit großer Veränderungen, die immer noch nicht völlig verstanden sind.

In einigen seiner Aufsätze will Kemal seinen Lesern die Angst vor den Gefahren des Separatismus unter den vielen Völkern und Rassen des Reiches nehmen. Es stimmt, sagt er, daß die Bevölkerung des Reiches sehr mannigfaltig ist. Die verschiedenen Völker sind jedoch so gründlich gemischt, daß keines von ihnen in einer Region stark genug ist, um einen lebensfähigen separaten Staat zu gründen oder sich einem bestehenden anzuschließen. Die einzige Ausnahme sind die arabischen Provinzen, die von einem viele Millionen zählenden Volk bewohnt sind, das eine andere Sprache spricht und sich einer anderen Rasse zugehörig fühlt. Sie seien jedoch Muslime, »durch islamische Bruderschaft und Treue zum Kalifat an uns gebunden«3, und würden sich daher nicht im Namen des Arabismus oder ähnlicher Ziele abspalten.

Kemal irrte sich in beiden Punkten, allerdings lag der Beweis seines Irrtums noch in ferner Zukunft. Fürs erste blieben die arabischen Provinzen in der Tat durch islamische Bruderschaft und dynastische Loyalität gebunden, die ihnen viel mehr bedeuteten als die neumodische Erfindung eines osmanischen Patriotismus. Eine Ausnahme war die christliche arabische Elite Beiruts wie des Libanon überhaupt, wo patriotische Ideen einen gewissen Anklang fanden. Als Christen waren ihre Mitglieder offener für europäische Ideen. Aber anders als die armenisch- und griechischsprachigen Christen Anatoliens und Rumeliens hatten sie dieselbe Sprache und Kultur wie ihre muslimischen Nachbarn und keine Erinnerungen an eine eigenständige nationale Identität. Etliche Male, zuletzt 1860, hatten sie schwer unter religiöser Verfolgung zu leiden gehabt. Sie hatten daher allen Anlaß, eine patriotische Bindung einer religiösen vorzuziehen. Wenn Sprache, Kultur, Wohnsitz und Staatsbürgerschaft Identitätskriterien werden sollten, dann durften die christlichen Araber hoffen, daß ihre Erfüllung der ersten drei ihnen das Recht auf das vierte geben würde und somit die uneingeschränkte Zugehörigkeit erster Klasse, deren sie im islamischen Reich entbehrten. Schon im Jahre 1860 gründete Butrus al-Bustani eine Schule namens al-Madrasa al-watanijja und richtete seine Aufrufe zu Solidarität und Loyalität an seine muslimischen und christlichen Landsleute. 1870 benutzte er die Formel »Vaterlandsliebe gehört zum Glauben« als Motto seiner vierzehntägig erscheinenden Zeitschrift *Al-Dschinan*. Bustani schreibt als treuer osmanischer Untertan, aber wenn er von *watan* spricht, meint er Syrien, eine Provinz, nicht das ganze Reich. Einige maronitische Christen, aufgebracht über muslimische Verfolgungen und getragen von Erinnerungen an die libanesische Autonomie, dachten sogar an einen antiosmanischen libanesischen Patriotismus, ähnlich den Bewegungen der Griechen und Serben. Dies waren zu der Zeit die einzigen Regungen von Unbotmäßigkeit in den arabischen Provinzen, die ansonsten dem islamischen Osmanischen Reich die Treue hielten.

Ägypten war somit das einzige Land, in dem ein territorialer, nicht konfessioneller Patriotismus in einem muslimischen Volk Anhänger fand. Es hatte viele Vorteile: ein historisch wie geographisch auffallend klar abgegrenztes Gebiet; eine vitale regierende Dynastie, die fest entschlossen war, die territoriale Unabhängigkeit zu erkämpfen; und eine glorreiche antike Vergangenheit – die erste, die wiederentdeckt wurde, und in vieler Hinsicht die großartigste – als Quelle patriotischen Stolzes. 1882 bekam das patriotische Empfinden einen neuen und mächtigen Auftrieb – durch die britische Besetzung. Schon vor der Ankunft der Briten hatte sich die wachsende Fremdenfeindlichkeit Ausdruck verschafft in der berühmten Losung »Ägypten den Ägyptern«, die von dem christlichen Journalisten Selim Nakkasch aufgebracht, dem jüdischen Pamphletisten Abu Naddara popularisiert und dem muslimischen Soldaten Urabi Pascha in die Tat umgesetzt wurde. In den siebziger Jahren des vorigen Jahrhunderts hatten verschiedene Entwicklungen wachsenden Unmut und verbesserte Möglichkeiten, ihn zu artikulieren, gezeigt. Einerseits gab es einen flachen Nil, eine schwache und verschwenderische Regierung und wachsenden ausländischen Einfluß, andererseits eine expandierende

Presse, bessere Schulbildung und einen Zustrom von Schriftstellern und Intellektuellen aus den unfreien Gebieten des islamischen Asien – allen voran der panislamische Führer Dschamal ad-Din al-Afghani und eine Anzahl von überwiegend christlichen Journalisten aus dem osmanischen Syrien. 1879 gründete eine Gruppe von Ägyptern die Hisb al-watani, was gewöhnlich mit »Nationale Partei« übersetzt wird, obwohl »Patriotische Partei« vielleicht zutreffender wäre. Auf sie folgte nach der britischen Okkupation eine ganze Reihe anderer Gesellschaften, Vereinigungen und Parteien, in denen sich, unterschiedlich in Maß und Art, die Opposition gegen die Fremdherrschaft formierte. Die wichtigste Kraft war die Nationale Partei unter der Führung von Mustafa Kamil, dem politischen und geistigen Führer des ägyptischen Widerstands am Ende des 19. und Anfang des 20. Jahrhunderts.

Es wäre ein Fehler, alle diese Kräfte als rein patriotische nationale Befreiungsbewegungen zu betrachten. Das Element der muslimischen Identität und Loyalität war nach wie vor sehr stark; es wurde damals genährt von einer Strömung der islamischen Modernisierung und Erneuerung und schuf sich mitunter ein Ventil in Feindseligkeiten und Mißtrauenskundgebungen gegen Nichtmuslime. Die Widerstandsbewegungen waren jedoch im Kern ägyptisch und verfolgten ägyptische Ziele. Sie waren nicht antiimperialistisch, lediglich antibritisch, da Großbritannien die Besatzungsmacht in Ägypten war. Mustafa Kamils profranzösische Haltung wurde in keiner Weise durch das französische Vorgehen in Nordafrika beeinträchtigt, so wie sich einige Jahrzehnte früher Scheich Rifaa nicht an der französischen Eroberung Algeriens gestört hatte, die anfing, als er sich noch in Paris aufhielt. Sie waren auch keine arabischen Nationalisten. Für Mustafa Kamil und seine Zeitgenossen war die Größe des mittelalterlichen Kalifats etwas, woran seine Vorfahren Anteil gehabt hatten und worauf sie mit stolz sein durften. Es war jedoch eine tote, klassische Vergangenheit, die ihnen viel blasser erschien als die neuentdeckten Herrlichkeiten des pharaonischen Ägypten. Die Araber Asiens waren

Ausländer, Vettern eher als Brüder, und ägyptische Schriftsteller wie Abdallah Nadim und Mustafa Kamil griffen zeitweise die in Ägypten ansässigen Syrer an, die sie *duchala* nannten, Eindringlinge. Insofern ihre Sache Teil einer größeren war, war das immer noch die des Islam. Urabis Bewegung war weniger gegen Ausländer gerichtet gewesen als gegen die türkisch-tscherkessischen Elemente, die in der Armee das Kommando hatten, sowie gegen die Aristokratie und den Hof. Unter der britischen Besatzung war diese Spaltung nicht mehr so wichtig. Mustafa Kamil beschuldigte die Urabisten des »Völkerhasses« und meinte, die seit langem in Ägypten seßhaften Türken und Tscherkessen müßten als ägyptisierte Mitbürger und Teil der Nation angesehen werden.

Selbst in Ägypten besaß der Patriotismus westeuropäischer Prägung nur eine begrenzte Anziehungskraft und wurde durch ältere und tiefere Loyalitäten stark modifiziert. Noch weniger Anziehungskraft hatte er im Iran und im Osmanischen Reich, beide beherrscht von alteingesessenen Dynastien, die von der traditionellen islamischen Loyalität getragen wurden. Der Iran wurde von einem Volk mit einer langen und ruhmreichen Geschichte bewohnt, das sich von seinen Nachbarn durch die Sprache und die schiitische Religion deutlich absetzte. Doch trotz der Anfänge einer patriotischen Bewegung in der Literatur und einem erwachenden Interesse an den Herrlichkeiten des alten Iran schien sich die Mehrheit der Perser eine primär islamische, wenn auch schiitische Identität und Loyalität bewahrt zu haben und sprach von den »Ländern des Islam« als ihrem Vaterland. In der Mischbevölkerung des Osmanischen Reiches hatte der Patriotismus – das heißt der osmanische Patriotismus – eine noch geringere Erfolgschance. Im ganzen Nahen Osten fehlten die wesentlichen Voraussetzungen für einen Staat und eine Loyalität nach westeuropäischem Vorbild. Es gab nichts, was sich mit der rechtlichen und territorialen Nationalität Großbritanniens und der Schweiz mit ihren langen Traditionen geordneter Freiheit und gemeinschaftlicher Identität vergleichen konnte oder mit dem politischen und zentralistischen Patriotismus Frankreichs, der auf einer althergеbrachten Einheit von Staat, Land, Sprache und Kultur beruhte und seit der Zeit der Revolution von neuen und leidenschaftlichen freiheitlichen Idealen durchdrungen war. Bei dem Völkerwirrwarr, politischen Quietismus und religiösen Kollektivismus des Nahen Ostens schien wenig Aussicht auf die Herausbildung der einen oder des anderen zu bestehen.

Der unerschöpflich fruchtbare Kontinent Europa hatte jedoch seinen Nachahmern und Schülern in anderen Ländern mehr als nur ein Vorbild zu bieten. In Mittel- und Osteuropa gab es in der ersten Hälfte des 19. Jahrhunderts keine klar umrissenen und altbewährten Nationalstaaten wie England, Frankreich oder Spanien. Statt dessen gab es Nationen und Völker, die in vielsprachigen dynastischen Reichen untergingen, in kleine Fürstentümer zersplittert waren oder unter Fremdherrschaft standen. Es gab Deutsche, aber kein Deutschland, Polen, aber kein Land der Polen, Italiener, aber kein Italien, Ungarn, aber nur den Schatten eines Ungarlandes. Bei diesen Völkern fand der Patriotismus westeuropäischer Art wenig Anklang, denn er konnte sie nur an dynastische oder ausländische Herren fesseln und Trennungen verewigen, die unerträglich wurden. Ihre tiefste Loyalität galt nicht dem Staat oder dem Land, sondern dem Volk, der Nation, und äußerte sich nicht im Patriotismus, sondern im Nationalismus. Das Problem wurde von L. B. Namier mit charakteristischer Schärfe und Klarheit so formuliert:

> Hier war es nicht der Staat, der eine Nation formte, sondern eine schon bestehende Nation, die einen Staat forderte. Der deutsche Begriff der Nation ist sprachlich und »rassisch«, nicht politisch und territorial. ... Die höchsten Formen des Gemeinschaftslebens wurden zur Grundlage der westeuropäischen Nationalismen, der Mythos von der barbarischen Horde die des deutschen Nationalismus.[4]

»Der Mythos von der barbarischen Horde« ist ein plastischer Ausdruck, der sich im Arabischen mit einem Wort wiedergeben läßt: *kawmijja.*

Diesem Nationalismus ging es in erster Linie um Unabhängigkeit, Einheit und Macht und nur sekundär, wenn überhaupt, um individuelle Freiheit. So schrieb Fürst Chlodwig zu Hohenlohe-Schillingsfürst 1847:

> Ein Grund der Unzufriedenheit ... ist die Nullität Deutschlands gegenüber den andern Staaten. ... Niemand wird leugnen, daß es ... ein trauriges Los ist, in der Fremde nicht sagen zu können: ich bin ein Deutscher, ... sondern sich sagen zu müssen: ich bin ein Kurhesse, ein Darmstädter, ein Bückeburger, mein Vaterland war einmal ein großes, mächtiges Land, jetzt ist es zersplittert in achtunddreißig Lappen.[5]

Die meisten Anhänger des Panarabismus hätten das Gefühl, aus dem diese Bemerkung kam, erkannt und geteilt, und die meisten wären wahrscheinlich auch bereit gewesen, das Wort des deutschen Liberalen Bassermann von 1849 zu unterschreiben:

> Wenn ich wüßte, daß die Einheit und künftige Größe Deutschlands durch einen zeitweiligen Verzicht auf sämtliche Freiheitsrechte zu erreichen wäre, würde ich mich als erster einer solchen Diktatur beugen.[6]

Ein solcher Nationalismus – romantisch, subjektiv, oft unliberal und chauvinistisch, voll Verachtung gegen rechtliche Verpflichtungen und Desinteresse an persönlicher Freiheit – entsprach vielmehr den Zuständen in den zusammenbrechenden Staatswesen des Nahen Ostens. Er sprach auch die viel älteren und tieferen Instinkte von Stammesidentität, Stammesloyalität und Stammesstolz an. Mit der Zeit stieß dieser neue ethnische Nationalismus bei den nahöstlichen Völkern auf einen ungeheuren Widerhall. Wie in seinen Ursprungsländern weckte er leidenschaftliche Vaterlandsgefühle und gab Anstoß zu großen Anstrengungen und Leistungen. Aber er führte auch zum erneuten Verlust – man möchte fast sagen, zur Preisgabe und Ablehnung – der politischen Freiheit.

Der neue ethnische Nationalismus kam über verschiedene Kanäle aus Mittel- und Osteuropa. Die ersten Vermittler waren wahrscheinlich die ungarischen und polnischen Flüchtlinge, die nach der erfolglosen Revolution von 1848 in die Türkei gingen. Mehrere von ihnen blieben auf Dauer, traten zum Islam über und bekleideten wichtige Ämter im osmanischen Militär. Einer von ihnen war Graf Constantine Borzęcki, später Mustafa Dschelaleddin Pascha, der 1869 in Istanbul auf französisch ein Buch mit dem Titel *Les Turcs anciens et modernes* veröffentlichte. Der Hauptteil des Buches besteht aus einem Bericht und Empfehlungen an den Sultan, betreffend die aktuellen Probleme des Reiches. Es gibt auch einen historischen Abschnitt, unter anderem mit einem Abriß der Frühgeschichte der türkischen Völker auf der Grundlage europäischer orientalistischer Publikationen, in dem deren positive und schöpferische Rolle groß herausgestrichen wird. Borzęcki ist bemüht zu beweisen, daß die Türken ein weißer, mit den Völkern Europas verwandter Volksstamm sind und zur »turo-arischen« Rasse gehören, wie er sie nennt.

Graf Borzęckis Transposition des polnischen Nationalismus in türkische Tonart wurde fundiert mit Anleihen aus den Werken der europäischen Turkologie. Kenntnisse von den Ergebnissen dieses Zweigs der Orientalistik drangen über verschiedene Kanäle zu den Türken und hatten erhebliche Auswirkungen auf ihr Bild von ihrer nationalen Identität und ihrem Platz in der Geschichte. Mehr noch als die Perser oder Araber hatten die Türken ihre vorislamische Vergangenheit vergessen und ihre ganze Identität in den Islam gelegt. Die Turkologen halfen ihnen – zumeist zufällig und ungewollt –, sich diese Vergangenheit wieder anzueignen und eine neue Bewegung ins Leben zu rufen, die später den Namen Pantürkismus erhalten sollte. Ihre Hauptbasis hatte sie anfänglich nicht unter den Türken der Türkei, sondern unter den reichstürkischen Völkern Rußlands, die vage und unrichtig mit dem Sammelnamen Tataren belegt wurden. Diese hatten in ihrer Haltung gegenüber Rußland ungefähr die gleichen Phasen und Stimmungen durchlaufen wie die Muslime in Indien und Ägypten gegenüber Großbritannien: trotzige Verschlossenheit, Öffnung und Reform, Widerstand und Ablehnung. An den Schulen und Universitäten Rußlands hatten tatarische Intellektuelle die alte Geschichte und Literatur ihres Volkes studiert und ein Gefühl des Stolzes und der Eigenständigkeit gewonnen; sie hatten auch den mystischen panslawischen Nationalismus ihrer Herren kennengelernt und dagegen ihren eigenen Pantürkismus aufgeboten.

Tatarische Exilanten und Emigranten aus dem Russischen Reich brachten diese Ideen in die Türkei. Zuerst war die Reaktion seitens der osmanischen Türken kühl, denn diese sahen keinen Grund, eine Anschauung zu übernehmen, die das Vielvölkerreich, über das sie herrschten, zerrütten würde. Der große türkische Dichter Mehmet Akif wetterte besonders heftig gegen den ethnischen Nationalismus, den er als von Grund auf unpatriotisch und irreligiös ansah. Aber die Zeiten wandelten sich. Der Verlust einer Provinz im osmanischen Europa nach der anderen an unabhängige Nationalstaaten schmälerte die Geltung und letztlich den Sinn des osmanischen Reichsgedankens; der Abfall der nichttürkischen Völker steigerte die relative und absolute Bedeutung des anatolischen türkischen Kerngebietes, das dem Reich verblieb. Der Gedanke, eine neue Grundlage der Identität zu suchen, fand zusehends Anklang – nicht das zerfallende, vielsprachige Reich der Osmanen, sondern eine neue Einheit auf der Grundlage der mächtigen und zahlreichen türkischen Völkerschaften, deren Verbreitungsgebiet von der Ägäis durch ganz Asien bis zum Chinesischen Meer reichte.

Diese Ideen wurden unter Abdülhamid unterdrückt. Sie kamen nach der Revolution von 1908 zum Ausbruch und gewannen eine beträchtliche Anhängerschaft unter den Jungtürken. Wie die Ägypter begannen auch die Türken, Kraftquellen in der Vergangenheit zu suchen, aber es war die Vergangenheit der Türken, nicht der Türkei, die sie interessierte. Die historische Forschung wurde über die Islamisierung der Türken hinaus nach hinten ausgedehnt auf die alte Geschichte der Turkvölker in ihren zentral- und ostasiatischen Heimatländern. Es bestand nach wie vor kein Interesse an

der vortürkischen Geschichte der Türkei – an Byzanz oder Troja
oder den antiken Staaten Kleinasiens. Das kam erst eine Generation später. Der Türkismus ist somit eine Form des Nationalismus, nicht des
Patriotismus. Sein Gegenstand war nicht das amorphe Osmanische
Reich oder der entkräftete osmanische Staat, sondern die lebendige türkische Völkerfamilie, die zum Großteil außerhalb der Grenzen der Türkei lebte,»des letzten unabhängigen Teils der türkischen Welt«, wie ein Pantürkist sie einmal nannte. 1914 nahm
die Türkei mit zwei mächtigen Verbündeten den Krieg gegen Rußland auf, die Imperialmacht, die über den größten Teil der türkischen Länder und Völker herrschte. Zum erstenmal schien
tatsächlich die Möglichkeit zu bestehen, den pantürkischen Traum
zu verwirklichen. Mit den Worten des Dichters und Soziologen Sija
Gökalp:

> Das Land des Feindes soll verwüstet werden
> Es werde die Türkei vergrößert zu Turan[7]

Nach einer Zeit der Entmutigung durch die Niederlagen der osma-
nischen Heere im Feld flammte nach 1917 die Hoffnung wieder
auf, als mit dem Ausbruch der Revolution und des Bürgerkriegs in
Rußland und dem Zusammenbruch der russischen Herrschaft in
Zentralasien und Transkaukasien der Zeitpunkt der türkischen
Befreiung und Einheit ganz nahe zu rücken schien. Die Führer der
türkischen Republik, die aus den Trümmern des Osmanischen
Reiches erstand, vermieden solche Verwicklungen und traten solchen Bestrebungen entgegen, um sich lieber auf die gewaltige
Aufgabe des Wiederaufbaus ihrer ruinierten Heimat zu konzen-
trieren. Während des Zweiten Weltkriegs gab es ein kurzes Wiederaufleben der pantürkischen Propaganda. Sie ging hauptsächlich
auf nationalsozialistische Anstachelung und Unterstützung zurück
und sollte eine Waffe im deutschen Krieg gegen die Sowjetunion
darstellen. Aber außer bei ein paar rechtsradikalen Intellektuellen
fand sie wenig Anklang und verschwand nach der Niederlage

Nazideutschlands wieder. Der Zerfall der Sowjetunion und die Entstehung von fünf unabhängigen türkischen Republiken brachten das Thema wieder auf den Tisch und stellten neue Herausforderungen für den einzigen türkischen Staat dar, der seine Unabhängigkeit nie verloren hatte und von vielen als ein Vorbild der Modernisierung und der Demokratie angesehen wurde.

Einige Ägypter zeigten ein zunehmendes Interesse am Gedanken einer repräsentativen Regierung für die Nation, das durch die persischen und türkischen konstitutionellen Revolutionen weiter angeheizt wurde. Das Organ- und das Wahlgesetz von 1913 und die Verfassung von 1923 waren Stufen in der Entwicklung eines solchen Programms. Die Loyalität dieser Leute galt Ägypten, war patriotisch, nicht nationalistisch. Sie waren stolz auf ihre arabische Sprache und Kultur und auf ihren islamischen Glauben, aber lehnten Arabismus wie Islamismus als Bezugsrahmen ihrer Identität und Loyalität ab. Den Arabern Asiens – sofern sie sich nicht in Ägypten angesiedelt hatten – brachten sie ein wohlwollendes Interesse entgegen, das auf historischen und kulturellen Verbindungen, aber nicht auf politischer Gemeinschaft basierte. Ihre Haltung könnte man vergleichen mit der eines Amerikaners gegenüber England oder besser noch eines Mexikaners im stolzen Bewußtsein seiner aztekischen Vergangenheit gegenüber Spanien. Mustafa Kamil ging sogar so weit, die ersten Regungen des Panarabismus als britische Verschwörung gegen das Osmanische Reich und das Kalifat zu verurteilen.

Dieser säkulare, liberale Patriotismus rekrutierte seine Führer und Sprecher hauptsächlich aus der neuen akademischen und halbakademischen Schicht von Juristen, Beamten, Lehrern und Journalisten. Sie waren aufgrund ihrer Bildung und ihrer Funktion von allen Elementen in der ägyptischen Gesellschaft am wenigsten traditionell und am meisten verwestlicht. Aus genau diesem Grund blieben sie von der Mehrheit der ägyptischen Massen isoliert, für deren Unmut sie eine Zeitlang ein Ventil und ein Instrument lieferten, aber denen ihre Bestrebungen und ihre Ideologien fremd und bedeutungslos waren. Sie scheiterten katastrophal und endgültig, als ihre Forderung nach nationaler Souveränität und konstitutioneller Regierung erfüllt wurde und damit die Irrelevanz dieses Programms für die ägyptischen Verhältnisse und seine Unzulänglichkeit für ägyptische Bedürfnisse zutage trat. Der liberale, säkulare Patriotismus siechte dahin, bis er in den bitteren Kämpfen der vierziger Jahre starb. Sein Leichnam wurde am 26. Januar 1952 eingeäschert – am Schwarzen Samstag, als der Mob im Zentrum von Kairo Feuer legte und einige Gebäude, eine Gesellschaft und ein Regime zerstörte. Unter denen, die damals Anspruch auf das Erbe erhoben, ragten zwei Kräfte heraus: der neue Panislamismus der Muslimbruderschaft und der ethnische Nationalismus der Panaraber, der von Asien herüberdrang.

Einige der überschwenglicheren Vertreter des modernen arabischen Nationalismus haben verschiedentlich ihre Ursprünge auf Muhammad Ali, auf Saladin, auf den Kalifen Umar und auf König Hammurabi von Akkad zurückgeführt. Ohne solchen Phantasien zuviel Bedeutung beizumessen, muß man sagen, daß das arabische Gefühl eigenständiger Identität sehr alt und tiefverwurzelt ist. In vorislamischer und frühislamischer Zeit hatten die Araber ein starkes ethnisches und aristokratisches Selbstempfinden, das im kosmopolitischen islamischen Reich einem kulturellen Selbstbewußtsein wich, das auf dem gemeinsamen Besitz des Arabischen, der heiligen Sprache des Koran, beruhte. Der Philologe ath-Thaalibi (gest. 1038) drückte es so aus:

> Wer den Propheten liebt, liebt die Araber, und wer die Araber liebt, liebt die arabische Sprache, in der das beste aller Bücher offenbart wurde ... ein jeder, den Gott zum Islam geleitet hat, ... glaubt, daß Muhammad der beste aller Propheten ist, ... daß die Araber das beste aller Völker sind ... und daß Arabisch die beste aller Sprachen ist.[8]

Der berechtigte Stolz der Araber auf ihre großartige Sprache und auf die reiche und prächtige Literatur, die sie verwahrt, meldete sich im Laufe der Jahrhunderte häufig zu Wort. Der Arabismus als politische Bewegung jedoch – als die Anschauung, alle Arabischsprechenden bildeten eine Nation mit nationalen Rechten und Zielen – stammt erst aus dem späten 19. Jahrhundert, und er war lange auf kleine und nicht repräsentative Gruppen beschränkt, die zumeist Christen waren. Die überwältigende Mehrheit der Araber blieb dem Osmanischen Reich bis zu seinem Untergang treu. Die Araber waren muslimische Untertanen eines muslimischen Reiches. Eine breite nationale Bewegung, wie sie die christlichen Serben und Griechen zur Revolution und zur Freiheit trieb, konnte unter ihnen nicht aufkommen. Die kleinen Gruppen von Intellektuellen, die eine arabische Wiedergeburt predigten, fanden wenig Anklang; selbst der von den Briten geförderte Aufstand in Arabien hatte weder eine solche Breitenwirkung noch ein solches sicheres Zielbewußtsein, wie es die offizielle Legende weismachen will.

Es gab jedoch einige, mehr für die Zukunft als für ihre Zeitgenossen bedeutsame Persönlichkeiten, die angefangen hatten, an eine arabische nationale Erneuerung zu denken. Wie der Panslawismus im Russischen Reich ein pantürkisches Echo bei den reichstürkischen Völkern geweckt hatte, so trug der vom Russischen ins Osmanische Reich verpflanzte Pantürkismus zur Entstehung eines arabischen Nationalgefühls bei denjenigen Osmanen bei, die Muslime waren, aber keine Türken. Der politische Arabismus kam um die Jahrhundertwende auf und wurde hauptsächlich von Syrern getragen, ganz besonders von syrischen Emigranten im chediwischen Ägypten wie Abd ar-Rahman al-Kawakibi (1849–1902) und Muhammad Raschid Rida (1865–1935). Al-Kawakibi scheint der erste gewesen zu sein, der offen gegen die Türken und den osmanischen Sultan auftrat und einen arabischen Staat mit einem arabischen Kalifen forderte.

Nach 1918 richtete sich der arabische Unmut gegen weniger problematische und lohnendere Feinde: nicht gegen die Türken und ihren Kalifen, sondern gegen Imperialismus und Zionismus, leicht zu identifizieren mit den älteren und bekannteren Gruppen der Christen und der Juden. Ihrer alten religiösen und dynastischen Loyalitäten beraubt, in künstlichen, von den Eroberern

geschaffenen politischen Gebilden lebend, der Herrschaft von
Fremden und Ungläubigen unterworfen, konnten die Araber im
Patriotismus wenig Befriedigung finden und zeigten zu der Zeit
wenig Interesse an einem Liberalismus oder Sozialismus, wie er
in Indien und Südostasien gedieh. Statt dessen wandten sie sich
einem ethnischen Nationalismus mitteleuropäischer Prägung zu,
der in den dreißiger Jahren neue Kraft aus seiner mitteleuropäi-
schen Quelle zog. Zunächst hielten sich die Ägypter von dieser
Bewegung fern und wurden für ihren »Pharaonismus« verspottet.
Unter dem Militärregime dann liefen auch die Ägypter zum Arabismus über, und zwar so gründlich, daß selbst der Name Ägypten
eine Zeitlang von der Landkarte getilgt wurde, was keiner der
vielen ausländischen Invasoren und Unterdrücker Ägyptens je
fertiggebracht hatte.

Das Wort, mit dem der Gedanke des ethnischen Nationalismus
ausgedrückt wird, lautet *kawmijja*, ein Abstraktum, gebildet aus
kawm, das im klassischen Arabisch Leute, Anhänger, Gruppe oder
Stamm bedeutet, insbesondere die Gruppe der Verwandten, die
zur gegenseitigen Unterstützung verpflichtet sind. In diesem letzteren Sinne wird das Wort für die nordafrikanischen Stammes-
kampfverbände gebraucht – im dortigen Dialekt *gaum* ausgesprochen. Wie *watan* ist *kawmijja* arabischer Herkunft, aber wurde in
seinem modernen politischen Sinn erstmals im Türkischen gebraucht, der ersten muslimischen Sprache, die neue Wörter für
neue, westliche Ideen brauchte und prägte. In seiner türkischen
Form *kavmijet* erscheint das Wort in den Schriften der Jungosmanen als Bezeichnung ethnischer und lokaler – eigentlich tribaler
– Nationalitäten oder Nationalismen, die im Konflikt mit den umfassenderen Loyalitäten des osmanischen Sultanats und des Islam
stehen. So kritisierte Ali Suavi 1870 einen verworrenen halboffizi-
ellen osmanischen Vorschlag, die Hohe Pforte möge sich, wie Italien und Preußen, die Sache der Nationalität *(kavmijet)* zu eigen
machen und alle Muslime vereinigen. Ali Suavi wies ganz zu Recht
darauf hin, daß Nationalität in Europa etwas völlig anderes bedeutete. »Bei uns gibt es kein Nationalitätenproblem. Nationa-

litätenprobleme wären unser Untergang. Die Vereinigung aller Muslime kann höchstens eine Sache der Religion sein, nicht der Nationalität.«[9] Zwei Jahre später schrieb Namik Kemal einen eindringlichen Aufruf zu Harmonie und Einigkeit zwischen den verschiedenen Völkern *(kavim)*, die das Osmanische Reich bildeten, in gemeinsamer patriotischer Liebe zu ihrem osmanischen *vatan*. Er erklärte kategorisch, Rasse und Religion seien gegenüber den Grundgegebenheiten des Vaterlandes und der Staatsbürgerschaft sekundär und könnten am besten durch die Loyalität gegenüber dem liberalen und toleranten osmanischen Staat gewahrt werden, nicht durch das Auseinanderbrechen in verfeindete und lebensuntüchtige Volkssplitter.[10]

Namik Kemals Hauptsorge waren natürlich die christlichen Balkanvölker und nicht die Türken selbst, die noch weit davon entfernt waren, sich eigenständig als Volk oder Nation zu begreifen. Sein Appell war vergebens. Der Nationalismus breitete sich unter den osmanischen Christen rasch aus und wurde von ihnen an die Muslime weitergegeben – an die Albaner, Araber und sogar die Türken selbst. Der albanische nationale Aufstand von 1912 forderte den muslimischen patriotischen, antinationalistischen Dichter Mehmet Akif, der selbst albanischer Abstammung war, zu leidenschaftlichem Widerspruch heraus:

Eure Nationalität *[millijet]* war der Islam … was soll dieses Stammesdenken *[kavmijet]*?
Ist der Araber besser als der Türke, der Lase besser als der Tscherkesse oder Kurde,
Der Perser besser als der Chinese? Inwiefern?
Kann der Islam in Einzelteile zerbrochen werden? Was geschieht da?
Der Prophet selbst hat das Stammesdenken verflucht!

Der Türke kann nicht ohne den Araber leben. Wer das behauptet, ist verrückt.
Dem Araber ist der Türke sein rechtes Auge und seine rechte Hand.

Die Albaner mögen euch eine Warnung sein.
Was ist das für eine wirre Politik, eine üble Sache?

Vernehmt dies von mir, der ich selbst Albaner bin. ...
Ich sage nichts weiter – wehe dir, mein leidgeprüftes Land ...[11]

Mehmet Akif stritt für eine verlorene Sache. Er sah das später selbst
ein und ging nach einer kurzen Verbindung mit den Kemalisten
in Anatolien, in welcher Zeit er das Gedicht schrieb, das zur
Nationalhymne der türkischen Republik wurde, freiwillig nach
Kairo ins Exil. Die Idee des Nationalismus breitete sich aus, bis sie
zuletzt alle Völker des Nahen Ostens erfaßt hatte.

Im Iran, einem sprachlich, territorial und staatlich klar umrissenen Land, war die Gleichsetzung des Nationalismus mit
einem muslimischen Patriotismus ziemlich leicht. Die Iraner sind
fromme Muslime, aber sie sind auch Schiiten und unterscheiden
sich darin von fast allen ihren Nachbarn. Das ehemals sowjetische
Aserbaidschan ist ebenfalls schiitisch, doch es ist eine verlorene
Provinz des Iran. Der Irak hat eine schiitische Mehrheit, steht
aber seit Jahrhunderten unter sunnitischer Herrschaft. Der historische Charakter des modernen iranischen Staates, der Anfang
des 16. Jahrhunderts von der Dynastie der Safawiden gegründet
wurde, ist geformt worden von seinem Selbstverständnis als einer
Bastion des schiitischen Islam, umzingelt von feindlichen sunnitischen Mächten in den osmanischen Ländern, in Zentralasien und
in Indien.

Der Iran ist von seinen Nachbarn auch durch die Sprache getrennt. Abgesehen von Tadschikistan und Afghanistan, wo eine
Abart des Persischen namens Dari eine der beiden offiziellen Landessprachen ist, ist der Iran von Völkern umgeben, die Arabisch
sprechen und eine Reihe von türkischen und indischen Sprachen.
Selbst Afghanen und Tadschiken sind überwiegend Sunniten.

Unter diesen Umständen war es natürlich, daß sich ein starkes
Identitäts- und Loyalitätsgefühl auf der Grundlage des schiitischen
Glaubens, der persischen Sprache und Kultur und des alten und
geschichtsträchtigen Landes Iran entwickelte. Die relative Be-
deutung dieser Faktoren und die miteinander konkurrierenden
Ansprüche der Volksgruppen, des Nationalismus und des Patrio-

tismus haben ein Hauptthema der inneriranischen Auseinandersetzungen in diesem Jahrhundert gebildet. Das Programm des Patriotismus, der auf das Land Iran gegründeten Identität, hat in neueren Jahrzehnten erheblichen Auftrieb erhalten durch die Restaurierung alter Denkmäler, die Wiederentdeckung und Übersetzung lange vergessener alter Schriften und die Erweiterung des persischen Stolzes und Selbstbewußtseins um eine neue Dimension. Dies wurde aus Gründen der Staatsraison vom Schah gefördert, der zwar den religiösen Aspekt nicht gänzlich vernachlässigte, aber seinem Volk das Bewußtsein einer iranischen Bestimmung einimpfen wollte: eines ewig unwandelbaren Iran, der alle Wechsel der Religion und Kultur überdauerte und sich nach jeder fremden Invasion wieder durchsetzte. Im Patriotismus nach Art des Schahs kam der zentralisierenden und führenden Rolle der Monarchie selbstverständlich eine ziemliche Bedeutung zu.

So gesehen unterschied sich die Invasion der islamischen Araber im 7. Jahrhundert nicht grundlegend von der früheren Eroberung durch Alexander oder der späteren Eroberung durch die Mongolen: alle zwangen dem Land eine fremde Herrschaft und Kultur auf. Dies war den religiösen Fundamentalisten natürlich ein Greuel, denn diese sahen in der islamischen Eroberung den gottgewollten Einzug des wahren Glaubens im Iran und prangerten den Kult des Altertums als Rückfall ins Heidentum an.

Im sowjetischen Nahen Osten nahm der Nationalismus eine wechselvollere Entwicklung. Nach der russischen Revolution tauchten in Zentralasien und Transkaukasien nationale Regimes unterschiedlicher politischer Couleur auf. Sie alle wurden von der Roten Armee besiegt, die damit die Oberhoheit Moskaus wiederherstellte. Danach galt der Nationalismus in jeder Form als Vergehen. Von Zeit zu Zeit erschienen Meldungen, daß wieder einmal Missetäter aufgespürt und bestraft worden seien. Der aufsehenerregendste Fall ereignete sich 1938, als Feisullah Chodschajew, Vorsitzender des Rates der Volkskommissare der Usbekischen Republik, und Akmal Ikramow, Erster Sekretär des Zentralkomitees der Usbekischen Kommunistischen Partei, als Nationalisten und britische Spione angeklagt und erschossen wurden. Die Verbindung dieser beiden Beschuldigungen, die weiter im Süden nur befremdet hätte, war im sowjetischen Nahen Osten lange gang und gäbe. Sowjetische Sprecher und ihre Schützlinge vor Ort verwandten beträchtliche Energie darauf, die drei Kardinalirrtümer des Pantürkismus, Paniranismus und Panislamismus zu verteufeln. Der erste hätte die türkischsprachigen Republiken miteinander und mit der Türkei verbunden; der zweite hätte ein Band zwischen den Menschen persischer Zunge in Tadschikistan und denen in Afghanistan und im Iran geknüpft; der dritte und in sowjetischen Augen der schlimmste hätte sämtliche muslimischen Völker der Sowjetunion mit der großen Welt des Islam jenseits der Grenze verbunden und sie gefährlichen und unkontrollierbaren Einflüssen ausgesetzt. Die Schwächung der sowjetischen Zentralgewalt und der schließliche Zerfall der Sowjetunion 1991 verschafften diesen Einflüssen freie Hand, und die sechs Republiken mit muslimischen Mehrheiten stehen jetzt vor großen Entscheidungen.

Eine andere Spielart des Nationalismus, in mancher Hinsicht auffallend verschieden von den muslimischen Arten, aber in anderer überraschend ähnlich, ist der jüdische Nationalismus, eines der Elemente, die zum Großwerden des politischen Zionismus beigetragen haben. Das kollektive Selbstbewußtsein der Juden ist, ähnlich dem der Araber, so alt wie ihre Existenz als Volk. Ähnlich dem der Araber hat es stammes-, volks- und kulturbezogene Phasen durchlaufen und schließlich seine charakteristischste und dauerhafteste Form in der Religion gefunden.

Der jüdische Nationalismus fing in Mittel- und Osteuropa an, wo die unemanzipierten, unintegrierten jüdischen Gemeinden ein Gebilde darstellten, das alle üblichen Kriterien einer Nation erfüllte außer zweien: Besitz einer nationalen Sprache und Besiedlung eines nationalen Territoriums. Die Bewegung zur Wiederbelebung des Hebräischen und die zionistische Bewegung arbeiteten darauf hin, diesen beiden Mängeln abzuhelfen. Ersatzsprachen wurden vorgeschlagen; die osteuropäischen Juden hatten im Grunde eine eigene Sprache – den heute als Jiddisch bezeichneten altfränkischen Dialekt –, die sie sich nach ihrer Auswanderung im Mittelalter aus deutschem in slawisches Gebiet bewahrt hatten und die sich zu einer reichen und bildhaften Sprache mit einer bemerkenswerten Literatur entwickelt hatte. Eine Zeitlang gelang es einem jiddischen kulturellen Nationalismus, vor allem seitens der Linken eine gewisse Unterstützung für den Gedanken einer säkularen jüdischen Volkskultur auf der Grundlage der Sprache der breiten Masse zu finden. Doch dieses Programm schaffte es genausowenig wie die sogenannte territorialistische Bewegung, die für eine nationale Heimat eintrat, aber sie an einem bequemeren und weniger beschwerlichen Ort als Palästina haben wollte, die jüdischen Massen zu gewinnen, denen diese Ideen unsinnig und belanglos vorkamen. Im frühen 19. Jahrhundert erfaßte die nationalistische Begeisterung der Deutschen, Ungarn und Polen auch ihre jüdischen Minderheiten, von denen viele als Deutsche, Ungarn und Polen für die deutsche, ungarische oder polnische Sachen eintraten, kämpften und starben. Aber ihr ethnischer und häufig chauvinistischer Nationalismus machte es diesen Völkern schwer, die Juden als Teil der Nation zu akzeptieren, und gegen Ende des 19. Jahrhunderts trat eine scharfe Spaltung unter den säkularisierten und national gesinnten Juden in Mittel- und Osteuropa ein zwischen denen, die weiter für die Anerkennung in der widerstrebenden Nation kämpften, und denen, die sich dem Ziel einer eigenständigen jüdischen Nation in ihrer eigenen Heimat zuwandten – mit einem Wort, dem Gedanken des Zionismus.

Für traditionelle gläubige Juden war der Nationalismus jeder Art gottlos. Für die Juden des demokratischen Westens stellte sich die Frage kaum und war der Zionismus weitgehend eine philanthropische Angelegenheit oder schien es jedenfalls zu sein. In Mittel- und Osteuropa hatten die modernisierten Juden angesichts einer unerträglichen Situation die Wahl zwischen zwei Lösungen: individuelles Aufgehen in der fremden Nation oder kollektives Aufgehen im eigenen Nationalgefühl. Der Aufstieg des militanten Antisemitismus beseitigte die erste Möglichkeit und steigerte die Breitenwirkung und Überzeugungskraft der zionistischen Propaganda ungemein.

Die Vernichtung der meisten Juden Kontinentaleuropas durch die Nazis und ihre Komplizen und die beschränkten Wahlmöglichkeiten, die sich den Überlebenden boten, ließen eine mächtige und letztlich unwiderstehliche Bewegung zur Schaffung einer jüdischen Heimat und eines jüdischen Staates entstehen. Die von Schuld und Mitleid bewegte christliche Welt bot wenig Widerstand und eine gewisse Unterstützung. Die Palästinenser und ihre Verbündeten, die sich in westlichen Augen während des Krieges durch ihre Sympathie für die Achse und die Feindschaft gegenüber den Alliierten diskreditiert hatten, scheiterten erst politisch und dann militärisch mit ihren Versuchen, die Errichtung dieses Staates zu verhindern. Der Versuch und sein Scheitern hatte tragische Konsequenzen für das palästinensische Volk.

In der brutalen Folgezeit des Zweiten Weltkrieges und im Zuge der Beseitigung alter Reiche und der Schaffung eines neuen wurden manche alten Grenzen neu gezogen, manche neuen Grenzen geschaffen und flohen viele Millionen Menschen aus ihrer Heimat in Osteuropa, Asien und Afrika oder wurden daraus vertrieben. Das Problem der palästinensischen Flüchtlinge war keineswegs das größte seiner Art, doch es erwies sich als das hartnäckigste und bitterste. Daß es den Palästinensern gelang, sich ihre Identität zu bewahren, ist um so bemerkenswerter, als es Palästina als eigenständiges politisches Gebilde unter diesem Namen nur dreißig Jahre lang gab, von der Errichtung bis zum Ende des britischen Mandats, und die Flüchtlinge zum größten Teil unter Völkern derselben Sprache, Religion und Kultur lebten. In allen arabischen Ländern außer Jordanien wurde den palästinensischen Flüchtlingen die Staatsbürgerschaft verweigert. Ihre Nachkommen blieben auch in der dritten und vierten Generation noch Fremde ohne politische Rechte, die jederzeit ausgewiesen werden konnten. Dies alles verschärfte das ohnehin schon heikle Problem der Beziehungen zwischen dem neuen jüdischen Staat und seinen arabischen Nachbarn noch mehr, und lange Zeit schien eine Lösung nicht im Bereich des Möglichen zu liegen.

In den Jahren 1948 und 1949 überstand der neugeborene jüdische Staat die erste Zerreißprobe durch einen Krieg nur knapp. Noch mehrere arabisch-israelische Kriege mußten ausgefochten werden, bevor 1979, über dreißig Jahre nach der Staatsgründung, mit der Unterzeichnung des israelisch-ägyptischen Friedensvertrages der erste große Schritt auf den Frieden zu unternommen wurde. In der Zwischenzeit wurde Israel trotz der Anomalien seiner außenpolitischen Beziehungen innenpolitisch mehr und mehr zu einem normalen Land und verwandelte sich der Zionismus, wenigstens für seine Bürger, nach und nach in einen israelischen Patriotismus.

Aber selbst heute, im modernen Nationalstaat Israel, kann ein Jude ein Agnostiker oder sogar ein Atheist sein und dennoch den Anforderungen genügen. Sobald er jedoch eine andere Religion annimmt, hört er auf, in einem für den Staat, das Gesetz und die überwältigende Mehrheit des Volkes akzeptablen Sinne ein Jude zu sein. Es kann sein, daß Israel sich mit der Zeit zu einer normalen säkularen Nation entwickelt – bis jetzt ist es jedenfalls keine. Am ehesten vergleichen läßt es sich vielleicht – bei allen großen und offensichtlichen Unterschieden – mit Pakistan, wo ebenfalls nach vielen Kämpfen, Umbrüchen und Trennungen der Versuch gemacht wird, eine neue, moderne Nation auf der Grundlage einer Religionsgemeinschaft zu erbauen.

Wir haben den Aufstieg und Fall des liberalen Patriotismus und den Aufstieg und die Verbreitung des ethnischen Nationalismus verfolgt. Bleibt noch, einen kurzen Blick auf die jüngste Phase zu werfen: das zunächst zögernde und unsichere, dann immer entschiedenere Wiedererstarken eines neuen Patriotismus auf der Grundlage neuer Nationalstaaten, die zu guter Letzt anfangen, im Bewußtsein und in den Gefühlen ihrer Völker Wurzeln zu schlagen.

Der Prozeß fing an und ist am weitesten fortgeschritten bei den

Türken. 1922, zum Zeitpunkt des Sieges über die Griechen, standen sie noch vor großen Unsicherheiten. Sie waren – um eine stehende Redewendung zu benutzen – ein Volk, das ein Reich verloren und noch keine neue Rolle in der Welt gefunden hatte. Im Kampf um die nationale Befreiung tauchen viele Themen auf: Islam und Panislamismus, Türkismus und Pantürkismus und Feindseligkeit gegenüber dem imperialistischen Westen. Das Thema Türkei – Vaterland einer Nation namens Türken – war lange Zeit verhältnismäßig unbedeutend. Doch die Form des Kampfes, die Vertreibung ausländischer Invasoren von dem neu definierten nationalen Territorium, verlieh ihm zwangsläufig den Charakter eines patriotischen Krieges und bereitete einem neuen Patriotismus den Weg, der sich auf ein den Türken bis dahin unbekanntes Gebilde bezog: den Staat und das Land Türkei. Unbeeindruckt von den Versuchungen, die sich mit dem Umsturz in Rußland boten, ließ Mustafa Kemal (später Atatürk genannt) alle panislamischen und pantürkischen Ziele und Bestrebungen fahren und brachte sein Volk dazu, das gleiche zu tun. Türkische und muslimische Brüder in anderen Ländern müßten ihre eigenen Kämpfe bestehen; die Türken hätten in ihrem Land dringende und wichtige Aufgaben zu erledigen. Als einziges unter den Völkern des Nahen Ostens hatten die Türken keine von alters her in dem Gebiet ansässigen Vorfahren vorzuweisen. Atatürk gab ihnen die Trojaner und die Hethiter und versuchte durch intensive Pflege der Geschichte und der Archäologie das Gefühl der Identität der Türken mit dem Land, das sie bewohnten, zu fördern. So wie es heute aussieht, hat die Türkei die wahrscheinlich irreversible Entscheidung für einen demokratischen Patriotismus des westeuropäischen Typs getroffen.

Auch in Israel und im Iran hat die Wiederentdeckung der antiken Vergangenheit rasche Fortschritte gemacht und bedeutenden Anteil am Wachstum des Patriotismus gehabt, wenn auch mit einer leicht mythologisierenden nationalen Färbung. In Israel ist die Archäologie zu einer nationalen Passion geworden, in der sich der tiefsitzende Wunsch ausdrückt, eine Kontinuität mit der antiken

Vergangenheit herzustellen und die langen Jahrhunderte der Verbannung zu vergessen. Im Iran gab es nach dem Sieg der islamischen Revolution von 1979 eine scharfe Gegenbewegung zum Patriotismus des Schahs, und Fanatiker fuhren sogar mit Äxten zu den Ruinen von Persepolis, um die Gesichter der erhalten gebliebenen Bildnisse zu zerschlagen. Doch bald wurde deutlich, daß das neue Regime patriotische Inhalte oder das nationale Interesse nicht vollständig aufgegeben hatte. Der Ajatollah Khomeini hatte verkündet, daß es im Islam keine Grenzen gebe, doch als der Sultan von Oman die Rückgabe dreier Inseln im Persischen Golf verlangte, die vom Schah annektiert worden waren, wurde sein Ersuchen abgelehnt. Noch bemerkenswerter ist, daß nach der Verfassung der neuen Islamischen Republik der Präsident iranischer Geburt und Abstammung sein muß – mehr als für das Präsidentenamt in den USA verlangt wird, wo die Geburt ausreicht. Während des langen Krieges mit dem Irak wurde deutlich, daß aller Propaganda zum Trotz, die nahezu vollkommen religiös war, der Patriotismus, die Verteidigung der »reinen Erde des Iran«, ebenfalls ein starkes Gefühlsmoment war.

Für die arabischen Länder warf der Kult des Altertums besondere Probleme auf. Anfangs gab es zum wiedererwachten Interesse an den Pharaonen in Ägypten Parallelen im Fruchtbaren Halbmond: Die Assyrer und Babylonier im Irak, die Phöniker im Libanon, die Aramäer in Syrien – alle wurden voll Stolz von den heutigen Bewohnern dieser Länder in Besitz genommen. Aber bald wurden diese Bewegungen von der steigenden Flut des Arabismus hinweggeschwemmt. Die syrische Verfassung von 1950 proklamierte Syrien zum »Teil der arabischen Nation«. Dieselbe Formel wurde später in Ägypten, im Irak und in Kuwait übernommen. Für die Panarabisten waren nicht nur der »Pharaonismus« der Ägypter, wie sie es nannten, sondern auch ähnliche Bewegungen in anderen Ländern engstirnig, separatistisch und der Sache der arabischen Einheit schädlich. Diese Bewegungen wurden verächtlich als *Schuubijja* bezeichnet – ein wiederaufgewärmter mittelalterlicher Begriff, der sich ungefähr mit »nationaler Eigen-

dünkel« wiedergeben läßt. Manchmal wurden sie aktiv bekämpft,
etwa in Syrien zur Zeit der Vereinigten Arabischen Republik, als
das Adonis-Filmtheater in Damaskus in Balkis umbenannt wurde
und jede Erwähnung der aramäischen Zivilisation als Beweis für
die Unterstützung der oppositionellen, anti-panarabistischen
Syrischen Volkspartei gewertet wurde. Zu anderen Zeiten wurden
sie sozusagen geschluckt, etwa in dem Versuch zu beweisen, daß
Hammurabi und die übrigen samt und sonders Araber waren, indem man allen alten semitischen Völkern posthum die arabische
Nationalität ehrenhalber verlieh, allen außer zweien: Israel und
Äthiopien. Die nationalistische Geschichtsschreibung ist für den
Historiker im allgemeinen wertlos, außer für den Historiker des
Nationalismus, für den sie allerdings höchst lehrreich sein kann.

Eine Zeitlang war der Arabismus die tonangebende Ideologie
selbst im Land der Pharaonen, wo der alte und ehrwürdige Name
Ägypten vorübergehend offiziell abgeschafft wurde. Doch selbst
auf dem Höhepunkt von Nassers Panarabismus bestand die Realität Ägypten ungeachtet des Namens fort. Eines der faszinierend-
sten Probleme, die sich stellen, wenn man sich näher mit der
Außenpolitik der Vereinigten Arabischen Republik beschäftigt, ist
die Wichtigkeit von ägyptischen und VAR-Interessen im Vergleich.
Dieselben politischen Maßnahmen lassen sich deklarieren (und
sind deklariert worden) als die Ausbeutung des Arabismus für ägyptische imperialistische Zwecke oder als die Unterordnung der
nationalen Interessen Ägyptens unter panarabische Träume.

Im Irak, als dem einzigen unter den ostarabischen Staaten, wird
die Situation erschwert durch das Vorhandensein einer starken
nichtarabischen Minderheit, der Kurden. Eine Zeitlang sah es so
aus, als könnten Kurden und Araber gemeinsam in einer irakischen Nation leben, in einer Verbindung wie die der Kelten und
Angelsachsen in Großbritannien. Diese Hoffnung und die tole-
rante Atmosphäre, die sie begünstigte, vergingen mit dem Aufkommen des ethnischen Nationalismus auf beiden Seiten.

Die arabischen Nachfolgestaaten des Osmanischen Reiches sind
jetzt ein dreiviertel Jahrhundert alt und inzwischen gewohnt und

akzeptiert. Ein komplexes System von Interessen ist um jeden einzelnen herum entstanden; alle haben den starken Wunsch nach eigenstaatlichem Überleben. Das ist besonders dort der Fall, wo die modernen Staaten sich mit alten Unterschieden und Rivalitäten überlagern, wie sie zum Beispiel zwischen dem Niltal und dem Gebiet der beiden mesopotamischen Flußtäler bestehen. Es ist bemerkenswert, daß trotz des Wunsches nach einer umfassenderen Einheit kein unabhängiger arabischer Staat wieder verschwunden ist. Die Herrscher dieser Länder scheinen sich in ihrer Politik häufig von den Interessen ihrer Staaten und Länder und nicht von denen der panarabischen Sache leiten zu lassen. Aber solche Bindungen und Interessen, einerlei wie tief empfunden und praktisch umgesetzt, wurden selten offen zugegeben. Sie wurden verschwiegen und verheimlicht, während die arabische Einheit lange das einzige öffentlich verlautbarte Ziel von Staatsmännern und Ideologen gleichermaßen blieb.

Doch das ist nicht mehr so. Eine Zeitlang schienen verschiedene Umstände die panarabische Sache zu begünstigen. Einer davon war die Sprache. In der Vergangenheit hatte die sprachliche Einheit der arabischen Länder in hohem Maße mehr theoretisch als real bestanden. Sie besaßen zwar eine gemeinsame Schriftsprache, aber nur wenige konnten schreiben, und die Umgangssprachen der verschiedenen arabischen Länder wichen stark voneinander ab – als ob Frankreich, Italien, Spanien und Portugal im Mittelalter ihre diversen Sprachen nur zur alltäglichen Unterhaltung gebraucht und weiter Lateinisch gelesen und geschrieben hätten. In den letzten Jahren haben die Zunahme der Schulbildung und der daraus resultierende Rückgang des Analphabetentums die Wirkung der gemeinsamen Schriftsprache als eines vereinheitlichenden Mediums erheblich gesteigert. Diese Wirkung hat sich zusätzlich erhöht durch das rasche Umsichgreifen der Massenmedien – von Fernsehen, Rundfunk, Filmen und dem gedruckten Wort in Form von Büchern, Zeitschriften und Zeitungen. Die von den beiden wichtigsten Kulturzentren, Kairo und Beirut, ausgehenden Publikationen zirkulierten in der gesamten arabischen Welt, und durch die ägyptischen Filme gelangte die Kenntnis des ägyptischen Arabisch in praktisch sämtliche arabischen Länder. Die panarabische Sache profitierte ferner von der nachhaltigen gesetzlichen und öffentlichen Förderung durch die arabischen Regierungen und von der Erhebung des Panarabismus zum offiziellen Programm wenigstens einer großen Partei, der Bath-Partei, und seiner Unterstützung durch andere. Die öffentliche und förmliche Anerkennung des Panarabismus geht in der Tat so weit, daß er in den Verfassungen vieler arabischer Länder festgeschrieben ist.

Diese Aufnahme des Panarabismus in die Verfassungen, neben Garantien der persönlichen Freiheit, der Meinungsfreiheit und anderer demokratischer Rechte, war vielleicht ein Zeichen seines Niedergangs, denn in der neueren politischen Tradition der Region ist die Festschreibung politischer Grundsätze ein Ersatz für ihre Durchsetzung, nicht ein Mittel, sie zu gewährleisten. Tatsächlich sind mit einer Ausnahme sämtliche bisherigen Versuche gescheitert, größere Staatengebilde durch die Verschmelzung bestehender arabischer Staaten zu schaffen. Der ehrgeizigste davon war die Vereinigung Syriens und Ägyptens zur Vereinigten Arabischen Republik. Sie erfolgte 1958 unter großem Jubel im panarabischen Lager. Sie erwies sich als eine schwierige Verbindung und endete 1961 mit der Trennung der beiden und der erneuten eigenständigen Existenz Syriens. Andere Versuche zur Schaffung größerer Staatengebilde durch die Verbindung von Jordanien und Irak, Ägypten und Libyen, Ägypten und dem Sudan verliefen ergebnislos. Die einzige Ausnahme war die Vereinigung, oder vielmehr die Wiedervereinigung, von Nord- und Südjemen 1990: die Wiederherstellung einer alten historischen und politischen Einheit, die durch die britische Kolonisierung von Aden künstlich entzweit worden war.

Ungeachtet aller Lippenbekenntnisse zu panarabischen Idealen verfolgten die diversen Regierungen der arabischen Staaten ihre eigenen separaten Interessen, und diese schlossen die Unterordnung ihrer Staaten und Regierungen unter größere zentralisierte Staatswesen mit anderen Mittelpunkten aus. Mit dem

Niedergang des Panarabismus wurden die Einzelstaaten gefestigter und realer. Anfangs waren die meisten ziemlich künstlich, aus früheren Provinzen des Osmanischen Reiches oder westlicher Imperien herausgeschnitten und mit Grenzen versehen, die von europäischen Staatsmännern auf Landkarten gezogen worden waren. Einige der politischen Gebilde sind alt und authentisch. Niemand kann die jahrtausendealte Realität Ägyptens als Nation und Zivilisation bezweifeln. Die alten Monarchien Marokkos und bis vor kurzem des Jemen haben im Laufe der Jahrhunderte ihre eigenen starken regionalen Traditionen ausgebildet und entwickelt. Ganz anders wieder hatten sich die Bergvölker des Libanon und die Wüstenscheiche Arabiens sogar unter osmanischer Herrschaft starke lokale Traditionen einer charakteristischen Kultur und ein gewisses Maß an faktischer politischer Unabhängigkeit bewahrt. In den meisten Ländern jedoch, die heute die arabische Welt bilden, hat es jahrhundertelang keine Tradition eigenständigen Bestehens oder auch nur regionaler Autonomie gegeben. Schon die Namen verraten die Künstlichkeit.

Mit der Zeit wurden alle diese Staaten, einerlei wie künstlich ihr Ursprung, zu Realitäten. Um jeden einzelnen herum bildete sich ein Netz von Interessen, Karrieren und Loyalitäten und vor allen Dingen eine tonangebende und regierende Elite, die den Staat zu einem effektiven Faktum machte: nicht bereit, die Macht oder die Kontrolle abzugeben oder zu teilen, und zunehmend auf die eigenständige Identität und Interessenlage bedacht. Dies zeigte sich bereits deutlich in der Uneinigkeit der arabischen Staaten, die 1948 ihre Armeen nach Palästina entsandten, sogar im Augenblick der Krise. Viel deutlicher wurde es noch in den folgenden Jahren, insbesondere nach den politischen und sozialen Umwälzungen, die in einigen dieser Länder stattfanden und die Interessen- und Machtkonflikte zwischen ihnen verschärften. Die Reaktion der arabischen Staaten auf die Kriege von 1967, 1973 und 1982 bewies ihr rasch schwindendes Interesse an panarabischen Belangen und vor allem am Schicksal der Palästinenser. Zwischen 1980 und 1988 führte der Irak, ein arabischer Staat, Krieg mit dem Iran, einem

nichtarabischen Staat. In diesem Krieg, den die Iraker als einen
Kampf für den Arabismus darstellten, konnten sie finanzielle und
logistische Hilfe von einigen arabischen Staaten erlangen und
militärische Hilfe von gar keinem, während die Iraner auf wohlwollende Neutralität und praktische Unterstützung in anderen
arabischen Ländern zählen konnten. Noch dramatischer waren
die Ereignisse im Golfkrieg von 1990 bis 1991, als ein arabischer
Staat einen anderen arabischen Staat besetzte, eroberte und
annektierte und damit eine Entwicklung in Gang setzte, die – trotz
der Intervention ausländischer Mächte – im Grunde ein inter-
arabischer Krieg war.

Der Zustand der arabischen Welt im letzten Jahrzehnt des
20. Jahrhunderts weist offensichtliche Parallelen zu Spanisch-
amerika nach dem Ende der spanischen Herrschaft auf. Auch dort
hinterließ der Untergang eines Reiches eine Reihe von unabhängigen Staaten mit gleicher Sprache, Kultur, Religion und Lebensweise. Sie hätten sich, wie die englischsprachigen Kolonien in
Nordamerika, zu einem oder zwei großen Staaten zusammen-
schließen können. Aber sie taten es nicht, und als die Gelegenheit
einmal vertan war, kehrte sie nicht wieder. Die arabischen Staaten
scheinen sich in die gleiche Richtung zu bewegen wie Südamerika:
eine Gemeinschaft der Sprache, der Kultur, der Religion und in
gewissem Maße der Institutionen und der Lebensweise, mit einem
gemeinsamen Arabismus, der das Gegenstück zur *Hispanidad*
der spanischsprachigen Welt sein könnte – aber nicht mehr. Dies
würde die Bildung regionaler Zusammenschlüsse auf praktischer
statt auf ideologischer Grundlage nicht ausschließen, wie sie in
der heutigen Welt zunehmend üblich werden. Es kann durchaus
sein, daß mit der Zunahme von kulturellen Verbindungen, Ver-
ständigungen und der Tendenz zur Bildung größerer Staaten-
gemeinschaften die arabischen Länder sich irgendwann in der
Zukunft einmal zu größeren politischen Formationen zusammen-
tun. Im Augenblick jedoch geht der Trend in die entgegengesetzte
Richtung.

Der Niedergang des Panarabismus wurde wahrscheinlich beschleunigt durch die Entdeckung von Öl in einigen, wenn auch keineswegs in allen arabischen Ländern und die anschließende ungleiche Verteilung des neu erworbenen Reichtums. In einer Familie, in der einige Mitglieder unermeßlich reich sind, während andere abgrundtief arm bleiben, dürften die Verwandtschaftsbande reißen, wenn sie zu stark belastet werden. Ein weiterer Grund für den Niedergang des Panarabismus ist die zunehmende Desillusionierung der Araber angesichts der vielen ergebnislosen Versuche, ihn zu verwirklichen. Allzuoft hatte es den Anschein, als sei das wirkliche Ziel der panarabischen Führer weniger die Einheit als die Hegemonie. Einige bevorzugten ein deutsches Modell, wobei sich jeder als Bismarck sah und sein Land als Preußen, das heißt mit einer führenden Rolle in dem vereinigten arabischen Staat. Andere bevorzugten ein revolutionäres Modell und versuchten, die anderen arabischen Herrscher durch Unterwanderung zu stürzen.

Im größten Teil des Nahen Ostens gibt es drei Ebenen, auf denen Identität erlebt und anerkannt und Loyalität gefordert und geleistet wird. Die sichtbarste und gewöhnlich die wirksamste ist die Ebene des Nationalstaates: die Zentralregierung übt die souveräne Gewalt über das nationale Territorium aus und befindet sich in der Hand einer politischen Elite, die das gesetzliche Alleinverfügungsrecht über die staatlichen Zwangsmittel und die Streitkräfte besitzt. Unterhalb der Ebene des Staates kann eine Vielfalt von anderen Loyalitäten bestehen, die von anderen Identitäten bestimmt sind. Mit dem Zerfall des Staates wenden sich die Loyalitäten, die er einst zu binden verstand, zurück auf ältere und tiefere Identitäten, die begrenzter und entsprechend intensiver sind. Diese wiederum können in noch kleinere Einheiten zerfallen: von Nation zu Volksgruppe zu Stamm, von Vaterland zu Region zu Ort, von Religion zu Konfession zu Sekte. Wenn der Staat, aus welchem Grund auch immer, untergeht oder schwach wird, tauchen diese älteren, engeren Loyalitäten wieder auf und machen, oft in Konflikt miteinander, ihre ursprünglicheren Ansprüche neu geltend. Dies ist es, was geschah, als die Regierung des Libanon im

Bürgerkrieg zerfiel, und was beinahe im Februar 1991 im Irak nach der Einstellung der Kampfhandlungen geschah. Doch trotz dieser bekannten Gefahren hat es immer viele gegeben, die etwas Größeres und Edleres ersehnten als das oft schmutzige politische Gerangel oder die widerlichen Tyranneien der Regimes, unter denen sie leben – eine umfassendere, authentischere menschliche Gemeinschaft, die sowohl historisches Gewicht als auch relevante weltliche Macht hätte. Der Gedanke der arabischen Erneuerung und Einheit, der eine Weile eine solche Perspektive zu bieten schien, ist wenigstens im Augenblick verblaßt. Aber die Hoffnung auf islamische Einheit besteht weiter.

Kapitel 5

Der Aufstand des Islam

Am 2. November 1945 riefen politische Führer in Ägypten zu Demonstrationen anläßlich des Jahrestages der Balfour-Deklaration auf. Sie wuchsen sich rasch zu antijüdischen Unruhen aus, in deren Verlauf eine katholische, eine armenische und eine griechisch-orthodoxe Kirche angegriffen und beschädigt wurden. Was, mag man fragen, hatten Katholiken, Armenier und Griechen mit der Balfour-Deklaration zu tun?

Ein paar Jahre später, am 4. und 5. Januar 1952, während des Kampfes in der Kanalzone in Ägypten, kam es in Suez zu antibritischen Demonstrationen. In ihrem Verlauf wurde eine koptische Kirche geplündert und angesteckt, und einige Kopten wurden von Demonstranten getötet. Die Kopten sind zwar Christen, aber ohne Frage Ägypter – niemand mehr als sie –, und es ist sicher, daß die ägyptischen nationalistischen Führer einen Angriff auf sie weder geplant noch gewünscht hatten. Doch im Augenblick der Krise und der Erregung spürte der wütende Mob instinktiv, daß seine arabischsprechenden, aber christlichen Landsleute und Nachbarn auf der anderen Seite waren, und er handelte entsprechend. Für beide Vorfälle mag es Erklärungen aus besonderen lokalen Umständen geben. Aber in beiden schlägt sich zweifellos die allgemeine muslimische Auffassung nieder, daß die Welt im wesentlichen in zwei Lager zerfällt: in Muslime und die übrigen und daß die weiteren Unterteilungen der letzteren im Grunde unwichtig sind. In eben diesem Geiste setzten die Algerier dem französischen Schlagwort »Algérie française« nicht »Algérie arabe« oder »Algérie algérienne« entgegen, sondern »Algérie musulmane«, ein muslimisches Algerien.

Von den Anfängen des westlichen Vordringens in die Welt des Islam bis in unsere Zeit sind die charakteristischsten, bedeutendsten und ursprünglichsten politischen und geistigen Reaktionen auf dieses Vordringen islamisch gewesen. Im Mittelpunkt standen die Probleme, die sich daraus ergaben, daß Ungläubige den Glauben und die Gemeinschaft überwunden, nicht daß Ausländer die Nation oder das Land besiegt hatten. Die stärksten Aufstands- und Gegenbewegungen, diejenigen, welche die heftigsten Leidenschaften entfachten und das breiteste Echo auslösten, sind im Ursprung und oft auch in der Äußerung ebenfalls religiös und gemeinschaftsbezogen gewesen. In ihrer langen Konfrontation mit der Zivilisation des Westens hat die islamische Welt wechselweise Phasen der Erneuerung und des Widerstands, der Aufnahme und der Ablehnung durchlaufen. Bis zum Aufkommen des Nationalismus im 19. und in manchen Gegenden im 20. Jahrhundert waren es religiöse Begriffe, in denen Probleme gestellt und verschiedene Lösungen vorgetragen und debattiert wurden. In der Zeit, in der der Nationalismus und andere Ideologien westlichen Ursprungs das politische Denken in den nahöstlichen Ländern beherrschten, hatten religiöse Gefühle und Loyalitäten in den Programmen, Manifesten und Polemiken modernisierungsfreudiger Politiker und Professoren, Journalisten und Intellektueller keinen hohen Stellenwert. Sie behielten jedoch ihre Macht über die Masse der Bevölkerung und besonders über die kleinen Händler und Handwerker der großen Städte. In Zeiten der Spannung und Desillusionierung gewannen sie eine neue Wichtigkeit und Dringlichkeit. Vor gar nicht so langer Zeit waren noch viele bereit zu behaupten, daß die Säkularisierung der politischen Auseinandersetzung im modernen Nahen Osten nicht mehr rückgängig zu machen sei. Aber wenige wären vermessen genug, eine solche Behauptung heute noch aufzustellen.

Ein israelischer Islamist hat den Unterschied zwischen der religiösen und der nationalistischen Einstellung zu Ereignissen des Lebens so definiert: »Als Gläubige einer Religion gaben unsere Vorväter für ihre Erfolge Gott die Ehre und die Schuld an ihren Mißerfolgen, ihren eigenen Sünden und Schwächen. Als Mitglieder einer Nation bedanken wir uns für unsere Erfolge bei uns selbst und geben die Schuld an unseren Mißerfolgen den anderen.«[1]

Die ersten Reaktionen muslimischer Denker auf die Tatsache des Niedergangs und der relativen Schwäche des Islam waren in diesem Sinne religiös und nicht national. In der Türkei untersuchte eine Reihe von Memorandenschreibern, in welchen Punkten der Staat von den hohen Maßstäben der Vergangenheit abgefallen war, und gab Empfehlungen, wie es sich zu ihnen zurückkehren ließe. Sie fanden kaum oder gar kein Gehör. Die wirklich entscheidenden neuen Entwicklungen ereigneten sich unter den Muslimen in Indien, die während des 17. und 18. Jahrhunderts einen wenig bekannten, aber sehr wichtigen Einfluß auf ihre Glaubensbrüder im Nahen Osten ausübten.

In Indien, wo Ende des 15. Jahrhunderts die Portugiesen eingetroffen waren, später gefolgt von den Holländern, den Engländern, den Franzosen und anderen, gab es eine echte religiöse Erneuerungsbewegung, die dem Islam und der Gemeinschaft der Gläubigen neues Leben und frische Kraft einflößte. Sie ging aus vom Nakschbandi-Orden, einer Sufi-Bruderschaft zentralasiatischen Ursprungs, die zur Speerspitze des wiedererwachenden traditionellen Islam wurde. Der Islam in Indien war durch Laxheit, Häresie und Eklektizismus stark angeschlagen; er war sowohl durch die schleichende Rückkehr des Hinduismus als auch durch den militanten Katholizismus der Portugiesen bedroht. Der große Religionslehrer Scheich Ahmad Sirhindi (1564–1624), der eher dem Eklektizismus des Mogulherrschers Akbar entgegentreten mußte als einer direkten Bedrohung durch die Ungläubigen, versuchte zu zeigen, wie sich ein bestimmtes Maß mystischen Glaubens mit der geistigen Zucht der orthodoxen Theologie und der sozialen Zucht des heiligen Rechts verbinden ließe. Eine herausragende Gestalt unter seinen Nachfolgern war Schah Waliullah aus Delhi (1703–1765), zu dessen Lebzeiten sich der Zerfall des Mogulreiches und damit der Zusammenbruch der muslimischen Macht und Kampfmoral vollzog und der wie Sirhindi versuchte, in einer Zeit der Spaltung und Mutlosigkeit neue Einheit und Kraft in den Glauben hineinzutragen.

Die militante Erneuerungsbewegung des reformierten Nakschbandi-Ordens griff von Indien aus auf den Nahen Osten über. Schon 1603/1604 siedelte sich der indische Scheich Tadsch ad-Din Sambali, ein Rivale Sirhindis und Mitschüler seines zentralasiatischen Lehrers, in Mekka an, wo er eine Reihe von Nakschbandi-Werken aus dem Persischen ins Arabische übersetzte. Andere Schüler und Prediger folgten. Einer war zum Beispiel Murad al-Buchari (1640–1720), ein Zentralasiate, der in seiner Jugend nach Indien ging und dort in den Nakschbandi-Orden aufgenommen wurde. Er unternahm später ausgedehnte Reisen durch die Türkei und die arabischen Länder und ließ sich um 1670 in Damaskus nieder. Er spielte eine ziemlich wichtige Rolle bei der Einführung und Organisierung des reformierten Nakschbandi-Ordens im Osmanischen Reich. Sein Werk wurde von seinem Sohn und dessen Nachkommen fortgeführt. Ein Zeitgenosse von einiger Bedeutung war der mystische Theologe, Lehrer und Reisende Abd al-Ghani an-Nabulusi (1641–1731), der aus Nablus in Palästina stammte und zum Nakschbandi-Orden stieß. Er hatte viele Schüler. Schah Waliullah selbst hatte mehrere Werke auf arabisch statt wie eher üblich auf persisch verfaßt und sich damit bewußt an eine breitere, nahöstliche islamische Leserschaft gewandt. Einer seiner Schüler, Scheich Muhammad Murtada as-Sabidi aus Bilgram (1732–1791), ging nach Arabien und von dort nach Ägypten, wo er einen wichtigen Beitrag zur Erneuerung der arabischen Gelehrsamkeit gegen Ende des 18. Jahrhunderts leistete. Schah Waliullahs Sohn Schah Abd al-Asis setzte sein Werk fort. Einer seiner Schüler war der kurdische Scheich Chalid Dija ad-Din al-Baghdadi (1775–1826), der 1809 Indien besuchte.

Schah Waliullah selbst zog es stark nach Arabien und zu den Arabern. »Wir sind Fremde in diesem Land [Indien]«, schrieb er in seinem Testament.

> Unsere Väter und Großväter sind von weither gekommen, um hier zu leben. Die arabische Abstammung und die arabische Sprache sind uns Anlaß zu Stolz, denn beide bringen uns dem Herrn des Ersten und des Letzten, dem edelsten der Propheten und Gesandten, näher. ... Wir

müssen Gott für seine erhabene Gnade danken, indem wir so weit wie
möglich an den Sitten und Überlieferungen der alten Araber fest-
halten, von denen der Prophet abstammte und an die er sich wandte,
und indem wir uns vor dem Eindringen persischer Überlieferungen
und indischer Gewohnheiten in acht nehmen.[2]

Arabien war für ihn die Heimat des echten, ursprünglichen Islam,
unbefleckt von persischen und indischen Überformungen. 1730
begab er sich in den Hedschas, wo er sich ein Jahr aufhielt und
unter arabischen Lehrern die Überlieferung und malikitisches
Recht studierte; im Mai 1732 ging er auf eine zweite Pilgerfahrt
und kehrte am Ende des Jahres nach Delhi zurück.

Schah Waliullahs Idealisierung der Araber und ihres Glaubens
zu einer Zeit, als das Reich ihrer türkischen Herren an fortge-
schrittener Altersschwäche krankte, muß bei seinen Lehrern und
Mitschülern in Arabien ein positives Echo gefunden haben. Es gibt
jedoch kein direktes Zeugnis für einen Einfluß oder Kontakt
zwischen ihm und seinem Zeitgenossen Muhammad ibn Abd
al-Wahhab (1703–1787), dem Stifter der religiösen Bewegung der
Wahhabiten. Muhammad ibn Abd al-Wahhab stammte aus dem
Nadschd, studierte ungefähr zur gleichen Zeit wie Schah Waliullah in Medina, hielt sich einige Zeit in Basra auf und kehrte schließlich in den Nadschd zurück. 1744 begann er mit Unterstützung
des dortigen Emirs aus dem Hause Saud einen militanten, purita-
nischen Erneuerungsfeldzug. Sein Ziel war es, den reinen Islam
Altarabiens wiederherzustellen durch die Abschaffung aller späteren Zusätze und Verfälschungen, vor allem der Heiligenverehrung
und anderer götzendienerischer Neuerungen der Sufis. Der Angriff wurde auf die normalen sunnitischen Schulen ausgedehnt,
die in seinen Augen von häretischen Gebräuchen und Gedanken
verseucht waren. Die saudischen Emire aus Darijja machten sich
die wahhabitische Sache begeistert zu eigen und gingen daran, sie
mit Waffengewalt durchzusetzen. Nachdem sie einen Großteil Mit-
tel- und Ostarabiens erobert hatten, standen sie gegen Ende des
18. Jahrhunderts dem Osmanischen Reich gegenüber. Sie wagten

den Kampf und fielen im Irak ein, plünderten Karbala und eroberten und säuberten 1804 bis 1806 die heiligen Städte Mekka und Medina. Der saudische Emir sandte dem Osmanensultan einen herausfordernden Brief, in dem er ihn als Ketzer und Thronräuber beschimpfte. Der Sultan entschloß sich endlich zum Handeln und kam mit dem Pascha von Ägypten überein, eine Expeditionsstreitmacht nach Arabien zu entsenden und die wahhabitische Macht zu brechen. Die Aufgabe wurde 1818 mit der Besetzung der saudischen Hauptstadt abgeschlossen, woraufhin der saudische Emir nach Istanbul gebracht und dort enthauptet wurde. Das Wahhabitenreich war zerstört, aber der wahhabitische Glaube lebte weiter, feierte mehr als eine Wiederauferstehung und übte einen beträchtlichen, wenn auch indirekten Einfluß über die Grenzen Arabiens hinaus aus.

Die wahhabitische Bewegung des 18. Jahrhunderts ist in vieler Hinsicht bedeutsam. Zu einer Zeit, als das Osmanische Reich Niederlagen und Demütigungen von seiten der christlichen Feinde hinnehmen mußte, bezeichnet die wahhabitische Revolution die erste Zurücknahme des Einverständnisses mit der osmanisch-türkischen Oberhoheit. Wenn auch nicht von einem bewußten oder expliziten Arabismus geleitet, war sie doch eine Bewegung der Araber, die sich gegen die vorwiegend persischen und türkischen Ideen und Sitten richtete, die den Islam seit dem Mittelalter umgeformt hatten, und die erste ausdrückliche Zurückweisung des osmanisch-türkischen Herrschaftsanspruchs. Der Einfluß der Nakschbandis aus Indien hatte die arabische Religion und die arabischen religiösen Wissenschaften neu belebt; die Wahhabiten gingen, vielleicht angeregt von der indischen Erneuerungsbewegung, noch einen Schritt weiter und wiesen den Weg zu einem radikalen, militanten Angriff auf die religiöse und politische Ordnung, die ihrer Meinung nach an dem bestehenden schlimmen Zustand des Islam schuld war. Obwohl der wahhabitische Staat zerschlagen wurde und sich nur wenige im Nahen Osten zur vollen wahhabitischen Lehre bekehrten, beeinflußte der religiöse Erneuerungsgeist, den sie verbreitete, Muslime in vielen Ländern und trug dazu bei, sie in dem bevorstehenden Kampf gegen europäische Invasoren mit neuem Kampfesmut zu erfüllen.

Im zweiten Viertel des 19. Jahrhunderts wurde dieser Kampf in vielen Teilen der muslimischen Welt aufgenommen. Akif Efendi, ein osmanischer Beamter, sah die Gefahr klar. In einem Memorandum von 1822 beschreibt er die unmittelbare Bedrohung des Osmanischen Reiches und beschwört sein Volk, sich zu verteidigen; andernfalls würde es das Schicksal der von Rußland bezwungenen Krim- und anderen Tataren und der von England bezwungenen Inder erleiden und in Knechtschaft geraten.

Als der Angriff dann kam, wurde er nicht in den Kernländern des Nahen Ostens geführt, sondern in einigen Randgebieten; und der Widerstand wurde geistig und praktisch nicht von Sultanen oder Ministern, Generälen oder Ulema geleitet, sondern von religiösen Volksführern, die in der Lage waren, starke Leidenschaften und große Energien zu entfesseln und zu lenken.

Drei dieser Führer, beinahe Zeitgenossen, ragen besonders heraus: Ahmad Brelwi aus Nordindien, Schamil aus Daghestan und Abd al-Kadir aus Algerien. Sie haben viel gemeinsam. Alle drei führten den bewaffneten Volkswiderstand gegen Übergriffe der Ungläubigen: Brelwi gegen die Sikhs und die wachsende Macht der Briten in Indien, Schamil gegen die Russen in Daghestan, Abd al-Kadir gegen die Franzosen in Nordafrika. Alle drei waren religiöse Führer: Abd al-Kadir war ein Oberhaupt des Kadiri-Ordens; Schamil war eines des Nakschbandi-Ordens, der im 18. Jahrhundert nach Daghestan gekommen und nur wenige Jahre vorher in militanter Form wiederbelebt worden war; Brelwi war ein Nakschbandi-Mitglied und gleichzeitig Wahhabit. Alle drei gewannen breite und leidenschaftliche Unterstützung und führten einen harten Kampf für den Islam gegen die Ungläubigen: Brelwi von 1826 bis 1831, Abd al-Kadir von 1832 bis 1847, Schamil von 1830 bis 1859. Alle drei wurden durch feindliche Übermacht bezwungen und ihre Länder befriedet und den Eroberrerreichen einverleibt.

In diesen Reichen nun läßt sich die nächste Phase der islamischen Reaktion auf den Westen am deutlichsten beobachten, die Phase der Anpassung und Kollaboration. In Indien, wo die Muslime nach der Niederschlagung des Aufstands im Jahre 1858 eine weitere Zeit der Unterwerfung und Mutlosigkeit durchlitten, erstand ein neuer Führer in dem berühmten Sir Saijid Ahmad Khan (1817–1898), dem Gründer des »Mohammedan Anglo-Oriental College« in Aligarh und einem Pionier der Bildungsreform und des islamischen Modernismus. Als großer Bewunderer der englischen Zivilisation und stolzer und loyaler Bürger des British Empire hielt Sir Saijid sein Volk dazu an, Englisch zu lernen und so der modernen Wissenschaft und Erkenntnis den Weg zu bahnen, die zum Neuanfang und Fortschritt nötig sei. Der wahre Islam, erklärte er, könne nicht im Widerspruch zu diesen Erkenntnissen und diesen Zielen stehen. Wo das den Anschein hatte, sei eine Neuinterpretation alter Grundsätze und Gebräuche nötig – zum Großteil von der Art, die Richard Koebner als »produktives Mißverständnis« bezeichnet hat. Es überrascht nicht, daß Sir Saijid viele Gegner fand, besonders unter den Ulema, die in ihm einen Verfälscher des Islam und einen Kollaborateur mit dem ungläubigen Feind sahen.

Eine parallele Erscheinung im Russischen Reich war sein tatarischer Zeitgenosse Abd al-Kaijum Nasiri (1825–1902), der seinem Volk die Wohltaten der russischen Sprache und der europäischen Wissenschaft und Kultur in ihrer russischen Form angedeihen lassen wollte. Als Schüler einer Madrasa in Kasan setzte er sich über das Verbot der Ulema, Russisch zu lernen, hinweg und machte sich heimlich daran, sich die Sprache des Reiches anzueignen, dessen Untertan er war. Er unterrichtete einige Jahre an russischen Schulen und schrieb und übersetzte eine Vielzahl von naturwissenschaftlichen, geographischen und anderen wissenschaftlichen Büchern ins Tatarische. Er verfaßte auch eine Grammatik, ein Lesebuch und ein Wörterbuch des Russischen in tatarisch, um seinen Leuten zu helfen, Russisch zu lernen, ihr Schlüssel zum modernen Wissen. So ist es nicht verwunderlich, daß er von russischen Orientalisten und anderen groß herausgestellt und später von der *Großen Sowjet-Enzyklopädie* gelobt wurde, die ihn gegen die

verleumderischen Angriffe »bürgerlicher Nationalisten« in Schutz
nahm. Von seinen tatarischen Zeitgenossen wurde er Uris Kaijum
genannt: der russische Kaijum.

Es dauerte nicht lange, bis sich eine heftige Gegenbewegung zu
dieser Form der Kollaboration mit dem Westen zu regen begann.
Zusätzlichen Auftrieb erhielt sie durch neue Schritte zur Ausdehnung und Festigung der westlichen Macht. 1858 wurde der
indische Aufstand niedergeschlagen und die letzten Reste des
Mogulreiches hinweggefegt. 1868 besetzten die Russen Samarkand
und machten aus dem Emir von Buchara einen kleinen Provinzfürsten. 1877 fügten die Russen den Türken eine schmähliche Niederlage zu, und im selben Jahr wurde Königin Viktoria Kaiserin
von Indien; 1881 besetzten die Franzosen Tunesien; 1882 besetzten die Briten Ägypten; 1884 eroberten die Russen Merw und
zogen an den Grenzen Afghanistans auf; und 1885 errichteten die
Deutschen ein Protektorat in Ostafrika.

Der Gedanke des Panislamismus – einer gemeinsamen Front
der Muslime gegen die gemeinsame Bedrohung durch die christlichen Reiche – scheint in den sechziger und siebziger Jahren des
19. Jahrhunderts unter den Jungosmanen entstanden zu sein und
war wahrscheinlich vom Beispiel des Nationalismus und der staatlichen Einigung in Deutschland und Italien mit inspiriert. Auf
islamische Verhältnisse übertragen, bedeutete das die Solidarität
und Einheit aller Muslime, nicht der Türken oder irgendeiner
anderen durch Volkszugehörigkeit oder Sprache gebildeten
Nation – eine Vorstellung, die den meisten Muslimen zu der Zeit
sinnlos erscheinen mußte. Die Jungosmanen sprachen häufig von
der Einheit des Islam (*ittihad-i Islam*) als einem wichtigen gemeinsamen Ziel der Muslime und machten der osmanischen Regierung
Vorwürfe, weil sie den zentralasiatischen Khanen nicht zur Hilfe
kam, als diese von Rußland überwältigt wurden. Die Bande mit abseits liegenden Provinzen wie Ägypten und Tunesien, sagten sie,
müßten gefestigt und engere Beziehungen zur übrigen muslimischen Welt hergestellt werden, deren natürliche Führer die Osmanen seien. Namik Kemals Panislamismus war eher kultureller

als politischer Art und mit dem Wunsch nach Modernisierung verbunden. Da das Osmanische Reich der Sitz des Kalifats und der fortgeschrittenste und Europa am nächsten liegende muslimische Staat war, sei es das natürliche Zentrum der künftigen islamischen Einigung. »Wenn es dazu kommt, wird das Licht der Erkenntnis von diesem Zentrum nach Asien und Afrika ausstrahlen.«[3] Andere wie Ali Suavi predigten eine militantere Version des Panislamismus, und 1876 beanspruchte die erste osmanische Verfassung in aller Form »das hohe islamische Kalifat« für das osmanische Haus.

Die Geschichte des osmanischen politischen Panislamismus, verkörpert im Kalifatsgedanken, läßt sich auf den Vertrag von Kütschük-Kaynardsche von 1774 zurückführen, in dem der Osmanensultan zum erstenmal den Anspruch auf religiöse Gerichtsbarkeit über Muslime *außerhalb* seines Herrschaftsbereichs erhob. Dies war zum Teil eine Reaktion (zur Wahrung des Gesichts) auf das Recht des Zaren, im Interesse der russischen Kirche in Istanbul zu intervenieren, mißbräuchlich ausgeweitet zu einer Art Protektorat über die osmanischen orthodoxen Christen. Es war zum Teil auch der Versuch, eine Verbindung zu den Krimtataren aufrechtzuerhalten, auf deren Reichszugehörigkeit der Sultan in dem Vertrag formell verzichten mußte. Ein paar Jahre danach hören wir dann zum erstenmal die Geschichte, daß das Kalifat von dem letzten Abbasidenkalifen an den Osmanensultan Selim I. übertragen worden sei, nachdem dieser 1517 Ägypten erobert hatte. Der Zweck dieser der älteren türkischen wie arabischen Historiographie unbekannten Geschichte war eindeutig der, diesen neuen Anspruch zu untermauern.

Im späten 18. und frühen 19. Jahrhundert wurde der Anspruch noch für neu und kontrovers erachtet. So bemerkt zum Beispiel ein englischer Schriftsteller 1819 über ein paar taktlose deutsche Reisende mit dem Talent, peinliche und gefährliche Fragen zu stellen: »Sie hätten, bei entsprechender Gelegenheit, schwerlich versäumt, sich beim Sultan selbst zu erkundigen, ob er wirklich der rechtmäßige Erbe des Kalifats sei, wie er behauptete.« An einer anderen Stelle desselben Buches erklärt ein Ägypter, der die allgemeine Unehrlichkeit der Beamten beklagt, sogar der Sultan »betrog Allah selber, als er sich den Titel eines Kalifen der Gläubigen zulegte«.[4]

Dennoch wurde der Anspruch erhoben und wiederholt und gewann zusehends an Geltung, je mehr die anderen sunnitischen Souveräne, die ihn hätten anfechten können, der Fremdherrschaft unterworfen oder von ihr bedroht wurden. Er fand symbolischen Ausdruck in der Zeremonie der Schwertumgürtung bei der Thronbesteigung eines neuen Sultans. In der Vergangenheit war eine Vielzahl von Schwertern, die unter den heiligen Reliquien im Palast aufbewahrt wurden, für diese Zeremonie verwendet worden. Im Jahre 1808 wurde Mahmud II., wie viele seiner Vorgänger, mit den Schwertern des Propheten und Osmans I. als Symbolen des religiösen und des dynastischen Aspekts seines Amtes gegürtet. 1839 bekam Abdülmedschid nur ein Schwert umgegürtet, das des Kalifen Umar, und der zeitgenössische osmanische Reichsgeschichtsschreiber macht die aufschlußreiche und nachweislich falsche Bemerkung, dies sei »alter osmanischer Brauch«[5]. Bei der Thronbesteigung von Abdülasis im Jahre 1861 wurde wieder das Schwert Umars benützt, und der Geschichtsschreiber Dschevdet gab als Erklärung an:

Dieses Schwert war das gesegnete Schwert des Kalifen Umar …, das sich im Besitz jenes Abbasidenkalifen befand, der zu der Zeit, als [der Mongole] Hülägü Bagdad einnahm, nach Ägypten floh. Es wurde zur Weihe der Abbasidenkalifen in Ägypten benützt. Als Sultan Selim der Gestrenge Ägypten eroberte und den Abbasidenkalifen nach Istanbul brachte, gürtete der Abbasidenkalif Sultan Selim dieses Schwert um und übertrug so das islamische Kalifat auf das Haus Osman.[6]

Das Schwert Umars wurde abermals bei der Gürtung von Abdülhamid benützt, und der osmanische Anspruch auf das »höchste islamische Kalifat« wurde in aller Form im dritten Artikel der Verfassung von 1876 erhoben.

Das Zusammentreffen zweier Entwicklungen scheint die Ausbreitung dieser panislamischen Ideen und Bestrebungen stark gefördert zu haben. In den sechziger und siebziger Jahren des 19. Jahrhunderts unterwarfen sich die Russen die Khanate in Zentralasien – altes muslimisches und türkisches Land, darunter so altehrwürdige Zentren muslimischer Zivilisation wie Samarkand und Buchara. Die Ausweitung der russischen Herrschaft über diese Gebiete und die Unfähigkeit der Osmanen, den Hilferufen ihrer Herrscher Folge zu leisten, löste unter den Türken und anderen Muslimen Schrecken und Trauer aus. Zur gleichen Zeit gaben die Herrscher Preußens und Sardiniens mit der Einigung Deutschlands bzw. Italiens ihr jeweiliges Beispiel dafür, wie man ein zerstreutes und gespaltenes Volk vereinigen kann. Manche zogen daraus den Schluß, der osmanische Staat müsse eine ähnliche Rolle spielen und die Initiative zur Schaffung einer größeren Einheit ergreifen. Lange Zeit wurde diese Einheit religiös und nicht national begriffen, und einige ihrer frühen Verfechter bemühten sich, den Unterschied zwischen dem europäischen Begriff der Nation und dem muslimischen Begriff der Gemeinschaft der Gläubigen herauszuarbeiten.

Unter Abdülhamid II. (reg. 1876–1909) wurde ein kontrollierter und begrenzter Panislamismus zur offiziellen osmanischen Politik und eine nützliche Waffe im Arsenal des osmanischen Staates. Im eigenen Land half er dem Sultan bei seinen Appellen an die muslimische und speziell die arabische Loyalität gegen Liberale, Nationalisten, Reformisten und andere gefährliche Regimekritiker. Im Ausland verschaffte er den Botschaftern des Sultans die Möglichkeit, Unterstützung bei Muslimen auf der ganzen Welt zu mobilisieren, und schuf so ein Druckmittel, das bei Bedarf gegen die christlichen Reiche eingesetzt werden konnte.

Eine radikalere und militantere Form des Panislamismus begegnet uns in der stürmischen Laufbahn des Dschamal ad-Din, genannt al-Afghani oder al-Asadabadi (1838/39–1897). Seinen eigenen Angaben nach Afghane und folglich Sunnit, in Wirklichkeit Perser und folglich Schiit, behauptete er, seine Kindheit und

Jugend in Afghanistan verbracht und eine traditionelle muslimische Erziehung genossen zu haben; er verbrachte dann ein Jahr in Indien, wo er mit modernerem Bildungsgut bekannt wurde, und trat 1857 die Pilgerfahrt an. Bei seiner Rückkehr nach Afghanistan brachte er einige Jahre im Dienste des Emirs zu und fand es 1869 ratsam, sich nach Indien abzusetzen. Dies war der Anfang eines mehr als dreißigjährigen Herumziehens von Land zu Land, mit Aufenthalten in Indien und Ägypten, in Persien und der Türkei; er verbrachte jeweils mehrere Jahre in Frankreich und Rußland, und er besuchte London.

Die Lehren Dschamal ad-Dins sind eher Ausdruck eines Lebensweges als einer Ideologie und fügen sich nicht zu einem logischen Gedankengebäude zusammen. Er war ein scharfer Kritiker von Sir Saijid Ahmad Khan und den Reformern, die er aus emotionalen und politischen Gründen bekämpfte, nicht aus geistigen und religiösen: sie würden die islamische Geschlossenheit und Loyalität schwächen und damit den ungläubigen Imperialisten in die Hände arbeiten. Dschamal ad-Din hatte seine eigenen Reform- und Erneuerungspläne, die in vieler Hinsicht denen von Sir Saijid auffallend glichen, aber sein Ziel war es, den Islam zum Kampf zu rüsten, zum *Dschihad,* und nicht zur gleichberechtigen Zusammenarbeit. Trotz seiner Ausfälle gegen den »naturistischen Materialismus« Sir Saijids waren seine eigenen Anschauungen mitunter suspekt; einige seiner Schriften lassen vermuten, daß sein Beharren auf strenger Orthodoxie für die Massen gedacht war und nicht für die geistige Elite, der er angehörte. Es ist oft gesagt worden, daß der Islam ebenso eine Kultur wie ein Glaube ist. Für Dschamal ad-Din war er eine Kultur, potentiell eine Weltmacht, und nur nebenbei ein Glaube; seine Grundforderung war Loyalität, nicht Frömmigkeit. Die Muslime sollten sich vereinigen wie die Deutschen und die Italiener, und Dschamal ad-Din brachte sein Leben mit der Suche nach einem muslimischen Monarchen zu, dessen Bismarck oder Cavour er sein konnte. Der Feind, vor dem der Islam gerettet werden mußte, war Europa und ganz besonders Großbritannien, die imperiale Macht in Indien und Ägypten.

Dschamal ad-Dins Äußerungen zum französischen und russischen Imperialismus in Afrika und Asien sind spärlich und oberflächlich. Auf seiner Suche nach einer politischen Schlüsselfigur des Panislamismus versuchte er zu unterschiedlichen Zeiten mit dem Chediwe, dem Schah und dem Sultan zusammenzuarbeiten, aber geriet mit allen in Schwierigkeiten. Er wurde 1891 aus Persien vertrieben und verbrachte seine letzten Jahre in höflich kaschierter und weitgehendst angenehmer Gefangenschaft in der Türkei.

Das Werk Sir Saijid Ahmad Khans und anderer Reformer hatte wichtige Auswirkungen auch auf diejenigen, welche ihre Methoden wie ihre Ziele ablehnten. Zu diesen Auswirkungen gehörten die Verbreitung westlicher Kenntnisse, ein wachsendes Bewußtsein für die Notwendigkeit einer Reform der muslimischen Erziehung und ein breiteres Verständnis für die Forderung nach einer Überprüfung und Neuformulierung islamischer Werte, orientiert an modernen Theorien und Maßstäben. Diese Aussagen finden sich selbst in den Schriften des militanten Panislamisten Dschamal ad-Din, der trotz seiner heftigen Angriffe auf die Reformer ihr Bestreben teilte, die islamische Gesellschaft und den islamischen Glauben zu modernisieren und damit gegen den Druck durch westliche Macht und die Kritik durch westliche Anschauungen zu festigen.

Viel mehr Erfolg mit diesen Zielsetzungen als Dschamal ad-Din hatte auf lange Sicht sein – ihm geistig überlegener – Mitstreiter und Schüler, der Ägypter Muhammad Abduh (1849–1905), eine Zeitlang Mufti von Ägypten und eine führende Persönlichkeit bei der geistigen Erneuerung des Islam. Nach anfangs engem Anschluß an Dschamal ad-Din und seinen politischen Panislamismus begann Muhammad Abduh bald, eigene Wege zu gehen. Für ihn ist die Politik, sogar das zentrale Problem der Unabhängigkeit von Fremdherrschaft, von untergeordneter Bedeutung; Patriotismus und Nationalismus sind in seinen Augen beide suspekt, da sie das religiöse Band der Brüderlichkeit tendenziell schwächen, das alle Muslime zusammenschließt und ihre wahre Identität und Solidarität bildet: »Sobald einer, der sich zum Islam bekennt, in seinem

Glauben gefestigt ist, wird er aufhören, sich um seine Rasse oder
seine Nation zu kümmern; er wird Sonderbindungen loslassen und
das allgemeine Band ergreifen, das Band des Gläubigen.«[7]
  Die erste Sorge des Muslims ist somit der Islam, der ihn er-
zieht, zivilisiert und ihm eine Identität gibt, ihn zu dem macht, was
er ist, und ihn besser zu machen sucht. Aber über den Islam sind
schlechte Zeiten hereingebrochen; Schwäche und Irrtum im In-
nern, Druck und Beeinflussung von außen sind schuld, daß die
islamischen Werte verdorben und verfälscht wurden und jetzt wiederhergestellt und verteidigt werden müssen, wenn sie dem Angriff der westlichen Kritik standhalten und den Wettstreit mit westlichen Ideen überstehen wollen. Dieser Aufgabe, dem Entwurf und
der Ausführung eines Systems islamischer Grundsätze und Werte
mit Bezug auf die Bedürfnisse und Vorstellungen seiner Zeit, wid-
mete Muhammad Abduh sein Leben.
  In einem Buch über die Beziehung des modernen islamischen
Denkens zum westlichen Imperialismus unterscheidet ein Professor der Al-Azhar-Universität zwei Haupttendenzen, denen er,
unter Benützung neuerer Begriffe, die Namen Kollaboration und
Widerstand gibt. Die kollaborationistische Tendenz wird vertreten
von Sir Saijid Ahmad Khan und von der kadianischen Ahmadijja-
Sekte; für den Widerstand stehen Dschamal ad-Din und Muhammad Abduh.[8]
  Widerstand gegen christliche und postchristliche geistige Einflüsse aus dem Westen war zweifellos eines der Hauptziele von
Muhammad Abduhs Denken und Lehren. Sein Drängen auf die
Notwendigkeit, die Überformungen des postklassischen Islam ab-
zuwerfen und zum reinen, unverfälschten und unverdorbenen
Glauben und Brauch der frühen Muslime zurückzukehren, erinnert an die Lehre der Nakschbandi-Erneuerer und der wahhabitischen Puritaner, von denen er, direkt oder indirekt, sicherlich beeinflußt war. Die geistige Bewegung, die er anführte, wird auch
nach dieser charakteristischen Doktrin als Salafijja bezeichnet, die
Anhänger der Salaf, der großen Vorfahren. Aber Muhammad
Abduh war weder ein bloßer Fanatiker noch ein bloßer Reaktionär

und bot seinem Volk etwas Substantielleres an als leeren Haß auf
die Ungläubigen oder das Phantom einer Rückkehr zu einer
weitgehend mythischen Vergangenheit. Wenn er auch die über-
triebene Unterwürfigkeit einiger Modernisten und Reformer
gegenüber der westlichen Zivilisation ablehnte, war er dennoch
durchaus bereit, die moderne Wissenschaft und Technik und
moderne Erziehungsmethoden zu akzeptieren und in einer Neu-
fassung der islamischen Lehre sogar moderne Theorien und
Erkenntnisse zu berücksichtigen.

Muhammad Abduhs Kampf für den Islam war im wesentlichen
friedlich und auf religiöse, ethische und kulturelle Ziele gerichtet,
nicht auf Politik oder Krieg. Bewaffneter religiöser Widerstand
einer einfacheren und militanteren Art gegen die Herrschaft des
Westens oder verwestlichter Regimes flammte von Zeit zu Zeit immer noch in fernen oder abseits liegenden Gebieten auf. Das Vorgehen des Senussi-Ordens in Libyen erst gegen die Osmanen und
dann gegen die Italiener, der Aufstand des Mahdis im Sudan gegen die türkisch-ägyptische Herrschaft und das europäische Vordringen, Ma al-Ainain in Mauretanien und der sogenannte »Mad
Mullah« aus Somaliland sind allesamt Beispiele für solche Bewegungen, die an Schamil, Abd al-Kadir und Ahmad Brelwi in der
ersten Hälfte des 19. Jahrhunderts erinnern. Es ist bemerkenswert,
daß sie sich alle in Afrika abspielten, das inzwischen zum Haupt-
betätigungsfeld westlicher Kolonialpolitik geworden war.

In den Kernländern des Nahen Ostens war von religiöser Militanz weniger zu spüren. Sie spielte, in verschiedenen Formen,
eine gewisse Rolle bei Abdülhamids offiziell geförderter Version
des Panislamismus, in der ägyptischen nationalen Bewegung und
in der persischen konstitutionellen Revolution. Sie war jedoch in
keinem dieser Fälle ein bedeutender Faktor und stand in den
politischen Programmen der damaligen radikalen Eliten im Schatten liberaler und patriotischer Ideologien. Die religiöse Feindschaft gegenüber dem Westen und mehr noch den verwest-
lichenden Reformern schwelte jedoch weiter und entbrannte in
dem Aufstand gegen die Jungtürken, der am 12. April 1909 in

Istanbul ausbrach. Einige Tage zuvor, am 5. April, fand in der Ha-
gia-Sophia-Moschee eine Versammlung statt, auf der ein Verband
namens »Muhammadanische Union« gegründet wurde. Eine Zeitschrift namens *Volkan* wurde zur Verbreitung seiner Ideen her-
ausgegeben. Diese Ideen, als »revolutionärer islamischer Interna-
tionalismus« bezeichnet, waren eine Verbindung von extremem
muslimischen Traditionalismus, militantem Panislamismus und
Feindschaft gegenüber den Jungtürken und allem, was sie reprä-
sentierten. Der Anführer der Gruppe und Herausgeber ihrer Zeitschrift war ein Bektaschi-Derwisch aus Zypern namens Vahdeti. Die
Männer der Muhammadanischen Union beschränkten sich nicht
auf Versammlungen und Presseaktivitäten, sondern hatten auch
einen gewissen Anteil am konterrevolutionären Aufstand des Ersten Armeekorps. Das Programm der Aufständischen und ihrer
Anhänger war einfach: »Die Scharia [das heilige Recht] ist in Gefahr; wir wollen die Scharia!« Sie wollten, sagten sie, keine Offiziere mit Akademieausbildung *(mektepli sabit)*.

Der Aufstand wurde niedergeschlagen, und seine Anführer
wurden zum Tode verurteilt. Die Religionsfrage jedoch blieb
weiter ein vorrangiges Anliegen der Türken und spielte in den
intellektuellen Auseinandersetzungen und politischen Konflikten
der jungtürkischen Periode eine wichtige Rolle. Die Journale und
Magazine jener Zeit, die ein hohes Maß an Freiheit mit einem
hohen inhaltlichen Niveau verbanden, enthalten die wohl best-
informierten und sachlichsten Diskussionen, die es je zwischen
Konservativen und Modernisten und zwischen den diversen Gruppen in jedem Lager gegeben hat. Die militante Reaktion hielt sich
weitgehend bedeckt und brach nur gelegentlich aus, so etwa in
der von dem Gendarmerieoffizier Ali Kemal geführten erfolglosen
Verschwörung von 1910 zum Sturz der gottlosen Jungtürken und
zur Wiederherstellung der Scharia.

Der Erste Weltkrieg mit seinem Nebenkonflikt zwischen dem
von den Deutschen angezettelten osmanischen Dschihad und dem
von den Briten angezettelten arabischen Aufstand brachte einige
Verwirrung in die Gemüter und Loyalitäten der Muslime, die in

jedem Fall von der ungeheuren Militärmacht der beiden krieg-
führenden europäischen Parteien gründlich verschreckt waren.
Ein Wandel begann sich gegen Ende des Krieges abzuzeichnen
und kam in der unmittelbaren Nachkriegszeit rasch in Gang. Er
war bis zu einem gewissen Grade von den Revolutionen in Rußland vorbereitet, die den Zusammenbruch der kapitalistischen
europäischen Zivilisation anzukündigen schienen. Ein bedeutender Faktor dabei war auch die Desillusionierung der Führer des
arabischen Aufstands, die so weit ging, daß sie sogar Geheimver-
bindungen zu ihren osmanischen Herren aufnahmen, die jetzt
zwar Feinde waren, aber doch Glaubensbrüder. Der deutsche
General Liman von Sanders erwähnt in seinen Erinnerungen, daß
in der zweiten Augusthälfte des Jahres 1918 der Scherif Faisal in
einer geheimen Botschaft Dschemal Pascha vor der bevorstehenden britischen Offensive gewarnt und angeboten habe, zu den
Türken überzuwechseln, wenn ihm bestimmte Garantien für die
Bildung eines arabischen Staates gegeben würden.[9] Es ist eine Iro-
nie, daß dieses Angebot in der völlig irrigen Meinung zurück-
gewiesen wurde, es handele sich dabei um eine von den Briten
ausgeheckte Kriegslist.

In der Zeit der Verzweiflung und Wut, die auf die osmanische
Kapitulation folgte, waren die islamischen Loyalitäten sehr stark,
und an eben diese Loyalitäten richteten sich die ersten Aufrufe
zum Widerstand. Bei ihrem Versuch, Anhänger in muslimischen
Ländern zu gewinnen, fanden es sogar die Kommunisten ratsam,
an die islamische statt an die Klassen- oder die nationale Solidarität zu appellieren, und sie arbeiteten, vorsichtig und unsicher,
mit den Vertretern des Panislamismus zusammen, die sie für ihre
eigenen Zwecke auszunützen versuchten. Trotz ihres Säkularismus
und Nationalismus waren sich die Jungtürken nicht zu schade
dafür gewesen, die panislamische Karte auszuspielen, wenn es
ihnen gelegen kam, und Enver Pascha hatte 1918 Truppen mit
dem großspurigen Namen »Armee des Islam« zur Befreiung der
Muslime des Russischen Reiches aufgeboten. Nach der Niederlage
der Mittelmächte begaben sich einige Führer der Jungtürken nach

Moskau, das jetzt das Hauptzentrum der Opposition gegen den westlichen Imperialismus war, und sie beschäftigten sich mit Plänen für eine muslimische internationale revolutionäre Bewegung. 1921 wurde ein Kongreß der »Union der Islamischen Revolutionären Gesellschaften« unter Enver Paschas Vorsitz in Berlin und Rom abgehalten. Seine kommunistische Tendenz war klar.

Die von jeher wacklige Allianz zwischen Kommunismus und Panislamismus war von kurzer Dauer. Der im Auftrag der Sowjets nach Zentralasien entsandte Enver Pascha schloß sich ihren nationalistischen Gegnern an und fand 1922 im Kampf gegen die Rote Armee den Tod. Sultan-Galijew, der tatarische Schulmeister, der 1918 mit Stalin im Volkskommissariat für Nationalitäten arbeitete und den Gedanken einer revolutionären Internationale der Kolonialvölker unabhängig von der Komintern faßte, wurde 1923 wegen »nationalistischer Abweichungen« festgenommen und verschwand bei einer späteren Säuberung.

Die wichtigste und einzige erfolgreiche Widerstandsbewegung gegen den siegreich vorrückenden Westen gab es in Anatolien, wo eine Gruppe von Rebellen unter Führung Mustafa Kemals sich gegen die Alliierten, die Griechen und die unterworfene osmanische Regierung behauptete. Der spätere Säkularismus und Patriotismus der Kemalisten hat den stark islamischen Charakter der Bewegung in ihren Anfangsphasen vergessen lassen, als ihr erklärtes Ziel die Freiheit der »islamischen Länder« und der »islamischen Bevölkerungen« war – die Befreiung des Sultans und Kalifen und die Vertreibung der ungläubigen Eindringlinge. Muslimische religiöse Führer, sowohl Ulema als auch Angehörige der Derwisch-Bruderschaften, ragten unter den Gründern und frühen Anhängern der Bewegung heraus.

Drei von ihnen waren unter den neun Schirmherren der berühmten »Gesellschaft zur Verteidigung der Rechte von Ostanatolien«, die im Sommer 1919 in Erzurum gegründet wurde; einer davon war ein Scheich des Nakschbandi-Ordens. Als die erste Große Nationalversammlung 1920 in Ankara zusammentrat, gehörten dreiundsiebzig ihrer dreihunderteinundsechzig Mit-

glieder zur Geistlichkeit, vierzehn davon waren Muftis und acht
Führer von Derwischorden. Im Februar 1921 führte der Scheich
des Senussi-Ordens aus Libyen, der sich drei Monate zuvor den
Kemalisten angeschlossen hatte, den Vorsitz bei einem panislamischen Kongreß in Sivas, auf dem viele arabische Delegierte zuge-
gen waren. Im März 1921 nahm die Große Nationalversammlung
als Nationalhymne die ersten beiden Strophen eines tiefreligiösen
Gedichts von Mehmet Akif an, dem antinationalistischen »Dichter
des Islam«, der nach Anatolien gekommen war, um sich dem
Widerstand anzuschließen. Im April 1921 wurde im besetzten
Istanbul ein Gottesdienst zu Ehren der Märtyrer abgehalten, die
im Heiligen Krieg in Anatolien gefallen waren, und ein junger verwestlichter türkischer Intellektueller war emotional so tief auf-
gewühlt, daß er sich zu der Überlegung veranlaßt sah, die wahre
Heimat seines Volkes sei nicht »der nationale Club, der kulturelle
Vortrag, die politische Versammlung«, sondern die Moschee und
die Gemeinde, »das Haus, die Heimat und das Vaterland« dieser
Nation. Dies erinnert auffallend an die Bemerkung des Großwesirs
und islamischen Erneuerers Mehmet Said Halim Pascha wenige
Jahre zuvor, im Jahre 1917, »das Vaterland eines Muslims ist überall dort, wo die Scharia regiert«[10].

Aber die Stimmung schlug um. Der Sultan-Kalif in Istanbul
wollte sich nicht befreien lassen, und er und seine Ulema schleu-
derten Bannflüche auf die Rebellen in Anatolien. Der Islam
wurde in dieser Situation identisch mit gesellschaftlicher Reaktion
und politischer Unterordnung. Die Kemalisten schwenkten von
religiösen zu nationalistischen Appellen um und wagten sich weit
vor auf dem Weg der Säkularisierung.

Ihr Säkularismus war sozusagen durch den Erfolg geheiligt. Als
einzige unter den Verlierermächten des Ersten Weltkriegs war es
den Türken gelungen, den Siegern zu trotzen und einen den
eigenen Wünschen entsprechenden Frieden auszuhandeln. Als
einziges unter den niedergeworfenen Völkern Asiens hatten die
Türken es fertiggebracht, die Invasoren zu vertreiben und die volle
nationale Souveränität wiederherzustellen. Die Wirkung ihrer

Erfolge ließ sich mit der des japanischen Sieges über Rußland eine Generation vorher vergleichen. Die Japaner hatten die Lektionen des Modernismus und Liberalismus gelehrt; die kemalistischen Türken demonstrierten die Vorzüge des säkularen Nationalismus, und eine neue Generation von Führern in den arabischen Ländern und anderswo sah sich ermutigt, dem Westen die Stirn zu bieten und dem Beispiel der Türken zu folgen. Kein Land brachte es fertig, ihren Erfolg zu wiederholen.

In den zwanziger und dreißiger Jahren waren die vorherrschenden Ausdrucksformen politischer Loyalitäten, Meinungen, Bestrebungen und Interessen westlich – zumeist säkulare politische Parteien, die Programme aufstellten und um Wählerstimmen warben. Die wichtigste religiöse Bewegung war immer noch die Salafijja, deren Führung von Muhammad Abduh an seinen Schüler Raschid Rida (1865–1935) übergegangen war, einen in Ägypten ansässigen Syrer. Seine höchst beachtlichen theologischen Leistungen und sein nicht minder beachtlicher geistiger Einfluß blieben lange ohne direkte politische Konsequenzen. Gleichzeitig scheiterte 1925 der – wahrscheinlich unter dem Einfluß des türkischen Säkularismus unternommene – Versuch von Scheich Ali Abd ar-Rasik, die Religion aus der Politik herauszuhalten, am hartnäckigen Widerstand der Al-Azhar.

Die Anfänge einer aktiveren und allgemeineren Beschäftigung mit der Religion wurden schon in den dreißiger Jahren sichtbar, und zwar in der Welle populärer Schriften, in denen Muhammad und die frühen Helden des Islam gepriesen wurden. Herausragend unter ihnen war die Lebensgeschichte des Propheten von Muhammad Hussain Haikal, die 1935 erschien und sofort ungeheure Beliebtheit gewann. Das Leben des Propheten und der Kalifen wurde auch in einer vielgelesenen Reihe romantischer Werke aus der Feder des berühmten Schriftstellers und Intellektuellen Taha Hussain gepriesen.

In dieser Zeit wurden etliche religiöse Verbände, Clubs und Organisationen mit islamischen Programmen gegründet, die von vagen, allgemeinen Frömmigkeitsfloskeln bis zu einer mehr oder weniger direkten Formulierung von Salafijja-Lehren reichten. Eine dieser Organisationen, die 1931 in Algerien gegründete »Vereinigung der Ulema«, brachte es zu erheblichem Einfluß und Ansehen. Im Nahen Osten war ihre Rolle ungefähr bis 1945 gering und unbedeutend, weil beschränkt auf soziale und kulturelle Aktivitäten ohne politische Absicht oder Tendenz. Auf das Ende des Krieges 1945 und das daraus resultierende Nachlassen des westlichen Drucks folgte ein plötzlicher und gewaltiger Aufschwung religiöser Bewegungen, die von einem messianischen Radikalismus erfüllt waren, wie er in der islamischen Welt von den Tagen der mittelalterlichen Karmaten und Assassinen bis zu denen Schamils aus Daghestan und des Mahdis aus dem Sudan immer wieder aufgetreten ist. In den Kriegsjahren hatten große Armeen in den Ländern des Nahen Ostens gestanden und gekämpft, seine Völker für ihre Versorgung und ihre Kämpfe eingespannt und so einige bereichert und das Leben anderer zerstört. Während die großen Armeen noch da waren, wurden die daraus erwachsenden Belastungen und Nöte zwangsläufig nur hinter vorgehaltener Hand geäußert. Sobald die Armeen abzuziehen begannen, suchten und fanden die aufgestauten Bitterkeiten und Feindseligkeiten neue Ventile.

Binnen sehr kurzer Zeit hatten sich die säkularen, politisch-nationalistischen und patriotischen Bewegungen gerade durch ihre Erfolge überlebt und diskreditiert. Mit der Erreichung ihrer klassischen Ziele der politischen Souveränität und der konstitutionellen Regierung hatten sie gezeigt, wie hohl und unzulänglich diese waren. Als sie die Unterstützung der Nation – und nicht bloß einer herrschenden, aber nicht repräsentativen Minderheit – wirklich errungen hatten, wurde die Kluft zwischen ihren europäisierten politischen Gepflogenheiten und Ideologien und den tieferen Gefühlen und Wünschen der Menschen, die sie zu repräsentieren beanspruchten, offenbar. Bald wurden sie in einem Land nach dem anderen von Bewegungen einer neuen Art hinweggefegt.

In den dreißiger und frühen vierziger Jahren hatten Faschismus und Nationalsozialismus für viele eine verführerische Alternative zum westlichen Liberalismus dargestellt, eine Ideologie, mit der sich zwei Vorteile verbanden: die Gegnerschaft zur westlichen Lebensweise, zur Gruppe der Westmächte, und die Unterstützung durch einen unerhört starken antiwestlichen Militärblock. 1945 jedoch war der Faschismus durch die militärische Niederlage diskreditiert; die mehr oder weniger faschistischen Gruppen und Verbände im Nahen Osten lösten sich auf oder schlugen andere Töne an, und ihre Führer sahen sich nach anderen Orientierungen oder wenigstens nach anderen Namen um.

Rußland, das noch von seinem ungeheuren Kampf gegen die deutsche Wehrmacht geschwächt war, hatte zunächst noch nichts zu bieten. Eine Zeitlang schien die Labour-Regierung im Nachkriegs-Großbritannien sozialistische und antiimperialistische Anstöße geben zu können. Als diese Hoffnung enttäuscht wurde, schien ein wiedererstarkendes Rußland, das damals in den Kalten Krieg mit dem Westen eintrat, sowohl eine alternative Lebensweise als auch einen Vorkämpfer gegen westliche Dominanz zu verkörpern. Je stärker die Feindschaft gegenüber westlicher Macht und westlichen Gepflogenheiten unter den Völkern des Nahen Ostens wurde, um so mehr wetteiferten marxistische Kommunisten und islamische Fundamentalisten mit radikalen Nationalisten darum, die Wut und die Enttäuschung der muslimischen Massen zu mobilisieren und zu lenken.

In den zurückliegenden einhundertfünfzig Jahren waren sowohl die Gegenstände, auf die sich der Unmut richtete, als auch die ideologischen Mittel, ihn auszudrücken, aus Europa gekommen. Selbst jetzt noch gab es einige, die nach der westlichen Doktrin des Sozialismus als ideologischer Orientierung für die nächste Phase des antiwestlichen Kampfes griffen. Aber viel bedeutender waren in den späten vierziger und frühen fünfziger Jahren die religiösen Vereinigungen, deren leidenschaftliche Wiederbelebung islamischer Anschauungen, Werte und Normen den Gefühlen der unterdrückten niederen Klassen, in ihrem Aufbegehren gegen ihre eigenen verwestlichten Herren und Ausbeuter ebenso wie gegen den Westen selbst, viel mehr entsprach.

Die aktivste und erfolgreichste dieser Vereinigungen war die
Muslimbruderschaft – al-Ichwan al-Muslimun –, ein weitverbreite-
ter, halb geheimer Bund mit Zellenorganisation, paramilitärischen
Jugendgruppen und einem ausgedehnten Netz von Aktivitäten
und Projekten auf dem Bildungs- und sogar dem Wirtschaftssek-
tor. Nachdem sie in den zwanziger Jahren von dem ägyptischen
Dorfschullehrer Scheich Hassan al-Banna (1906–1949) gegründet
worden war, den man den Höchsten Führer (al-Murschid al-Amm)
nannte, wuchs die Bewegung in den dreißiger Jahren rasch an und
ging in den vierziger Jahren zum direkten politischen Handeln
über.

Die Muslimbrüder waren bald in der Lage, eine wichtige und
vehemente Rolle in der ägyptischen Politik zu spielen, besonders
in der entscheidenden Periode zwischen dem Kriegsende und der
Festigung des Militärregimes. Eine Weile traten sie beinahe als
neue politische Partei auf und genossen die Unterstützung von
König Faruk gegen den Wafd. 1948 kämpften ihre Freiwilligen-
verbände im Palästinakrieg; bei ihrer Rückkehr nach Ägypten
sollen sie einen Marsch auf Kairo und einen Putsch geplant haben,
um sowohl die Regierung als auch die Monarchie zu stürzen und
sie durch eine theokratische Republik zu ersetzen. Der Ministerpräsident Nukraschi Pascha schlug als erster zu. In einer Reihe von
Maßnahmen, die am 8. Dezember 1948 begannen, entwaffnete er
die Bruderschaft, löste ihre Verbände auf, beschlagnahmte ihr Ver-
mögen und nahm viele ihrer Mitglieder fest. Drei Wochen später,
am 28. Dezember, fiel er der Kugel eines Attentäters zum Opfer,
der sicher ein Mitglied der Bruderschaft war, wenn er vielleicht
auch nicht auf Anweisung handelte. Am 12. Februar 1949 wurde
Scheich Hassan al-Banna seinerseits unter Umständen ermordet,
die niemals ganz aufgeklärt wurden.

Eine Zeit intensiver Untergrundtätigkeit schloß sich an,
während der Hassan al-Hudaibi das Amt des Höchsten Führers
übernahm. 1951 bekam die Bruderschaft einen Teil ihres Besitzes
zurückerstattet und durfte wieder offen tätig werden. Sie spielte
eine nicht unbedeutende Rolle im Kampf gegen die Briten in der

Kanalzone und in den gewalttätigen Unruhen, die zur Revolution von 1952 führten. Nach einer Periode angespannter Zusammenarbeit zwischen der Bruderschaft und dem Militärregime verschlechterten sich die Beziehungen rasch. Ein erfolgloser Anschlag auf das Leben von Oberst Nasser am 26. Oktober 1954 hatte das Verbot der Organisation zur Folge sowie ein Gerichtsverfahren gegen ihre Anführer, von denen sieben zum Tode verurteilt wurden. Das Urteil gegen den Höchsten Führer wurde aus Altersgründen umgewandelt; die anderen sechs Todesurteile wurden prompt vollstreckt. In einer Erklärung vom 17. November 1954 beschuldigte die Universität Al-Azhar die Bruderschaft, sie habe »die von Allah in seiner Offenbarung gesetzten Grenzen zwischen Gut und Böse überschritten«[11].

Das Bild der Bruderschaft in der Öffentlichkeit ist – zum Teil, wenn auch nicht völlig selbst verschuldet – gekennzeichnet von explosiver Gewalt und einem blinden, erbitterten Fanatismus. Doch gibt es auch positive Aspekte, die auf den Einfluß von Lehren der Salafijja zurückgehen und von Wilfred Cantwell Smith folgendermaßen beschrieben wurden:

Den Ichwan als rein reaktionär zu betrachten wäre unseres Erachtens falsch. Denn es ist in ihm auch das lobenswerte konstruktive Bemühen am Werk, eine moderne Gesellschaft aufzubauen auf der Basis der Gerechtigkeit und Menschlichkeit, als Extrapolation aus den besten Werten, die in der Tradition der Vergangenheit eingebettet liegen. Er verkörpert den Entschluß, die Degenerationserscheinungen nicht zu berücksichtigen, die die arabische Gesellschaft befallen haben: nämlich den im wesentlichen prinzipienlosen sozialen Opportunismus, der verbunden ist mit individueller Korruption. Ferner verkörpert er den Willen, zurückzukehren auf die Basis anerkannter moralischer Normen und einer integrierten Vorstellung der Gesellschaft und fortzuschreiten zu einem Programm der aktiven Verwirklichung allgemein angestrebter Ziele mit Hilfe eines organisierten Korps von disziplinierten und ergebenen Idealisten. Er repräsentiert zum Teil die Entschlossenheit, die inaktive Ehrerbietung gegenüber einem belang-

losen, statischen, rein transzendentalen Ideal hinwegzufegen und den
Islam aus der sentimentalen Begeisterung untätiger Bewunderer oder
aus der antiquierten Monopolstellung professioneller, in Denken und
Praxis an ein vergangenes Zeitalter gebundener Traditionalisten zu
lösen und in eine operative Kraft zu verwandeln, die sich aktiv mit
modernen Problemen auseinandersetzt.[12]

Leider sind diese Bestrebungen, wie so viele andere, durch die
Unfähigkeit vereitelt worden, sich den Realitäten der modernen
Welt zu stellen, ihre Probleme von einem modernen Standpunkt
aus zu betrachten und Lösungen im Bereich des Durchsetzbaren
zu entwickeln. Allzuoft haben Unwissenheit und Wut ein Ventil in
sinnloser und zerstörerischer Gewalt gefunden, die eher Ausdruck
eines Geisteszustands als eines Zielbewußtseins ist.

Die gleiche Verbindung von Idealismus und Gewalt, von Frömmigkeit und Terror ließ sich an der iranischen Organisation beobachten, die sich Fedajin-i Islam (Opferbereite für den Islam)
nannte – ein Name, den bezeichnenderweise im Mittelalter die
Sendboten des Alten vom Berge führten. Obwohl sie Schiiten
waren, vertraten sie panislamische Anschauungen ähnlich denen
der ägyptischen Bruderschaft, mit der sie in Kontakt standen. Am
7. März 1951 erschoß eines ihrer Mitglieder den iranischen Ministerpräsidenten General Rasmara. Es war ein Ägyptenbesuch des
Fedajinführers Nawab Safawi im Januar 1954, der den ersten schweren und offenen Zusammenstoß zwischen der Bruderschaft und
dem ägyptischen Regime auslöste. Noch während ihres bald darauf einsetzenden Niedergangs blieben die Fedajin ein ungewisser
und Unruhe stiftender Faktor in der iranischen Politik.

Sogar in der Türkei – in der verwestlichten, säkularisierten und
kultivierten Gesellschaft der kemalistischen Republik – hat es an
militanter religiöser Opposition gegen die kemalistische Revolution nicht gefehlt. Ihre Führer kamen meistens aus den Der-
wischbruderschaften, nicht aus dem Kreis der offiziellen Ulema.
Zu Kemals Lebzeiten war die Speerspitze der religiösen Reaktion
der Nakschbandi-Orden, dessen Mitglieder mehrere bewaffnete

Aufstände anführten, vor allem die 1925 in den südöstlichen Provinzen und 1930 in Menemen. Später predigten und kämpften die Tidschanijja und die Nurdschu-Bewegung gegen die kemalistische Revolution, wenn sie auch vor dem bewaffneten Aufstand zurückschreckten.

In den sechziger und siebziger Jahren schienen diese militanten religiösen Organisationen an Boden verloren zu haben, und in vielen Ländern waren sie verboten oder in ihrer Handlungsfreiheit beschränkt. Doch sie arbeiteten im stillen weiter, und sie trafen die Stimmung und die Wünsche sehr vieler Menschen in den verarmten Schichten der islamischen Gesellschaft. Selbst die Regierungen, wie modern und säkular sie sich auch gaben, fanden es häufig nützlich oder ratsam, islamische Gefühle und Loyalitäten zu berücksichtigen. Die Anbiederung des Ministerpräsidenten Adnan Menderes bei der türkischen Reaktion und die Benutzung des Islamischen Weltkongresses durch die Regierung der Vereinigten Arabischen Republik sind zwei Beispiele dafür. Die libanesischen Unruhen von 1961 wiesen eine beklemmende Ähnlichkeit mit Volksgruppenkonflikten zu anderen Zeiten und an anderen Orten auf, die ausreichte, um viele Christen zu beunruhigen und Orthodoxe und Maroniten zu einer heiklen und ungewohnten Allianz zu bewegen. Nichtmuslime fanden es von da an im allgemeinen klüger, sich mit einem erheblich geschrumpften Anteil am politischen und ökonomischen Leben abzufinden. Manche äußerten sich über den lauter werdenden Fanatismus, der mittlerweile so häufig zu vernehmen ist, besorgt, allerdings selten in der Öffentlichkeit.

Das am weitesten verbreitete und eine Weile erfolgreichste Instrument der islamischen Militanz, die Muslimbruderschaft, ist in einigen Ländern verboten worden, während ihre Betätigungsmöglichkeiten in anderen stark beschnitten sind. Doch an dem schwindenden Einfluß der Muslimbrüder war nicht nur der Druck von oben schuld; viel wichtiger war das Aufkommen neuer Bewegungen, die militanter, radikaler und extremer waren. In einer Zeit zunehmender wirtschaftlicher Not, sozialer Zerrüttung und poli-

tischer Demütigung besaß der neue Radikalismus größere Anziehungskraft und erschien verheißungsvoller als die konservativeren
Lehren und relativ vorsichtigen Taktiken der Bruderschaft.

Es ist, erst in der westlichen Welt und später auch in den muslimischen Ländern, üblich geworden, diese Bewegungen mit dem
Wort »fundamentalistisch« zu belegen – ein Ausdruck, der aus der
Geschichte des amerikanischen Protestantismus stammt. Der Begriff ist schlecht gewählt und die Analogie, die er herstellt, irreführend, da die Lehren und Ziele dieser Bewegungen und mehr
noch die Fragen, an denen sie sich vom »offiziellen« Islam schei-
den, völlig von denen verschieden sind, die die amerikanischen
christlichen Fundamentalisten von den »offiziellen« Kirchen trennen.

Der Protest der sogenannten muslimischen Fundamentalisten
richtet sich nicht gegen eine liberale Theologie oder eine
Korankritik, die beide in der muslimischen Welt kein wirkliches
Thema sind. Ihr Protest ist zugleich umfassender und, könnte man
sagen, fundamentaler. Er richtet sich gegen den gesamten Verän-
derungsprozeß, der während der letzten hundert und mehr Jahre
einen großen Teil der muslimischen Welt betroffen und dabei
neue Strukturen geschaffen und neue Werte aufgestellt hat. Die
Reformer und ihre Sympathisanten haben diese Veränderungen
als einen Modernisierungsprozeß begriffen, der für das Überleben
in einer von reicheren und stärkeren Mächten beherrschten Welt
unerläßlich sei. Für die Fundamentalisten sind diese Veränderungen böse und zerstörerisch: Ihre Werte untergraben die muslimische Moral, und ihre Strukturen höhlen das muslimische Recht
aus. Diejenigen, die solche Veränderungen fördern und betreiben,
sind Ungläubige oder Handlanger von Ungläubigen. Wenn sie
nach Name und Herkunft Muslime sind, sind sie noch etwas viel
Schlimmeres: sie sind Abtrünnige. Die Rettung des Islam vor den
Ungläubigen ist der Heilige Krieg, und die Strafe, die auf Abtrün-
nigkeit steht, ist der Tod.

Es waren Lehren wie diese, die einer Reihe von parallelen und
vielleicht miteinander verbundenen islamischen revolutionären

Bewegungen in den nahöstlichen Ländern und anderswo den Anstoß gaben. Ihre zwei größten Erfolge bis jetzt waren die Ermordung des ägyptischen Präsidenten Anwar as-Sadat und der Sturz des Schahs im Iran. Beide wurden als Taten des Dschihad gegen den gefährlichsten Feind angesehen – den Feind im eigenen Land, der den Islam von innen zerstören will. Das Verbrechen Sadats, des Schahs und ähnlicher Machthaber bestand in den Augen der Radikalen darin, daß sie das heilige Recht des Islam abgeschafft und die islamische Gesellschaft durch die Einführung und Durchsetzung von fremden Gesetzen und Gebräuchen verheidnischt hatten. Dies ist ihrer Meinung nach das äußerste Verbrechen an Gott und dem Islam, auf das die Todesstrafe steht. Herrscher und Regimes, die die Scharia aufgehoben haben, auch wenn sie dem Namen nach Muslime geblieben sind, haben ihren Rechtsanspruch verwirkt. Sie sind zu Feinden Gottes und damit aller wahren Muslime geworden. Die allen Muslimen auferlegte Pflicht zum Dschihad verlangt, daß als erstes, vor jedem Angriff auf einen äußeren Feind, der Tyrann im eigenen Land vernichtet und damit die Wiederherstellung einer wahrhaft islamischen Gesellschaft, regiert vom islamischen Recht, ermöglicht wird. Danach wäre, mit Gottes Hilfe, die Beseitigung des äußeren Feindes, dem durch muslimische Sünde und Schwäche erst Tür und Tor geöffnet wurde, eine relativ leichte Angelegenheit.

Für Sadats Mörder – und allgemein für die extremistischen Kreise, denen sie angehören – bestand Sadats Verbrechen, für das sie ihn zum Tode verurteilten, im Verrat des Islam und im Rückfall ins Heidentum. Seine Allianz mit Amerika und sein Friedensschluß mit Israel waren in ihren Augen nur besondere Manifestationen dieses umfassenderen und tieferen Übels. Die Anklage gegen den Schah war im wesentlichen die gleiche. Die ägyptischen Radikalen schafften es nur, ihren Herrscher zu vernichten; das Regime überlebte und hielt an seiner Politik fest. Die iranischen Radikalen hatten mehr Erfolg: Sie vernichteten das Regime und führten ihr Land in eine weitreichende Revolution, deren Ruf in der gesamten Welt des Islam vernommen wurde.

Die Revolution hatte tiefe Wurzeln im Iran. Die öffentliche Laufbahn ihres berühmtesten Führers scheint auf den Oktober 1962
zurückzugehen, als die Regierung des Schahs im Zuge der Ausweitung repräsentativer Institutionen ein Gesetz verkündete, das
die Wahl von Stadt- und Provinzräten im ganzen Land bestimmte.
Die islamischen Religionsführer stellten sich gegen das Gesetz und
brachten drei Haupteinwände vor. Erstens gab es, zum erstenmal
im Iran, den Frauen das aktive und sogar das passive Wahlrecht;
zweitens gab es dieses Recht auch den Nichtmuslimen; und um zu
zeigen, daß das keine bloße Formalität war, sah es drittens eine
Eidesformel vor, nach der gewählte Räte nicht auf den Koran, sondern auf »das Heilige Buch« schwören sollten – eine Formulierung,
mit der man deutlich andersgläubigen Räten entgegenkommen
wollte.

Die Religionsführer konnten eine mächtige Volksbewegung gegen das geplante Gesetz mobilisieren, das von Predigern und Lehrern in Moscheen und Hochschulen, in Petitionen mit Tausenden
von Unterschriften und mit Protest- wie Gebetsversammlungen
bekämpft wurde. Der damalige Ministerpräsident wollte die Opposition besänftigen, indem er zuerst die von ihr beanstandeten
Artikel wegzuerklären versuchte und die Verschiebung der Wahlen anbot und indem er dann den Religionsführern in Telegram-
men und Briefen mitteilte, daß man das Gesetz zurückgezogen
habe. Einige der Religionsführer waren damit zufrieden. Andere,
angeführt vom Ajatollah Khomeini, bestanden darauf, die private
Mitteilung des Kabinettsbeschlusses sei unzureichend, und es
bedürfe einer öffentlichen Bekanntmachung. Diese erfolgte am
1. Dezember 1962.

Khomeinis Erfolg in dieser Kraftprobe war ein Vorbote seines
späteren Triumphs; in seinen Ausführungen zu diesem Anlaß
kündigten sich seine späteren Manifeste an. Den Frauen das Wahlrecht zu gewähren, behauptete er, sei eine Übertretung islamischer
Grundsätze und »ein Versuch, unsere keuschen Frauen zu verderben«. Der Beschluß, Nichtmuslimen das aktive und passive
Wahlrecht zu geben, sei Teil eines weiter und tiefer gehenden

Komplotts, das gegen den Islam und damit letztlich gegen die Unabhängigkeit des Landes gerichtet sei. »Das Gesetz«, erklärte er, »ist vielleicht von den Spionen der Juden und der Zionisten aufgesetzt worden ..., der Koran und der Islam sind in Gefahr. Die Unabhängigkeit des Staates und der Wirtschaft sind von einem Putsch bedroht.«

Der Vorfall war in mehrerlei Hinsicht aufschlußreich. Er machte den Charakter von Khomeinis Bestrebungen und Ansichten deutlich; er bewies sein Geschick als charismatischer Führer ebenso wie als politischer Taktiker; und er zeigte die Bereitschaft wichtiger Teile der iranischen Bevölkerung, der religiösen Führung im Widerstand gegen die Regierung des Schahs zu folgen. Die Bedeutung dieser Ereignisse wurde von Khomeini vollauf verstanden; sie wurde sowohl von der Regierung des Schahs als auch von der liberalen Opposition unterschätzt, und dem Westen entging sie vollständig.

Ermutigt durch diesen Sieg, unternahm Khomeini im Jahr darauf einen neuen Angriff, als die Regierung des Schahs eine Bodenreform verkündete. Khomeini war nicht angetan von dieser Reform, die er als Täuschungsmanöver anprangerte. Ganz allgemein konnte er mit der vom Schah forciert betriebenen Modernisierung wenig anfangen, in der er das verborgene Wirken ausländischer Feinde erblickte: »Im Interesse der Juden, Amerikas und Israels müssen wir eingesperrt und umgebracht, müssen wir den bösen Absichten von Ausländern geopfert werden.« Dies stellte den Anfang einer Reihe von Reden, Predigten und Proklamationen dar, in denen er den Schah mit immer heftigeren Worten attackierte.

Im Juni 1963 wurde Khomeini festgenommen und in eine Militärkaserne gesperrt. Die Nachricht von seiner Verhaftung führte zu Demonstrationen und Unruhen, die nur mit großem Blutvergießen niedergeschlagen wurden. Zunächst scheint der Schah gehofft zu haben, er könne mit Khomeini gütlich verhandeln. Kaiserliche Abgesandte suchten ihn in seinem Gefängnis auf und versuchten ihn zu überreden, sich nicht in die Politik einzumischen. Khomeini erzählte später, einer seiner Besucher, kein Geringerer als der Chef des Geheimdienstes Savak, habe zu ihm gesagt: „Politik ist Lüge, Betrug, Schande und Gemeinheit. Überlassen Sie die Politik uns.« Worauf Khomeini nach eigener Aussage erwiderte: »Der ganze Islam ist Politik.«

Zehn Monate nach seiner Verhaftung wurde Khomeini freigelassen und durfte nach Ghom heimkehren. Offiziell wurde bekanntgegeben, er habe eingewilligt, sich aus politischen Angelegenheiten herauszuhalten; er selbst bestritt, jemals ein solches Versprechen gegeben zu haben. Auf jeden Fall hielt er sich nicht daran. Zehn Tage nach seiner Rückkehr nach Ghom hielt Khomeini eine große Rede, der weitere folgten. Obwohl sie im Ton etwas gemäßigter waren als seine früheren Erklärungen, war die Opposition deutlich herauszuhören, und seine Anprangerung des Schahs und seiner angeblichen ausländischen Herren wurde immer heftiger. Als das iranische Parlament im Oktober 1964 ein Gesetz verabschiedete, das den Amerikanern im Iran juristische Immunität gewährte, brandmarkte Khomeini es als »ein Dokument der Versklavung des Iran«. Durch diesen Beschluß, sagte er, habe das Parlament »bestätigt, daß der Iran eine Kolonie ist; es hat Amerika die Bescheinigung gegeben, daß die Nation der Muslime barbarisch ist«.[13]

Durch diese Beschwerde konnte Khomeini ein wichtiges neues Element zu seiner Anhängerschaft hinzugewinnen. Mit der Verurteilung der Ausdehnung politischer Rechte auf Frauen und Nichtmuslime sprach er vielen aus der konservativen Händler- und Handwerkerschicht und von den frommen Armen aus der Seele. Mit dem Auftreten gegen die juristische Immunität für Amerikaner brachte er Gefühle und Meinungen zum Ausdruck, die von Liberalen und Nationalisten geteilt wurden und unter den Gebildeten und Modernisierungsfreundlichen ziemlich allgemein bestanden. Im November 1964 wurde Khomeini abermals verhaftet und diesmal ins Exil geschickt – erst im Irak und später in Paris –, aus dem er vierzehn Jahre lang nicht wiederkehrte.

Khomeinis erster Schritt in Richtung Heimat war sein Umzug

aus dem Irak nach Paris. Obwohl die Entfernung viel größer war, waren die Kommunikationsmöglichkeiten ungleich besser. Als König Ibn Saud 1927 erstmals das Telefon in seinem arabischen Königreich einführte, waren die Ulema erst nach einer großen theologischen Debatte davon zu überzeugen, daß diese Erfindung der Ungläubigen rechtlich zulässig war. Khomeini und seine Anhänger hatten keine derartigen Bedenken. Sie waren von Anfang an bereit, von der modernen Technik, ihren militärischen Waffen und – was in der ersten Zeit noch wichtiger war – ihren Kommunikationsmedien vollsten Gebrauch zu machen. Die islamische Revolution im Iran war wahrscheinlich die erste Revolution in der neueren Geschichte, die durch Telefon, Fernsehen und Kassettenrecorder eingeleitet wurde.

In Nadschaf im Irak, wo Khomeini viele Jahre gelebt hatte, waren die Medien technisch rückständig und politisch zensiert. In Frankreich kam er in den vollen Genuß direkter Durchwahlmöglichkeit und freier Rede. Per Telefon konnte er seine vielen Anhänger und Schüler im Iran erreichen und instruieren. Per Kassette konnte er seine mit bekannt volltönender Stimme gesprochenen Gedanken viel größeren Scharen nahebringen, als sich je in eine Moschee drängen konnten. Dank dem Fernsehen und der Bereitwilligkeit der Anstalten konnte er zumindest die Duldung und oftmals die lebhafte Unterstützung wichtiger Sektoren der westlichen öffentlichen Meinung und sogar der westlichen Regierungen gewinnen.

Seine triumphale Rückkehr in den Iran im Jahre 1979 war der Höhepunkt einer langjährigen Entwicklung, in deren Verlauf die Stellung des Schahs und seines Regimes im eigenen Land wie international gründlich unterminiert wurde, während die revolutionären Kräfte die Hoffnungen und Sehnsüchte von Millionen Iranern weckten und die wohlwollende Unterstützung eines außerordentlich großen Teils der Weltöffentlichkeit hatten.

Nach Khomeinis Rückkehr und der Errichtung der Republik durchlief der Iran die klassischen Stadien einer größeren Revolution: Aufruhr und Unterdrückung, Terror und revolutionäre

»Gerechtigkeit«, Intervention und Krieg, ideologischer Streit und politischer Konflikt und große gesellschaftliche Umwälzung. Jede Revolution hat ihren Preis, und die Iraner mußten ihre teuer bezahlen. Was sie davon haben werden, weiß man noch nicht, und es wird lange dauern, bis man ein Urteil darüber sprechen kann. Man kann jedoch soviel sagen, daß unter den vielen Machtergreifungen, die im 20. Jahrhundert im Nahen Osten als Revolutionen ausgerufen wurden, die Iraner einen neuen Modellfall schufen, indem sie eine Revolution durchführten mit langer ideologischer Vorbereitung, sorgfältiger und genauer Planung, breiter Mitwirkung der Massen und weitreichenden Auswirkungen in allen Ländern, mit denen sie als Muslime einen gemeinsamen geistigen Horizont hatten. Verglichen mit diesen Ereignissen verblassen frühere Bewegungen in den Nachbarländern, die sich revolutionär nannten, zur Bedeutungslosigkeit. Wie die Franzosen und die Russen zu ihrer Zeit haben die iranischen Revolutionäre vor internationalem wie vor heimischem Publikum gespielt, und ihre Revolution übte auf andere muslimische Völker außerhalb des Iran eine Zeitlang eine gewaltige Faszination aus. Ihre Anziehungskraft war zwar natürlich bei schiitischen Bevölkerungsgruppen am stärksten, doch war und bleibt sie auch in vielen Teilen der muslimischen Welt sehr stark, in denen die Schia unbedeutend oder unbekannt ist. Wie die westlichen Radikalen, die zu ihrer Zeit mit nahezu messianischer Begeisterung auf die Ereignisse in Paris und Petersburg reagierten, Ereignisse, »die die Welt erschütterten«, so reagierten Millionen junger und nicht mehr so junger Männer und Frauen in der gesamten islamischen Welt auf die Ereignisse in Teheran – mit dem gleichen Gefühlsüberschwang, der gleichen Erhebung der Herzen, den gleichen grenzenlosen Hoffnungen, der gleichen Bereitschaft, alle möglichen Greuel zu entschuldigen und zu rechtfertigen, und der gleichen Frage: Wo als nächstes?

Der lange und letzten Endes verlorene Krieg mit dem Irak, die wachsenden wirtschaftlichen Nöte im eigenen Land, die Unfähigkeit der revolutionären Führung, den Lebensstandard zu heben oder auch nur zu halten, verbunden mit der mitunter grausamen

Repression, mit der das Regime sich hielt und seine Normen durchsetzte – dies alles verringerte seine Anziehungskraft in der muslimischen Welt beträchtlich und zweifellos auch seine Basis daheim, auch wenn das aus naheliegenden Gründen weniger sichtbar ist. Und doch, trotz all dieser Rückschläge können die radikalen islamischen Bewegungen nach wie vor die Ängste und Hoffnungen, die Unzufriedenheit und Sehnsüchte der muslimischen Massen artikulieren und sie in Krisenzeiten zum Handeln mobilisieren.

Soviel steht fest: Von allen großen Bewegungen, die den Nahen Osten während der letzten anderthalb Jahrhunderte erschüttert haben, entstammen einzig die islamischen Bewegungen wirklich nahöstlichem Geist. Liberalismus und Faschismus, Patriotismus und Nationalismus, Kommunismus und Sozialismus waren alle europäischen Ursprungs, wie sehr sie auch von nahöstlichen Parteigängern angepaßt und umgeformt wurden. Einzig die religiösen Ideologien entsprangen der heimischen Erde und drückten die leidenschaftlichen Gefühle der verarmten Bevölkerungsmassen aus.

Immer wieder haben die Fundamentalisten gegen ihre sämtlichen Konkurrenten bewiesen, daß ihre Losungen und Symbole am wirksamsten und ihre Ausführungen am verständlichsten und zündendsten sind, sowohl wenn sie die Schwächen eines alten und diskreditierten Regimes kritisieren, als auch wenn sie Forderungen nach einer neuen und besseren Ordnung an seiner Statt stellen. Ihre alten Rivalen, der marxistische Kommunismus und der arabische Sozialismus, haben sich durch ihr Scheitern unmöglich gemacht, der eine in Rußland und seinen Satellitenstaaten, der andere in den arabischen Ländern, die ihn ausprobiert haben. Ihre neuen Konkurrenten, die Vertreter der in einer bürgerlichen Gesellschaft geschützten Menschenrechte und des in einer freien Wirtschaft gewährleisteten ökonomischen Fortschritts, müssen sich erst noch Gehör verschaffen. In ihrem Wettstreit mit den Liberalen haben die Fundamentalisten einen immensen Vorteil. Liberale an der Macht müssen gemäß ihrer eigenen Weltanschauung zulassen, daß die Fundamentalisten sie abzulösen versuchen, sooft sie nur wollen. Fundamentalisten an der Macht würden den Liberalen kein solches Recht einräumen, ja würden es als Pflichtverletzung ansehen, wenn sie den Feinden Gottes freie Hand ließen. Unterdessen können die religiösen Bewegungen nach wie vor ungemein mächtige aufgestaute Emotionen freisetzen und lenken und tiefen Sehnsüchten Ausdruck verleihen. Sehnsüchte sind keine Programme, und Fundamentalisten in Regierungssesseln haben es bisher offensichtlich nicht besser verstanden als ihre Vorgänger, die Probleme ihrer Gesellschaften zu lösen oder den Versuchungen der Macht zu widerstehen. Doch obwohl diese Bewegungen bislang alle besiegt oder umgebogen wurden, haben sie ihr letztes Wort noch nicht gesprochen.

Die Regierungen nahöstlicher und anderer muslimischer Länder haben versucht, islamische Loyalitäten und Gefühle mittels internationaler Organisationen zu artikulieren. Schon früh bildeten sie einen islamischen Block in den Vereinten Nationen – was keine andere Religionsgemeinschaft je geschafft oder auch nur versucht hat – und wurden periodische Sitzungen muslimischer Staatsoberhäupter oder Minister abgehalten, um gemeinsame Probleme zu diskutieren. Nach einigen Jahren solchen Meinungsaustauschs konstituierte sich im Februar 1974 auf einer Gipfelkonferenz in Lahore die Organisation der Islamischen Konferenz (OIC). Den sechsunddreißig Gründerstaaten haben sich inzwischen viele andere angeschlossen, so daß die Gesamtzahl jetzt bei einundfünfzig liegt. Die OIC befaßt sich vorrangig mit religiösen und kulturellen Angelegenheiten, hat aber bisher bemerkenswert wenig politischen oder auch nur diplomatischen Einfluß gehabt. Zu einigen wenigen relativ sicheren Themen gelang es der Organisation, einen einheitlichen Standpunkt zu vertreten. Bei heikleren Fragen, etwa der Position von Muslimen in der Sowjetunion, in China oder in Indien oder solchen Krisen wie der sowjetischen Invasion in Afghanistan 1979, ist die Organisation in ihren politischen Schritten und sogar in ihren öffentlichen Stellungnahmen sehr vorsichtig gewesen, und die Meinungen ihrer Mitglieder gehen oft stark auseinander. Der (nie mehr als halbherzige) Versuch muslimischer Regierungen, den Islam zu einem Gestaltungsprinzip internationaler Beziehungen zu machen, verlief im Sande, und die Außenpolitik muslimischer Staaten wurde ebenso wie die der übrigen Regierungen nach einem anderen Takt dirigiert.

Kapitel 6

Der Nahe Osten in der internationalen Politik

A ußenpolitik ist eine europäische Vorstellung. Sie entstand in einer Welt vieler souveräner Staaten, die zwar eigenständig waren, aber laufende diplomatische Beziehungen untereinander pflegten. Wie die meisten Einrichtungen des modernen öffentlichen und politischen Lebens war das in der Welt des Islam eine fremdländische Neuerung.

Für die Muslime der klassischen Zeit war der Islam die wahre, endgültige und allgemeine Religion. Letztendlich mußte die ganze Menschheit ihn annehmen; in der Zwischenzeit mußte sie dazu gebracht werden, die Überlegenheit der Muslime und die Oberhoheit des muslimischen Staates anzuerkennen. Die Welt wurde zweigeteilt: in das Haus des Islam *(dar al-Islam)*, wo der wahre Glaube herrschte und der muslimische Kalif regierte, und das Haus des Krieges *(dar al-harb)*, wo sich noch nicht unterworfene Ungläubige hielten. Zwischen den beiden bestand ein ewiger und unvermeidlicher Kriegszustand, der von einem Waffenstillstand unterbrochen, aber niemals durch einen Friedensschluß beendet werden konnte. Er konnte erst aufhören, wenn die ganze Welt in das Haus des Islam überführt war. Um das zu erreichen, war der Dschihad – gewöhnlich mit »Heiliger Krieg« übersetzt – eine religiöse Pflicht, die jedem einzelnen Muslim im Abwehrkampf und der Gemeinschaft im ganzen in einem Angriffskrieg oblag. Auf jeden Fall war er die vordringlichste Aufgabe ihres Souveräns. In der muslimischen Welt gab es nur einen Staat, das Kalifat, und nur einen Souverän, den Kalifen, den rechtmäßigen, gesetzlichen Führer der islamischen Gemeinschaft und das Oberhaupt des Hauses des Islam.

Nahezu hundert Jahre lang vertrug sich dieses Weltbild mit der Realität. Der Islam war ein einziger Staat und ein einziges Reich unter der Herrschaft eines einzigen Oberhaupts; er marschierte mit Riesenschritten voran und schien auf dem besten Wege zu sein, die ganze Welt in seine Gewalt zu bringen. Es gab keinen Anlaß, am raschen Abschluß des Eroberungs- und Bekehrungsprozesses zu zweifeln, durch den Ungläubige zu Untertanen und Untertanen zu Bekehrten wurden. Der Wandel setzte mit dem Scheitern des letzten großen arabischen Angriffs auf Konstantinopel im Jahre 718 ein. In der westlichen Überlieferung wird die Schlacht von Tours und Poitiers verklärt, in der 732 der fränkische Hausmeier Karl Martell einen Vorhuttrupp der arabischen Angreifer aus Spanien besiegte. Sie wird als die Entscheidungsschlacht dargestellt, die das Abendland vor der Eroberung durch die Waffen und den Glauben des Islam rettete. In der arabischen historischen Überlieferung – deren Sicht in diesem Punkt viel zutreffender ist – war es der Rückschlag vor Konstantinopel, der der arabischen Expansion eine Grenze setzte und die allmähliche Einsicht erzwang, daß es so eine Grenze tatsächlich gab. Mit der Zeit mußten die Araber einsehen, daß sie das Byzantinische Reich nicht erobern und sich einverleiben konnten, wie sie das mit dem Persischen Reich getan hatten. Die Einnahme von Konstantinopel wurde auf eine eschatologische Zukunft vertagt. Die muslimischen Kalifen des achten und neunten Jahrhunderts und ihre Nachfolger fanden sich damit ab, mit einer mehr oder weniger stabilen Grenze und einer fortbestehenden Macht auf der anderen Seite zu leben. Es dauerte nicht lange, und sie mußten auch die Tatsache von Spaltungen diesseits der Grenze hinnehmen – das Aufkommen autonomer muslimischer Erbstaaten, die dem Kalifen nur symbolische Anerkennung erwiesen.

Die Realität hatte sich verändert, aber die Idee blieb bestehen. Islamische Rechtsgelehrte, tief beeinflußt von den Ereignissen und Vorstellungen der frühen Entstehungszeit, hielten treu am Ideal der einigen und allgemeinen Souveränität des Kalifen fest. Infolgedessen hatten sie selbst den zaghaften Ansätzen der mittelalterlichen Christenheit zu einem internationalen Recht nichts Vergleichbares gegenüberzustellen. Es gab nur einen Kalifen; die Frage der Beziehungen zwischen muslimischen Staaten konnte daher grundsätzlich nicht auftreten. Als dies doch geschah, wurde es von den Rechtsgelehrten entweder ignoriert oder kasuistisch unter der Kategorie Verkehr zwischen dem Kalifen und einem mächtigen Rebellen abgehandelt. Der Umgang mit den Ungläubigen konnte theoretisch nur im Dschihad bestehen, unterbrochen durch kurze Waffenstillstände. In Wirklichkeit waren diese »Waffenstillstände« häufig von langer Dauer und unterschieden sich nicht groß von den »Friedensverträgen«, die den nahezu unablässigen Kriegszustand zwischen den Staaten Europas auflockerten.

Genauso wie es nur ein einziges Haus des Islam gab, bestand die Tendenz, das Haus des Krieges als ein einziges zu behandeln. Eine Überlieferung, fragwürdig dem Propheten zugeschrieben, lautet: »Der Unglaube ist eine einzige Nation« *(al-kufru millatun wahida)*. Historisch gesehen ist dieser Satz offenkundig falsch, doch er spiegelt eine gängige muslimische Wahrnehmung sehr genau wider. Die wirklich wichtige Teilung bestand zwischen Gläubigen und Ungläubigen; die genaueren Unterteilungen zwischen den letzteren, vor allem denen, die außerhalb der muslimischen Grenzen lebten, waren für Muslime ohne Interesse oder Bedeutung. Ein bemerkenswertes Anschauungsbeispiel für diese Einstellung bieten die arabischen Geschichtsschreiber der Zeit der Kreuzzüge, die sich selten die Mühe machen, zwischen den verschiedenen Kreuzfahrerstaaten und -völkern zu unterscheiden, sondern sie alle unter dem Oberbegriff Franken zusammenwerfen. Dieselbe Bezeichnung war noch bei den Osmanen im Gebrauch und hat sich in der Umgangssprache bis in unsere Zeit gehalten.

Solange die Osmanen militärisch noch haushoch überlegen waren, mußten sie sich nicht mit den belanglosen Parteiungen unter den Feinden abgeben, und die Frage einer Außenpolitik stellte sich so gut wie gar nicht. Es reichte aus, sie zu bekämpfen und zu besiegen und ihnen Bedingungen zu diktieren, die bis zur nächsten Etappe im unvermeidlichen und zwangsläufigen Siegesmarsch des Islam galten.

Ein Wandel setzte im 16. Jahrhundert ein. 1529 zogen sich die osmanischen Heere nach der erfolglosen Belagerung Wiens zurück und zerrieben sich in dem langen und blutigen Patt in Ungarn. In Istanbul begannen die diplomatischen Vertreter der europäischen Mächte ihr langes und diffiziles Tauziehen um kommerzielle und politische Vorteile; 1535 unterzeichnete der Sultan einen Handels- und Freundschaftsvertrag mit dem König von Frankreich, dem allein unter allen Monarchen der Christenheit er den Hoheitstitel Padischah zugestand. Beim Frieden von Zsitvatorok 1606 billigte er diesen Titel auch dem habsburgischen Kaiser zu, der bis dahin in osmanischen Urkunden als »König von Wien« bezeichnet worden war. Zum erstenmal war dies kein Waffenstillstand, der von den Siegern in ihrer Hauptstadt diktiert, sondern ein Vertrag, der zwischen Gleichen an der Grenze ausgehandelt wurde.

Das 17. Jahrhundert begann mit einer Anerkennung der Gleichheit; es endete mit einem Eingeständnis der Niederlage. Im Frieden von Karlowitz von 1699 war das Osmanische Reich erstmals gezwungen, einen Vertrag zu unterzeichnen, dessen Bedingungen von einem siegreichen Feind vorgegeben wurden. Ebenfalls zum erstenmal versuchten die Osmanen, mit Hilfe diplomatischer Verhandlungen und der Vermittlung wohlwollender neutraler Mächte eine Erleichterung der Sanktionen der Niederlage zu erreichen. Die Außenpolitik des Osmanischen Reiches begann langsam Gestalt anzunehmen.

Im 16. Jahrhundert wurde in der Verwaltung des Großwesirs in Istanbul das Amt eines sogenannten Vorstehers der Diwansekretäre *(Reis ül-küttab)* eingerichtet, meistens als Reis Efendi bezeichnet, der für außenpolitische Angelegenheiten zuständig war. Er war ein relativ untergeordneter Würdenträger, und die Außenpolitik war nur eine seiner Aufgaben. Während des 17. und 18. Jahrhunderts gewann er zusehends an Bedeutung, und die Außenpolitik nahm einen immer größeren Raum unter seinen Pflichten ein. Ihm zur Seite stand der Großdragoman. Anfangs war das gewöhnlich ein übergetretener europäischer Christ, aber von der Mitte des 17. Jahrhunderts an lag das Amt fest in den Händen der aristokratischen griechischen Familien im Istanbuler Stadtteil

Phanar (Fener), die es fast zum Rang eines Außenministeriums erhoben. Doch trotz dieser Entwicklungen blieben Außenpolitik und internationale Beziehungen den Osmanen fremd, und der beste Beweis dafür dürfte ihre Bereitschaft sein, diese Angelegenheiten
Angehörigen der christlichen griechischen Minderheit zu überlassen. Mehrere europäische Staaten hatten seit dem 16. Jahrhundert
Konsulate und Botschaften in Istanbul eingerichtet, und ihre Zahl
nahm stetig zu, doch die Osmanen begnügten sich damit, hin und
wieder eine Abordnung in besonderer Mission nach Europa zu
schicken, und unternahmen keinen Versuch, feste Botschaften zu
gründen, bis Jussuf Aga sich 1793 in London niederließ.

Wenige Jahre zuvor hatten die Osmanen ihre ersten Versuche
mit dem europäischen Machtspiel gemacht. Das Reich befand sich
im Krieg mit Rußland und Österreich; es schien sinnvoll zu sein,
mit Schweden, das ebenfalls mit Rußland Krieg führte, und mit
Preußen, das hilfreichen Druck auf Österreich ausüben konnte,
Verträge abzuschließen. Diese Verträge wurden 1789 bzw. 1790
unterzeichnet. Der Gedanke eines Militärbündnisses mit christlichen Mächten war neu und erschien einigen Ulema inakzeptabel.
Der Heeresrichter Schanisade Efendi erklärte, er stehe im Widerspruch zum heiligen Recht, und führte als Beleg den Koranvers
an: »O ihr, die ihr glaubt, nehmt nicht meinen Feind und euern
Feind zu Freunden.« Sein Urteil wurde vom Mufti aufgehoben, der
die Überlieferung anführte: »Gott wird der Sache des Islam durch
Männer helfen, die ihm nicht angehören«, sowie andere Rechts-
schriften und Argumente.[1]

Die Lektion war schnell gelernt. Nur wenige Jahre später, 1798,
wurde das Reich aufgefordert, der Koalition gegen das neue
Schreckgespenst der Französischen Revolution beizutreten. Der
Reis Efendi Ahmed Atif empfahl dem Diwan in einem Memorandum die Annahme, bemerkte aber:

> Jeder Staat muß zweierlei Politik betreiben. Die eine ist die langfristige
> Politik, die als Grundlage aller Kampfhandlungen und Maßnahmen

dient; die andere ist eine kurzfristige Politik, die für eine bestimmte
Frist gemäß den Erfordernissen des Zeitpunkts und der Umstände verfolgt wird. Die langfristige Politik des Reiches zielt darauf, jede Stär-
kung Rußlands und Österreichs zu verhindern, die aufgrund ihrer
Position seine natürlichen Feinde sind, und sich mit den Staaten zu
verbünden, die imstande sein könnten, ihre Macht zu brechen, und
damit die natürlichen Freunde des Reiches sind. Aber zum gegenwärtigen Zeitpunkt und unter den gegebenen Umständen besteht die
den Interessen des Reiches förderlichere Politik darin, zunächst mit
ganzer Kraft dieses Feuer des Aufruhrs und des Bösen zu löschen und
dann, wenn dieses Ziel erreicht ist, wieder so zu handeln, wie es die
langfristige Politik verlangt.[2]

Im Laufe des 19. Jahrhunderts wurden die Hauptzüge der »langfristigen Politik« der Türkei durch die praktischen Erfahrungen
bestätigt. Rußland, das unerbittlich nach Süden vorrückte, war die
größte Gefahr und der Hauptfeind; jede Macht, die willens und
in der Lage war, gegen Rußland Hilfe zu leisten, war ein poten-
tieller Freund. Die Bundesschlüsse der Türkei haben sich verändert, aber ihr Ziel ist das gleiche geblieben. Nach Preußen und
Schweden waren es Frankreich und mehr noch Großbritannien,
die die Türkei gegen Rußland verteidigten – 1854 bis 1856 mit
Waffengewalt, 1878 und bei anderen Gelegenheiten durch Dro-
hungen oder Diplomatie. Gegen Ende des 19. Jahrhunderts wurden Großbritannien und Frankreich als Verbündete der Türkei
von Deutschland abgelöst, das jetzt als Hauptbollwerk gegen Rußland angesehen wurde. Diese Allianz endete mit der Niederlage
der Mittelmächte 1918.

Die Revolutionen in Rußland und Anatolien einerseits und
die alliierte Besetzung Istanbuls andererseits schufen eine neue
Situation, in der eine zeitweilige Interessenkoinzidenz zu einer
kurzfristigen Zusammenarbeit zwischen den beiden revolutionären Regimes führte. Sie endete, als beide ihre Feinde überwunden hatten und allmählich zurückkehrten zur »langfristigen
Politik« ihrer beiden Länder, wie Atif Efendi es genannt hätte.

Schon 1923 auf der Konferenz von Lausanne gab es eine Ab-
kühlung der Beziehungen zwischen Rußland, das jetzt fest am
Schwarzen Meer Fuß faßte, und der Türkei, die die volle Kontrolle über Istanbul und die Meerengen bekam. Der britisch-türkische
Streit über Mossul 1924 und 1925 brachte eine Erneuerung der
türkisch-sowjetischen Freundschaft, die jedoch unter dem Druck
der kommunistischen ideologischen Offensive gegen Kemal und
sein Regime 1928 und 1929 ins Wanken geriet. Die kapitalistische
Wirtschaftskrise und die türkische Übernahme des Etatismus
bewirkten ein gewisses Wiederaufleben, das zusätzlich Auftrieb
erhielt durch das gemeinsame Mißtrauen gegenüber den Umtrie-
ben des italienischen Faschismus in Äthiopien und Spanien.

Diese Freundschaft ging 1939 endgültig in die Brüche, als die
kärgliche Reserve an Wohlwollen, die sich in der Zeit der revolutionären Brüderschaft angesammelt hatte, durch das Großmacht-
gehabe und die Forderungen der Sowjets aufgebraucht wurde. Die
Ambivalenzen der türkischen Politik während der Kriegsjahre
kamen größtenteils von der Unsicherheit in der Frage, welcher der
rivalisierenden Blöcke für die Türkei das Bollwerk gegen den russischen Angriff darstellen und damit die Rolle Großbritanniens in
den Jahren 1854 und 1878 und Deutschlands 1914 einnehmen
würde. Bald wurde deutlich, daß diese Rolle an die Vereinigten
Staaten übergegangen war. Die Rolle wurde verstanden und
angenommen. Im April 1946 schickte Präsident Truman als Ent-
gegnung auf drohende sowjetische Worte und Schritte das Kriegs-
schiff *Missouri* auf einen Freundschaftsbesuch nach Istanbul, wo
ihm ein begeisterter Empfang bereitet wurde. Am 12. März verkündete er ein Programm der Militär- und Wirtschaftshilfe für
die Türkei. Diese sogenannte Truman-Doktrin bezeichnete den
Anfang der massiven US-amerikanischen Einmischung in die
Angelegenheiten des Nahen Ostens sowie der wachsenden Bedeutung der Türkei im gesamten westlichen Verteidigungsplan.
Eine neue und enge Beziehung zwischen der Türkei und den USA
entwickelte sich, die bis zum Ende des Kalten Krieges und darüber
hinaus Bestand hatte und hat.

Zu der Zeit, als der Nahe Osten durch die Napoleonischen Kriege erstmals in das Spiel der europäischen Machtpolitik hineingezogen wurde, gab es nur einen anderen unabhängigen Staat in der Region – den Iran. Da er weiter von Europa entfernt war als das Osmanische Reich, war seine Kenntnis der europäischen Verhältnisse weniger unmittelbar und seine Reaktion darauf weniger flexibel. Seine Probleme jedoch waren nicht unähnlich. Auch der Iran war von Norden her bedroht, wo die Russen mehrere Provinzen annektiert hatten und in andere mit politischen und wirtschaftlichen Mitteln eindrangen. Wie die Türken erhofften sich auch die Iraner vom Westen Garantien, konnten aber in aller Regel keine erwirken. Deutschland war zu weit weg, um wirksame Hilfe bieten zu können; Großbritannien vermied vorsichtig eine allzu starke Verwicklung in iranische Angelegenheiten. Außerdem gab es viele Iraner, die das Britische Reich in Indien als genauso große Gefahr ansahen wie das Russische Reich im Norden.

Bestimmend für die iranische Außenpolitik war das Bestreben, Unterstützung gegen Rußland zu erhalten oder, wenn sich keine fand, die zwei benachbarten Reiche gegeneinander auszuspielen. Die Iraner brachten es in der zweiten Taktik zu großem Geschick und zeitweise zu beachtlichen Erfolgen, aber das Spiel war gefährlich und die Erfolge heikel und unsicher. Die iranische Position in Asien glich in mancher Hinsicht der der Polen in Osteuropa. Solange die beiden mächtigen Nachbarn zerstritten waren, konnten sie überleben und vielleicht sogar davon profitieren. Aber sobald die beiden Nachbarn sich einmal verständigten, bestand die Gefahr, daß sie geschluckt wurden. Diese Gefahr wurde in der Zeit des britisch-russischen Übereinkommens von 1907 akut. Diese Verständigung zwischen ihren rivalisierenden imperialen Nachbarn wurde von den Iranern mit gutem Grund als tödliche Bedrohung ihrer Unabhängigkeit angesehen. Unmißverständlich klar wurde dies während des Ersten Weltkriegs, als ein nominell neutraler Iran zu einem inoffiziellen Schlachtfeld wurde, das die Russen von Norden, die Briten von Süden und die Türken und ihre deutschen Verbündeten von Westen nach Belieben mit Scharmützeln ge-

geneinander unsicher machten. Erst 1926 vermochte Resa Schah,
der Begründer der kurzlebigen Dynastie der Pahlawiden, das Reich
wiederzuvereinigen und die volle Souveränität wiederherzustellen.
Im Zweiten Weltkrieg waren es dann die Russen und die Briten, die
in einer ungewohnten und wackligen Allianz den Iran okkupier-
ten, den Schah vertrieben und seinen Sohn auf den Thron setzten
und die Transitstrecken unter ihre Kontrolle brachten, an denen
ihnen hauptsächlich gelegen war. Zur großen Erleichterung der
Iraner trat mit dem Ende des Krieges wieder die gewohnte Feindschaft zwischen Russen und Briten ein. Die Briten zogen sofort ab;
es dauerte etwas länger und brauchte ein wenig Nachhilfe seitens
der Amerikaner, bis die Russen zum Abzug zu bewegen waren.

Die Unabhängigkeit und Teilung Indiens im Jahre 1947 schuf
eine vollkommen neue Situation. Anstelle des British Empire gab
es jetzt zwei, später drei rivalisierende Staaten auf dem indischen
Subkontinent, von denen keiner stark genug war, um ein wirk-
sames Gegengewicht zur Sowjetunion darzustellen. Die Macht im
Norden blieb bestehen, und alarmiert von der Aserbaidschankrise
von 1945 bis 1946 und dem Streit um sowjetische Ölkonzessionen
1946 und 1947, begannen sich iranische Staatsmänner nach einer
neuen Gegenmacht umzuschauen. Das türkische Beispiel zeigte
ihnen, in welche Richtung sie schauen mußten. Schon einmal, im
Jahre 1911, hatten sich die Iraner von einem amerikanischen Experten Rat und Hilfe gegen ihre beiden Nachbarn erhofft. Im Oktober
1947 wandten sie sich abermals an Amerika, um Unterstützung gegen den einen noch verbliebenen zu erhalten. Die Vereinbarung
vom 6. Oktober, die eine amerikanische Militärmission und den
Kauf amerikanischer Waffen vorsah, war ein erster Schritt. Die bri-
tisch-iranische Ölkrise 1951 und die vorübergehende Vertreibung
des Schahs unterbrachen diesen Prozeß, aber nach seiner Rückkehr 1953 mit amerikanischer Hilfe wurde die Politik der Anbindung an den Westen bis zur islamischen Revolution von 1979 fortgesetzt, nach der die neuen Herrscher im Iran eine Position
unversöhnlicher Feindschaft gegenüber dem Westen im allgemeinen und den USA im besonderen bezogen und beibehielten.

Am Anfang des 19. Jahrhunderts gab es im Nahen Osten nur zwei Mächte, die eine Außenpolitik nötig hatten: die Türkei und den Iran. Im Laufe des Jahrhunderts kam eine dritte hinzu: Ägypten. Unter der Herrschaft Muhammad Alis und seiner Nachfolger erlangte Ägypten zwar nicht die volle Unabhängigkeit, aber immerhin ein beachtliches Maß an Autonomie, genug für vorsichtige Ansätze zu einer ägyptischen Außenpolitik oder vielmehr einer eigenen ägyptischen Politik gegenüber den anderen Ländern des Nahen Ostens.

Bereits im 9. Jahrhundert war Ägypten ein unabhängiges Machtzentrum in der nahöstlichen islamischen Welt geworden, und eine Reihe von Herrscherdynastien hatte die Umrisse einer eigenen ägyptischen Politik skizziert und ausgefüllt, deren Leitlinien von den geopolitischen Realitäten Ägyptens bestimmt wurden und vom Altertum bis in die heutige Zeit eine bemerkenswerte Beständigkeit aufweisen.

Unter den Mamlukensultanen, die Ägypten bis 1517 beherrschten, hörte sogar die nominelle Unterordnung unter einen auswärtigen Oberherren auf, und Kairo wurde die Hauptstadt der wichtigsten muslimischen Macht in der Region bis zum Aufstieg des Osmanischen Reiches. Als Herrscher Syriens ebenso wie Ägyptens waren sie es, die den Vormarsch der Mongolen nach Westen zum Stehen brachten und die letzten Nachfahren der Kreuzritter vertrieben. Als Herren über Mekka und Medina führten sie zeitweise den Ehrentitel Chadim al-Haramain, »Diener der zwei heiligen Stätten«. Der Anspruch auf die Vorrangstellung im Islam, der darin enthalten war, wurde in aller Form erhoben, als unter ihrer Ägide eine Linie von Marionettenkalifen in Kairo eingesetzt wurde, die sich als rechtmäßige Erben der großen Kalifen von Bagdad ausgaben.

Dies alles war 1517 mit der Eroberung durch die Osmanen vorbei. Ägypten wurde samt seinen syrischen und arabischen Anhängseln ein Teil des Osmanischen Reiches, und der Titel eines Dieners der zwei heiligen Stätten ging auf Sultan Selim I. über. Doch wie schon Jahrhunderte vorher unter den Abbasidenkalifen

konnte sich Ägypten auch unter den Osmanensultanen nicht ein
für allemal mit dem Status einer Provinz abfinden. Im 18. Jahrhundert besaßen die Herrscher Ägyptens, wenn sie auch der Form
nach im Namen des Sultans regierten, faktisch ein hohes Maß an
Unabhängigkeit und begannen trotz ihrer größtenteils außer-
ägyptischen Herkunft, die traditionelle ägyptische Politik zu verfolgen.

Eine neue Phase begann mit Muhammad Ali, einem balkan-
stämmigen Truppenbefehlshaber, der sich Anfang des 19. Jahrhunderts zum Herrn über Ägypten aufschwang. Im eigenen Land
versuchte er in einer Vorwegnahme dessen, was später den Namen
arabischer Sozialismus bekam, sein Regime wirtschaftlich zu festigen, indem er das alte System der Steuerpacht abschaffte, den größten Teil des Grund und Bodens in eigene Hand brachte, staatliche
Handelsmonopole organisierte und Fabriken und Industrien
unter staatlicher Regie errichtete. Außenpolitisch nahm er Beziehungen zu etlichen Mächten auf und ließ sich auf eine Reihe von
militärischen und politischen Abenteuern in Arabien, dem Sudan,
in Algerien und vor allem in Syrien ein. Obwohl die meisten dieser Expansionsbestrebungen fehlschlugen, gelang es ihm, einen
neuen Staat dynastischer, aber auch ägyptischer Art zu gründen,
den seine Nachfahren bis 1952 beherrschten.

Muhammad Ali war der erste und auch der letzte seiner Linie,
der eine wirklich unabhängige und umfassende Außenpolitik praktizierte. Seine Nachfolger waren vollkommen mit ihren Vorstößen
in Afrika und mit ihren komplizierten Beziehungen zum osmanischen Suzerän und später der britischen Besatzungsmacht beschäftigt. Ihre erste unabhängige Operation im Nahen Osten war
die Intervention in Palästina 1948. Deren Scheitern führte direkt
zum Sturz der Dynastie und zum Aufkommen eines neuen Regimes.

Außer Ägypten gab es noch andere Provinzen des Osmanischen
Reiches, deren oft einheimische Herrscher sich eine gewisse Autonomie bewahren und sogar Handelsbeziehungen und manchmal auch diplomatische Kontakte zu ausländischen Mächten

herstellen konnten. Unter ihnen ragt der Libanon heraus. Die Republik Libanon in ihren heutigen Grenzen ist ein Werk der Franzosen aus den ersten Jahren des französischen Mandats. Da ihrer Meinung nach das ursprüngliche Fürstentum Mont Liban, manchmal auch Petit Liban genannt, zu klein und zu schwach war, um sich halten zu können, vergrößerte die französische Mandatsregierung sein Territorium durch die Einbeziehung von Gebieten im Norden, Osten, Süden und an der Küste und schuf so, unter Einschluß einer beträchtlichen muslimischen Bevölkerung, den Grand Liban. Der Grand Liban war ein neues und, wie andere aus den Trümmern des Osmanischen Reiches geformte Staaten, ein ziemlich künstliches Gebilde. Der Petit Liban dagegen war jahrhundertelang der Sitz autonomer christlicher oder drusischer Fürsten gewesen. Schon Anfang des 17. Jahrhunderts hatte der Drusenemir Fachr ad-Din aus der Familie Man einen unabhängigen Libanon geschaffen und im Großherzog der Toskana einen westlichen Verbündeten gefunden. Nach Fachr ad-Dins Sturz und Hinrichtung gelang es den Fürsten aus der Familie Schihab dem Libanon ein hohes Maß an Autonomie zu erhalten. Die libanesischen Maroniten, inzwischen die beherrschende Volksgruppe in dem Bergland, stellten eine Beziehung zu Frankreich und zu französischen und italienischen Mönchsorden her, die sich bis in die moderne Zeit hielt. Während der Volksgruppenkämpfe des 19. und der politischen Rivalitäten des 20. Jahrhunderts entwickelten einige aus der maronitischen Priesterschaft und Führungsschicht die Angewohnheit, vom Westen, vor allem von Frankreich, Unterstützung und Schutz zu erwarten. Die Legende der katholischen Bastion von Mont Liban entstand – von der tapferen und treuen Stütze der christlich-abendländischen Zivilisation inmitten asiatischer und islamischer Horden. In der Zeit des französischen Mandats baute die französische Regierung stark auf diese kleine katholische Bastion im islamischen Osten. Obwohl vielen Libanesen – vor allem unter der sunnitischen Muslimbevölkerung des Grand Liban – die rivalisierenden Ideologien des arabischen Nationalismus lieber waren, akzeptierten viele andere

– vor allem, aber nicht ausschließlich unter den Maroniten – die ihnen zugedachte Rolle und stützten sich in ihrer Politik stark auf das Bündnis mit Frankreich.

Der Rückzug Frankreichs aus dem Nahen Osten im Gefolge des Zweiten Weltkriegs löste somit in der libanesischen Politik eine ziemliche Krise aus. Der Druck des Panarabismus innerhalb des Libanon wurde sehr stark, und zwar stärker als in den Nachbarstaaten, denn die libanesischen Muslime mißtrauten den Motiven, die zur Schaffung eines eigenständigen Libanon geführt hatten, und fühlten sich daher nicht in gleicher Weise an ihr Land gebunden wie ihre Glaubensbrüder in Syrien, Ägypten oder dem Irak. Bei den meisten Christen, vielen Schiiten und Drusen und sogar einigen sunnitischen Muslimen war das Gefühl einer eigenen libanesischen Identität jedoch stark ausgebildet, und diejenigen unter ihren Führern, nach deren Ansicht das Überleben des Libanon vom Westen abhing, hielten nach einer neuen Schutzmacht Ausschau, die an die Stelle der abgezogenen Franzosen treten konnte. Viele fanden, daß die Amerikaner, die größte Macht des christlichen Westens, mit ihrem Hintergrund kultureller und erzieherischer Bemühungen im Libanon und ihren aktuellen politischen, militärischen und wirtschaftlichen Interessen an dem Gebiet, am besten geeignet seien, die französische Rolle als Beschützer der Christen und Schirmherren des Libanon zu übernehmen. Es dauerte etliche Jahre, bis die Libanesen und andere einsahen, daß die USA nicht bereit waren, in diese Rolle zu schlüpfen.

Während des 18. Jahrhunderts entstanden in vielen Teilen der Arabischen Halbinsel neue autonome Regimes, hauptsächlich mit Herrschern aus einheimischen Dynastien. Im Prinzip beanspruchten die Osmanen die Suzeränität über das gesamte Terrain. In der Praxis setzten sie diese Oberhoheit – gestützt auf feste Garnisonen – nur im Hedschas durch, der die heiligen Städte Mekka und Medina umfaßt, sowie periodisch im Jemen, wo sie den Südausgang des Roten Meeres und den Seeweg nach Asien kontrollieren konnten. Selbst in diesen beiden Fällen fanden sie es einfacher, die meisten inneren Angelegenheiten einheimischen Herrschern zu überlassen und sich nur die Verteidigung und die auswärtigen Beziehungen vorzubehalten. Anderswo in Arabien begnügten sie sich mit einer oft rein nominellen Anerkennung ihrer Suzeränität. Daß der Aufstieg der europäischen Seemächte im Osten, vor allem der Briten, zeitlich mit dem jähen Niedergang der osmanischen Macht zusammenfiel, schuf eine günstige Ausgangssituation für regionale Unabhängigkeitsbestrebungen.

Die ersten und bei weitem bekanntesten Nutznießer dieses Umstands waren die Herrscher aus dem Hause Saud, die durch Eroberung und Diplomatie zweimal ihr kleines Fürstentum im Nadschd über den größeren Teil Mittel- und Nordarabiens ausdehnten. Beim erstenmal, im 18. und frühen 19. Jahrhundert, als ihre Expansion begleitet war, ja vorangetrieben wurde von dem Aufkommen und der Ausbreitung der wahhabitischen Lehre, wagten sie sogar, die osmanischen Provinzen Syrien und Irak zu bedrohen und mitunter anzugreifen. Doch zu der Zeit konnte das Osmanische Reich, auch wenn es schon sehr geschwächt war, solche Herausforderungen noch beantworten, und so wurde das erste wahhabitisch-saudische Königreich zerschlagen. Der zweite Versuch der Saudis fing in den letzten Jahren des Osmanischen Reiches an und setzte sich, anfangs mit britischer Hilfe, nach seiner Auflösung fort. Die Eroberung des Hedschas mit seinen heiligen Städten Mekka und Medina im Jahre 1925 verschaffte den Saudis in der Welt des Islam ein gewaltiges religiöses Ansehen. Von den dreißiger Jahren an bescherte ihnen die Entdeckung und Förderung von Erdöl in den östlichen Provinzen, hauptsächlich durch amerikanische Firmen, einen ungeheuren und stetig wachsenden Reichtum. Die Ausrufung des Königreiches und seine Anerkennung und Unterstützung durch die westlichen Mächte bestätigten den Status der Saudis in der Welt.

Ein anderes arabisches Fürstentum, das wenigstens auf das 18. Jahrhundert zurückgeht, ist Kuwait, wo das Herrscherhaus der Sabah um 1756 an die Macht kam. Dank seiner strategischen Lage zwischen dem Osmanischen, dem Persischen und später auch

dem Britischen Reich brachten die Kuwaitis es häufig zu großem
Wohlstand und durch geschicktes Taktieren zwischen ihren
osmanischen Oberherren und ihren britischen Protektoren zu
einem beträchtlichen Maß an Unabhängigkeit. Diese wurde 1961
offiziell. Wie das saudische Königreich wurde das kuwaitische
Emirat durch die Entdeckung und Förderung von Öl unermeßlich
reich. Viel mehr als das saudische Königreich wurde das kleine
Fürstentum oft von größeren und mächtigeren Nachbarn bedroht,
für die der neue Reichtum neue Verlockungen darstellte.

Außer den saudischen und kuwaitischen Herrschern schlugen
noch andere Stammesfürsten in Ostarabien den Weg zu Autonomie und Unabhängigkeit, plötzlichem Reichtum und Bedrohung ein. Dazu gehören die beiden Staaten Katar und Bahrain,
letzterer lange vom Iran beansprucht; das Sultanat von Maskat und
Oman; und die sieben kleineren Scheichtümer in Ostarabien, die
sich 1971 zu den Vereinigten (eigentlich föderierten) Arabischen
Emiraten zusammenschlossen. Einige davon hatten langwierige
Auseinandersetzungen mit den Saudis über eine nicht festgelegte
Grenze und die darunter liegenden Ölvorkommen.

Eine weitere Region, in der Teile der arabischen Welt ein gewisses Maß an Autonomie oder sogar Unabhängigkeit genossen,
war Nordafrika. Diese Autonomie ließ sich jedoch nur in einem
sehr eingeschränkten Sinne als arabisch beschreiben. Auf die
osmanische Eroberung Ägyptens im Jahre 1517 folgte eine
rasche Ausdehnung des türkischen Herrschaftsbereichs über
Nordafrika – zuletzt bis zur marokkanischen Grenze, aber nicht
darüber hinaus. Diese türkische Expansion geschah zum Teil auf
einzelne Hilferufe hin, zum Teil infolge des heftigen Kampfes
zwischen den osmanischen und den spanischen Machthabern um
die Kontrolle des Mittelmeers.

Ägypten wurde in das osmanische System eingegliedert und
einer osmanischen Provinzstatthalterschaft unterstellt, von der es
sich nur ganz allmählich und erst viel später wieder freimachte.
Marokko blieb eine sprachlich und kulturell arabische unabhängige Monarchie gänzlich außerhalb der osmanischen Welt. In den

übrigen Ländern, die heute Libyen, Tunesien und Algerien bilden, unterhielten verschiedene kleine Herrscher autonome Regimes unter osmanischer Suzeränität. Anders als die Fürsten Arabiens jedoch waren sie Türken, keine Araber. Ihre Armeen und Regenten waren Türken oder türkisierte Nordafrikaner, und selbst ihre Amtssprache blieb über sehr lange Zeit Türkisch. Die umfangreiche Korrespondenz mit nordafrikanischen Herrschern, die in den Archiven verschiedener europäischer Länder, die mit ihnen zu tun hatten, aufbewahrt wird, ist größtenteils in Türkisch gehalten. Nur in Marokko und in den abgelegeneren Berg- und Wüstengebieten, wo einzelne Stämme ihre Unabhängigkeit bewahren konnten, war Arabisch als Sprache der Regierung und der Diplomatie noch in Gebrauch.

Die Länder des Fruchtbaren Halbmonds – die alten Zentren arabischer Zivilisation und Identität, der Sitz der großen arabischen Kalifate von Damaskus und Bagdad – waren voll in das Osmanische Reich eingegliedert. Das Gebiet war in osmanische Provinzen aufgeteilt, die mit Hilfe osmanischer Garnisonen von osmanischen Statthaltern regiert wurden und – mit wenigen Ausnahmen – Istanbul direkt unterstanden. Eine im 18. Jahrhundert eintretende Schwächung der Bande, die diese Provinzen mit der Reichshauptstadt verknüpften, wurde im 19. Jahrhundert behoben, als neue Waffen und neue Verkehrsmittel der Zentralregierung eine weitaus effektivere Kontrolle sogar ihrer weiter entfernten Provinzen ermöglichten. Die osmanische Kontrolle des Fruchtbaren Halbmonds ging erst mit dem Osmanischen Reich selbst zu Ende.

Die Osmanen, die den Nahen Osten vier Jahrhunderte lang und länger beherrscht hatten, hatten ein dauerhaftes politisches Gefüge und ein funktionsfähiges politisches System errichtet. Sie hatten außerdem eine politische Kultur geschaffen, die allseits verstanden wurde und in der jeder seine Befugnisse und Möglichkeiten, seine Pflichten und seine Grenzen kannte. Zwar ging es mit dem osmanischen System bergab, doch trotz vieler Schwierigkeiten funktionierte es noch und wurde wohl nach wie vor von

der Mehrheit der Bevölkerung anerkannt. In seinen letzten Jahrzehnten hatte die osmanische Ordnung sogar Zeichen der Erho-
lung, ja des Fortschritts erkennen lassen. Diese Aufwärtsentwick-
lung wurde jedoch durch den Eintritt der Osmanen in den Ersten
Weltkrieg abgeknickt und beendet, woraufhin der Untergang des
Reiches folgte: der Zusammenbruch des osmanischen Staates und
die Zersplitterung seiner Territorien.

Als der Rauch des Gefechts und die Nebel der Diplomatie in
den Jahren nach dem Ersten Weltkrieg vom nahöstlichen Schauplatz abzogen, wurde deutlich, daß große Veränderungen eingetreten und neue Kräfte aufgestanden waren. Auf lange Sicht machten sie die Position der westlichen Mächte in dem Raum unhaltbar.
Zunächst jedoch schien ihre Position sehr stark zu sein. Das Osmanische Reich war verschwunden, und nachdem die neue türkische Republik mit Erfolg das türkische Heimatland verteidigt
hatte, gab sie alle Ansprüche auf die arabischen Gebiete im Süden
auf. Die Österreicher, Deutschen und Russen, deren Reiche in der
Vergangenheit mächtige Rivalen des Westens gewesen waren,
waren fürs erste aus dem Spiel. Italien war noch zu schwach und
innerlich zerrissen, um eine größere Rolle zu spielen, so daß Großbritannien und Frankreich freies Feld hatten.

Bei der Aufteilung des Osmanischen Reiches nach dem Ersten
Weltkrieg fielen die arabischen Provinzen an die Briten und Franzosen und wurden unter Mandatsverwaltung gestellt – ein System
angeblich zu dem Zweck, diese Länder unter der Leitung der Mandatsmächte auf die Unabhängigkeit vorzubereiten. Der östliche
Arm des Fruchtbaren Halbmonds, der aus den osmanischen Wi-
lajets Mossul, Bagdad und Basra bestand, wurde zum Königreich
erklärt und erhielt den Namen Irak, eine mittelalterliche Bezeichnung für den Mittel- und Südteil des Landes. Seine Ostgrenze
zum Iran deckte sich mit der früheren Ostgrenze des Osmanischen
Reiches, auf die sich Türken und Iraner kurz vor dem Ausbruch
des Krieges schließlich geeinigt hatten. Seine übrigen Grenzen
wurden von den Briten festgesetzt und, wo nötig, ausgehandelt.
Der westliche Arm des Fruchtbaren Halbmonds wurde in zwei

Mandate aufgeteilt: Das im Norden namens Syrien ging an Frankreich, das im Süden namens Palästina an Großbritannien. Beide Namen waren griechisch-römischen Ursprungs, Teil der abendländischen klassischen Tradition. Sie wurden von den neuen Herrschern aus Europa, wo sie allgemein gängig waren, in den Nahen Osten importiert, wo niemand sie gebrauchte.

Beide Mandatsmächte fanden es ratsam, die Gebiete unter ihrer Herrschaft weiter zu unterteilen. Im Norden errichteten die Franzosen nach einigen Experimenten den separaten Staat Libanon und behielten den Namen Syrien für den Rest bei. Im Süden schufen die Briten einen separaten Staat östlich des Jordans, den sie Transjordanien nannten, und behielten den Namen Palästina für das verbleibende Gebiet westlich des Flusses bei. Trotz einiger Namensänderungen blieb die britisch-französische Herrschaft in der Zeit zwischen den Kriegen unangefochten und hielt sich, mit einigen Schwierigkeiten, auch während des Zweiten Weltkriegs. Diese neugeschaffenen Länder wurden in der Zeit der britisch-französischen Herrschaft zu Nationen und in gewissem Sinne zu Staaten; ihre Unabhängigkeit gewannen sie, als es mit dieser Herrschaft nach dem Zweiten Weltkrieg ein für allemal vorbei war.

Drei bedeutende Veränderungen in der Region trugen ihren Teil dazu bei. Eine war ökonomisch: die Entdeckung und Förderung von Erdöl. Erst im Iran, dann im Irak und später in Arabien wurden große neue Ölfelder entdeckt und erschlossen. Der Nahe Osten wurde bald zu einer der großen Erdöl produzierenden Regionen der Welt.

Dies wiederum veränderte die strategische Bedeutung der Region von Grund auf, die nun nicht mehr, wie früher, hauptsächlich wegen der Verkehrswege zwischen Europa und dem östlichen Teil Asiens interessant war, sondern selber ein begehrtes Besitzobjekt wurde, dessen Wert stetig wuchs, je mehr sich seine Ölförderung steigerte und die weiter entwickelte Welt in Krieg und Frieden von Ölvorräten abhängig wurde. Seine strategische Wichtigkeit nahm mit einer erneuten Bedrohung der westlichen Vormachtstellung – erst durch das faschistische Italien und dann, viel krasser noch, durch Nazideutschland – noch einmal ungemein zu. Diese Bedrohung gipfelte in den Ereignissen des Zweiten Weltkriegs, in dem einige der entscheidenden Schlachten auf nahöstlichem Boden geschlagen wurden. Propagandisten der Allierten und der Achsenmächte überboten sich gegenseitig darin, dem nationalistischen Selbstwertgefühl zu schmeicheln und nationalistische Bestrebungen zu fördern. Armeen der Achse und der Alliierten standen und kämpften auf nahöstlichem Boden, wobei sie Tausende von einheimischen Handwerkern und Arbeitern beschäftigten und die wirtschaftlichen Belastungen und Nöte einschleppten, die von einem modernen Krieg nicht zu trennen sind. Zum erstenmal drehten sich die politischen Kontroversen dieser Länder nicht mehr ausschließlich um politische Belange, sondern um Fragen wie Versorgungsengpässe, hohe Preise und andere Indikatoren einer unter Druck stehenden Wirtschaft.

Der Krieg brachte zwei wichtige Maßnahmen zur Einigung der Region, eine wirtschaftlicher, die andere politischer Art. Das Middle East Supply Centre (Nahöstliches Versorgungszentrum), eine zunächst britische und dann britisch-amerikanische Organisation, bemühte sich mit sichtlichem Erfolg darum, die Volkswirtschaften der nahöstlichen Länder zu einem geplanten Ganzen zusammenzufassen. Die 1944 gegründete Arabische Liga versammelte alle souveränen arabischen Staaten der Region zum Zweck der Durchsetzung gemeinsamer politischer Ziele.

Diese wirtschaftlichen und strategischen Veränderungen beschleunigten den vorrangigen politischen Entwicklungstrend der Zeit stark: den Aufstieg des Nationalismus und die zuletzt unaufhaltsame Forderung nach souveräner Unabhängigkeit. Schon 1922 und 1923 machten Gewaltausbrüche in fast allen arabischen Ländern deutlich, daß eine simple Politik der direkten Herrschaft, wie sie in den Kolonialreichen in Asien und Afrika betrieben wurde, nicht aufgehen würde, und so bildete sich eine neue imperiale Politik heraus, deren Haupttenor die Schaffung neuer arabischer Staaten und die Gewährung einer gewissen Unabhängigkeit war, verbunden mit dem Abschluß von Verträgen, die die privilegierte Position der imperialen Mächte und das Recht zur Stationierung bewaffneter Streitkräfte auf ihrem Gebiet sichern sollten.

Insgesamt war diese Politik ein Fehlschlag. Die Konzessionen, die man den nationalistischen Forderungen machte, kamen immer zu spät und zu spärlich, um diese zu befriedigen. Sie wurden als Ausdruck der Schwäche und nicht des guten Willens aufgefaßt, und eine Situation entstand, in der nationalistische Politik als Wettstreit um den größten Extremismus geführt wurde und es den einheimischen Führern unmöglich wurde, auch nur geringfügig von ihren Maximalforderungen abzugehen. Wenn Verträge zustande kamen, dann wurden sie entweder von nicht repräsentativen Regierungen ohne Unterstützung der politisch aktiven Schichten oder unter dem Druck einer unmittelbaren äußeren Bedrohung unterzeichnet – zum Beispiel der britisch-ägyptische Vertrag von 1936 im Schatten des italienischen Einmarsches in Äthiopien.

Der Übergang zur Gewährung der Unabhängigkeit wurde Anfang der dreißiger Jahre von Großbritannien eingeleitet, mit der Anerkennung der Unabhängigkeit des Irak 1932 und Ägyptens 1936. In beiden Fällen hielt Großbritannien eine militärische Präsenz aufrecht und setzte ein Unterordnungsverhältnis durch, euphemistisch als »Allianz« bezeichnet. Frankreich versuchte eine ähnliche Vereinbarung mit Syrien und dem Libanon zu treffen, aber mit weniger Erfolg, und mußte im Verlauf des Zweiten Weltkriegs unter britischem Druck das Mandat abgeben.

Das einzige noch verbliebene Mandat, das Großbritanniens über Palästina, wurde in zwei Stufen aufgegeben: Erst kam die britische Anerkennung der Unabhängigkeit Transjordaniens, später zum Haschemitischen Königreich Jordanien umbenannt, und dann 1948 der Verzicht Großbritanniens auf das, was vom Palästinamandat noch übrig war. Das Mandat war von dem inzwischen aufgelösten Völkerbund erteilt worden; zurückgegeben wurde es an die neu gegründeten Vereinten Nationen, die per Beschluß der Generalversammlung übereinkamen, das restliche Mandatsgebiet in drei Teile zu spalten: einen jüdischen Staat, einen arabischen

Staat und ein Corpus separatum, die Stadt Jerusalem. Die Tei-
lungsresolution wurde von der jüdischen Führung angenommen
und von der Führung der palästinensischen Araber und den
arabischen Nachbarstaaten abgelehnt.

Die letzten Phasen des britisch-französischen Rückzugs vollzogen sich in den fünfziger Jahren. 1955 räumte Großbritannien
die Suezkanalzone. Im folgenden Jahr wurden der Sudan, Tunesien und Marokko allesamt unabhängig. Der ägyptische Beschluß,
den Kanal zu nationalisieren, zog eine britisch-französische
Militärinvasion Ägyptens nach sich, der die wahrscheinlich vorher
geplante israelische Eroberung der Sinaihalbinsel vorausging. Die
Invasion endete mit militärischen Erfolgen und dem totalen politischen Scheitern. Danach ging es mit dem Rückzug rasch voran.
1961 wurde Kuwait unabhängig, 1962 nach einem langen und
bitteren Krieg Algerien, 1967 die in Südjemen umbenannte Kron-
kolonie (Protektorat) Aden und schließlich 1971 die Emirate und
britischen Protektorate am Golf.

Rückschauend, und mit besserem Einblick in die Hintergründe,
ist deutlich, daß das vorrangige Motiv, das sowohl die Briten als
auch die Franzosen in der Zeit zwischen den Kriegen und noch
etwas darüber hinaus in den Nahen Osten brachte und dort hielt,
strategischer Natur war: die Erkenntnis der strategischen und
militärischen Möglichkeiten und Gefahren der Region. Dieser
Grund scheint schwerer gewogen zu haben die meisten anderen.
In ihrem Vorgehen und ihren Plänen scheinen Großbritannien
und Frankreich im Nahen Osten hauptsächlich einen Puffer
gegen Feinde gesehen zu haben, eine Schnittstelle und einen
Knotenpunkt in ihren eigenen imperialen Kommunikationen und
einen Stützpunkt und Aufmarschplatz im Kriegsfall. Alle diese
Aspekte kamen während des Zweiten Weltkriegs zum Tragen.

Ein offensichtliches Anliegen beider Mächte war der dringende Wunsch, das Gebiet gegen andere abzuschirmen, die, meinten sie, zwangsläufig dort eindringen würden, falls die westlichen
Mächte sie nicht abschreckten. Ein Gesichtspunkt von einiger
Bedeutung für die Briten ebenso wie für die Franzosen war die

Sicherung ihrer anderen und wichtigeren imperialen Besitzungen. Die Briten sorgten sich mehr um ihre Position in Indien, die Franzosen um ihre Herrschaft in Nordafrika. Beide sahen die Notwendigkeit, diese Besitzungen vor destabilisierenden Kräften zu schützen, die ihrer Befürchtung nach aus dem muslimischen Nahen Osten kommen würden, wenn die Länder und Völker dieser Region nicht sicher unter imperialer Kontrolle gehalten wurden oder wenigstens unter imperialem Einfluß.

Entgegen einer früher gängigen Auffassung fielen wirtschaftliche Motive kaum ins Gewicht und bestand auch keine Erwartung wirtschaftlicher Gewinne. Die Hauptsorge beider Imperialmächte scheinen vielmehr die wirtschaftlichen Kosten gewesen zu sein – das heißt die Ausgaben, die nötig waren, um die angestrebten strategischen und politischen Ziele zu erreichen. Beide Mächte waren stets sehr darauf bedacht, diese Aufwendungen so niedrig wie möglich zu halten. Erst gegen Ende der britisch-französischen Herrschaft kam das Öl zu den strategischen Erwägungen als signifikanter wirtschaftlicher Faktor hinzu, und selbst da war es noch keineswegs so wichtig, wie es später wurde.

Die Position beider Mächte hatte etliche grundlegende Schwächen. Sie waren nicht bereit, sich in Unkosten zu stürzen, um ihren Stand zu halten, und griffen nur zögernd zu Gewalt, um Widerstände zu brechen. In beiden Ländern gab es Zaudern, Unsicherheit und Schwäche. Beinahe von Anfang an wurden Zweifel laut, ob das ganze Vorhaben machbar sei oder sich überhaupt lohne. Selbst Winston Churchill soll bei einer Gelegenheit laut überlegt haben, ob es nicht vielleicht besser wäre, »die ganze Gegend den Türken zurückzugeben«.

Der Gedanke ist auch anderen bei späteren Anlässen gekommen, nicht jedoch den Türken, die damals wie später sicherlich nicht bereit gewesen wären, ein solches Geschenk anzunehmen. Eine der klarsten und am häufigsten wiederholten politischen Positionen der türkischen Republik ist der Verzicht auf jede territoriale Expansion über die definierten türkischen Nationalgrenzen hinaus. Es gab Auseinandersetzungen darüber, wo genau

diese Grenzen verlaufen, aber das waren Grenzfragen, bei denen es
um türkische Bevölkerungsgruppen ging – Mossul, Alexandrette
(Iskenderun), später Zypern – und sicherlich keinerlei Wunsch
nach einer Wiederherstellung des Osmanischen Reiches oder nach
Rückeroberung seiner verlorenen Gebiete mitschwang.

Mit dem Schwächerwerden der britisch-französischen Position
im Nahen Osten standen neue feindliche Kräfte auf, Nationen und
Regimes, die noch jene besondere Mischung aus Habgier, Bla-
siertheit und Skrupellosigkeit besaßen, die wesentlich zur imperialen Mentalität gehört und die bei den Briten und Franzosen der
Müdigkeit, dem Überdruß und dem Selbstzweifel gewichen war.

Der bestimmende Einfluß auswärtiger Mächte und ihrer Rivalitäten begann weder noch endete er mit der britisch-französischen
Herrschaft. In gewissem Sinne hielt er nahezu zwei Jahrhunderte
lang an, vom Einmarsch Napoleon Bonapartes in Ägypten Ende
des 18. Jahrhunderts bis zum Erlöschen des kalten Krieges im
Nahen Osten in den letzten Jahrzehnten des 20. Jahrhunderts.

Die Außenpolitik Israels hat mehrere Phasen durchlaufen, die
mehr der sich entwickelnden Situation in der Region und der Welt
gehorchten als inneren politischen Veränderungen. Von Anfang
an hatte Israel eindeutig weniger Manövrierfreiheit als seine sämtlichen Nachbarn. Der neue Staat mußte die Situation der jüdischen
Gemeinden in anderen Teilen der Welt berücksichtigen, die in
den späten vierziger und frühen fünfziger Jahren immer noch sehr
prekär war; ferner die unversöhnliche Feindschaft der arabischen
Staaten und bis zu einem gewissen Grad auch anderer muslimischer Staaten; und die generell unfreundliche Haltung der
Sowjetunion und ihrer Satelliten- und Vasallenstaaten in Europa
und anderswo. Sowohl die Regierung als auch das Volk waren sich
stets der schrecklichen Folgen einer Fehlkalkulation bewußt, die
schwerwiegender waren als bei jedem anderen Land der Welt. Die
Hauptzielsetzung der israelischen Außenpolitik war das Überleben
in einer feindlichen Umwelt. Diskussionen drehten sich allein
darum, wie dieses Ziel zu erreichen sei. Es bestand allgemeine

Übereinstimmung, daß eine prowestliche Politik, genauer gesagt, eine proamerikanische Politik dafür am günstigsten war. Tatsächlich ließen die aktive Feindseligkeit der Sowjetunion und das kalte Desinteresse des größten Teils von Westeuropa den in Israel politisch Maßgeblichen keine wirkliche Alternative. Diese Politik bestätigte sich, als die Vereinigten Staaten, in ihrer Sorge um die Zunahme und Ausbreitung des sowjetischen Einflusses in den arabischen Ländern, von den sechziger Jahren an der Verbindung zu Israel strategischen Wert beizumessen begannen.

Neben dieser grundlegenden politischen Bindung an den Westen unternahmen die Israelis große Anstrengungen, um gute Beziehungen zu Staaten an den Grenzen der arabischen Welt zu pflegen – zur Türkei, zum Iran und zu Äthiopien und anderen afrikanischen Staaten. Ihr Erfolg in diesen politischen Bemühungen war um so bemerkenswerter, als alle diese Staaten durch islamische oder afrikanische Bande und Bünde mit der arabischen Welt verknüpft waren. Israels diplomatische Beziehungen zur Türkei kamen schon sehr frühzeitig zustande. Etliche Jahre lang wurden sie auf ein Mindestmaß zurückgeschraubt, aber sie wurden nicht abgebrochen und später voll wiederhergestellt. Beziehungen zum Iran wurden niemals offiziell aufgenommen oder öffentlich zugegeben, aber eine Zeitlang waren sie auf mehreren Gebieten sehr eng. Unmißverständlich beendet wurden sie mit dem Sturz des Schahs und seines Regimes. Die Islamische Republik hat bisher eine Politik unnachgiebiger Feindschaft gegenüber Israel verfolgt. Sie ist darin sogar weiter gegangen als die direkt betroffenen arabischen Staaten, da die meisten von ihnen in der Zwischenzeit ihre öffentlichen Forderungen auf den Rückzug der Israelis aus den 1967 besetzten Gebieten reduziert haben.

In Afrika brach nach dem Sechstagekrieg von 1967 eine Reihe von Staaten die diplomatischen Beziehungen zu Israel ab oder schränkte sie ein. In den meisten Fällen wurden sie später wieder aufgenommen. Die parallele israelische Politik, Verbindungen oder wenigstens Kontakte zu nichtarabischen oder nichtmuslimischen Gruppen in arabischen Länder zu pflegen – zu den

Kurden im Nordirak, den Schwarzen im Südsudan, den maronitischen Christen im Südlibanon –, hat weitaus weniger Früchte getragen und scheint überwiegend aufgegeben worden zu sein.

Danach veränderte sich die israelische Position in den internationalen Beziehungen durch zwei entscheidende Entwicklungen zum einen regionaler, zum andern globaler Art. Die erste war die Unterzeichnung eines Friedensvertrages zwischen Israel und Ägypten am 26. März 1979 in Washington. Dieser Erfolg kam durch lange und geduldige diplomatische Bemühungen seitens mehrerer Staaten zustande. Der Prozeß fing mit geheimen Treffen von ägyptischen und israelischen Emissären in Marokko und Rumänien an, bei denen anscheinend gewisse Zusicherungen ausgetauscht wurden. Er gelangte am 19. November 1977 auf dramatische Weise zur Kenntnis der Öffentlichkeit, als Anwar as-Sadat, der ägyptische Präsident, eine Rede vor dem israelischen Parlament in Jerusalem hielt. Die letzten Punkte wurden, mit beträchtlicher Hilfe von seiten der USA, in Camp David ausgehandelt. Der Vertrag hat sich als bemerkenswert haltbar erwiesen. Trotz pessimistischer Prophezeiungen überstand er die Ermordung von Präsident Sadat, den Abschluß des israelischen Rückzugs von der Sinaihalbinsel und vor allem die israelische Invasion im Libanon 1982.

Die zweite entscheidende Veränderung war die Beendigung des Kalten Krieges, durch den sich die Stellung Israels, wie die jedes anderen Staates in der Region, von Grund auf wandelte. Die unmittelbaren Konsequenzen für Israel waren positiv: Israels unversöhnlichste Feinde in der Region wurden durch das Verschwinden ihrer sowjetischen Schutzmacht geschwächt, während etliche weiter entfernte Staaten in Osteuropa und Asien, die sich vorher feindselig, unfreundlich oder gleichgültig verhalten hatten, sich nunmehr beeilten, diplomatische Beziehungen aufzunehmen.

Die Türkei und der Iran sind alte souveräne Staaten, die gewohnt sind, die Verantwortung für ihr Überleben und Wohlergehen selbst zu tragen. Für sie ist die nationale Unabhängigkeit eine fraglose Tatsache, ein Axiom des politischen Lebens, das keiner großen

Worte oder Beweise bedarf. Obwohl ihre Unabhängigkeit zeitweise bedroht war, ging sie doch nie verloren, und infolgedessen mußten sie sich, von seltenen Ausnahmen abgesehen, in ihrer politischen Orientierung nicht mit dem Problem der Fremdherrschaft und des Kampfes für ihre Beseitigung herumschlagen. Ihre durch lange praktische Erfahrung gewachsene Außenpolitik ist auf die Erreichung begrenzter und definierbarer nationaler Ziele gerichtet und basiert auf einer üblichen Mischung von Tradition und Berechnung. Beide Länder haben schwere, wenn auch unterschiedliche innere Probleme und haben große politische Veränderungen mitgemacht. Es ist jedoch bemerkenswert, daß diese Veränderungen in der Türkei wenig erkennbare Auswirkungen auf die Außenpolitik hatten, die weiterhin von den Grundgegebenheiten der schwierigen internationalen Stellung der Türkei bestimmt wird und nicht von innenpolitischen Schwankungen.

Jahrhundertelang lautete der strategische Imperativ für die Türkei und für die Turkvölker überhaupt Verteidigung gegen Rußland: Der Vormarsch der russischen Macht nach Süden und Osten in die türkischen Gebiete sollte aufgehalten und wenn möglich zum Stillstand gebracht werden. Dieser lange Zeit betriebenen türkischen Defensivtaktik war nur begrenzter Erfolg beschieden, und im 20. Jahrhundert waren riesige Gebiete und viele türkische Völker Teil des Russischen Reiches, später der Sowjetunion geworden.

In dieser Situation lag es nahe, daß die Türken im Westen Hilfe suchten. 1914 und dann wieder 1941 sahen sich die Türken vor ein furchtbares Dilemma gestellt, als ihre potentiellen westlichen Verbündeten sich ihrerseits mit dem russischen Feind verbündeten. Im Ersten Weltkrieg schlugen sie sich auf die Seite der Mittelmächte und erlitten deren Niederlage mit und darüber hinaus die Zerstückelung des Osmanischen Reiches. Im Zweiten Weltkrieg – diesmal eher zum Westen hingezogen und von der Achse eher abgestoßen – entschied sich die türkische Republik für eine zusehends prowestliche Neutralität, die sie 1945 mit einer förmlichen Kriegserklärung an die Adresse der Achsenmächte aufgab.

Der Beginn des Kalten Krieges löste das Dilemma der Türkei

und bot ihr eine neue internationale Anbindung, die sowohl ihren kulturellen und politischen Bestrebungen als auch ihren grundlegenden strategischen Bedürfnissen entgegenkam. Frühzeitig schon wurde die Türkei Mitglied der westlichen demokratischen Allianz, und ihr kam eine entscheidende Rolle bei der strategischen Verteidigung Südeuropas, des Mittelmeerraums und des Nahen Ostens zu. Mit dem Ende des Kalten Krieges schien es eine Zeitlang, als hätte sich diese Rolle erledigt, aber dafür hat die türkische Republik eine neue Bedeutung als Brücke zwischen dem demokratischen Westen einerseits und der gesamttürkischen, vielleicht sogar der islamischen Welt andererseits gewonnen.

Die internationale Stellung des Iran, der anderen seit langem bestehenden souveränen Macht im Nahen Osten, gleicht der der Türkei in mancher Hinsicht, aber in vieler wiederum nicht. Jahrhundertelang hatten das Osmanische und das Persische Reich um die Herrschaft über den Nahen Osten gestritten und viele Kriege gegeneinander geführt. Im 19. Jahrhundert gerieten beide nahöstlichen Mächte in den Schatten der aufstrebenden europäischen Reiche, womit ihre alten Rivalitäten gegenstandslos wurden. Der letzte in der langen Reihe türkisch-persischer Kriege endete 1823, und danach gelang es den beiden Nachbarstaaten, normale, wenn auch selten herzliche Beziehungen zu unterhalten.

Beide waren in gewissem Sinne Opfer derselben Kräfte und mit den gleichen Problemen konfrontiert, allerdings mit bedeutenden Unterschieden. Der Iran war wie die Türkei von Norden her bedroht und hatte wichtige Gebiete und Bevölkerungen an das Russische Reich abtreten müssen. Aber anders als die Türkei sah sich der Iran sehr klar und direkt einer ähnlichen Bedrohung von Süden her ausgesetzt, durch das Britische Reich in Indien, das zwar keine iranischen Gebietsabtritte anstrebte, aber es dafür auf die politische und wirtschaftliche Durchdringung des Landes abgesehen hatte. Die beste Überlebenschance sahen iranische Staatsmänner darin, ihre Feinde im Norden und Süden gegeneinander auszuspielen und alle ihnen aus dieser Rivalität erwachsenden Vorteile auszunützen.

Das Ende des British Empire beseitigte eine der zwei festen Größen, die die iranische Außenpolitik regiert hatten, und lieferte das Land in gefährlicher Isolation der Bedrohung durch eine wiedererstarkende und jetzt ungeheuer mächtige Sowjetunion aus. Zu Beginn des 19. Jahrhunderts hatten die Russen den nördlichen Teil der iranischen Provinz Aserbaidschan besetzt und annektiert. Am Ende des Zweiten Weltkrieges besetzten sie den Rest von Aserbaidschan, wo sie eine »Volksrepublik« installierten, die sie offenbar in einen sowjetischen Satelliten ähnlich den Volksdemokratien Osteuropas umwandeln wollten. Durch eine Verbindung von geschickter iranischer Diplomatie und mächtiger Unterstützung von außen konnten die Sowjets bewegt werden, ihre Truppen abzuziehen und die Wiedereingliederung des südlichen – wenn auch natürlich nicht des nördlichen – Aserbaidschan in den iranischen Hoheitsbereich zuzulassen. Die auswärtige Unterstützung kam von den USA, in denen die Herrscher über den Iran den Nachfolger des verschwundenen Britischen Reiches im Balanceakt der iranischen Außenpolitik erblickten. Als die sowjetische Macht wuchs und bedrohlicher wurde, baute der Schah – der sich auch ernsten inneren Problemen gegenübersah – zusehends auf amerikanische Hilfe.

An diesen inneren Problemen wird einer der Hauptunterschiede zwischen der Türkei und dem Iran deutlich. Die Türken hatten über Jahrhunderte mit Europa und den Europäern in Kontakt gestanden und besaßen eine selbstverständliche Vertrautheit mit europäischen Gepflogenheiten, die in dem geographisch unzugänglicheren und kulturell traditionelleren Land Iran ohne Parallele war. Die Türken hatten in einer Reihe von Umwälzungen, deren wichtigste, aber keineswegs erste die erfolgreiche Revolution Kemal Atatürks gewesen war, eine bewußte Entscheidung für die europäische Kultur, die europäische Gesellschaft und ein europäisches politisches System getroffen. Die Mitgliedschaft der Türkei im Europarat und ihre Anschlußbemühungen an die Europäische Gemeinschaft stellen die späteren Phasen eines anhaltenden, wenn auch manchmal umstrittenen Prozesses dar.

Demgegenüber hatten die Iraner, trotz der Entstehung einer westlich gebildeten akademischen und administrativen Mittelschicht,
keine derartige Entscheidung getroffen, und so wichtig und weit-
reichend ihre modernisierenden Reformen waren, blieben sie
doch auf die materiellen Aspekte der Verwestlichung beschränkt.

Während die über lange Zeit anhaltend verfolgte Außenpolitik
der türkischen Republik von dem Konsens der türkischen politischen Klasse getragen wurde, erschien die Anbindung des Schahs
an den Westen als marionettenhafte Privatpolitik, die ihm seine
westlichen Herren diktierten. Politische Veränderungen, selbst
größere Unruhen in der Türkei änderten an der Außenpolitik
nicht viel, aber die Revolution im Iran brachte einen vollkommenen Umschwung.

In den Anfangsjahren der Islamischen Republik war der Islam,
nicht der Iran die erklärte Grundlage der Identifikation und Loyalität. Das Ziel der Außenpolitik wie der Regierungspolitik überhaupt war die Erneuerung des Islam und die Wiederaufrichtung
islamischer Macht und Größe durch die Verbreitung der islamischen Revolution und die Restauration des islamischen Glaubens und Rechts. Als erster und größter Feind dieses Programms
wurde Amerika hingestellt – die Macht, die den Schah und seine
Kohorten beschützt und manipuliert hatte und die, wichtiger
noch, der neue Führer des alten Feindes war, des Westens.

Der Ausdruck, mit dem Amerika beschimpft wurde – der große
Satan – gibt Aufschluß darüber, wie die amerikanische Bedrohung
von den Führern der islamischen Revolution wahrgenommen
wurde. Im Koran wie in anderen Schriften ist Satan der große
Widersacher, der Feind Gottes und der Menschheit. Aber in der
letzten Sure des Koran, in der bekanntesten und meistzitierten
Nennung Satans, wird der Gläubige angehalten, Zuflucht zu Gott
zu nehmen »vor dem Übel des Einflüsterers, des Entweichers, der
da einflüstert in die Brüste der Menschen«[3]. Es war der Versucher,
nicht der Widersacher, den Khomeini in Amerika fürchtete, die
Verführung und Lockung der amerikanischen Lebensweise und
nicht die feindselige Haltung der amerikanischen Macht. Die Ge-

fahr der westlichen Verlockung, *gharbsadegi,* verschiedentlich mit »Westose« oder »Westtoxikation« übersetzt, ist seit langem ein beliebtes Thema iranischer Schriftsteller.

Wie andere vor ihr hat auch die iranische Revolution die Phasenfolge durchlaufen, die paradigmatisch von der französischen vorgegeben wurde. Die Monarchie wurde gewaltsam beseitigt, doch im Iran entging der Monarch dem Tod durch die Flucht ins Exil. Andere hatten weniger Glück, und die Mullahs errichteten eine Schreckensherrschaft, welche die ihrer französischen Vorläufer bei weitem übertraf. Die Ideologen und Pragmatiker lieferten sich ihre klassischen Gefechte, und die Irakis gaben ihnen, mit kaisertreuer Unterstützung, ihren Interventionskrieg und ihren Sieg bei Valmy. Später konnten die Irakis – weitgehend dank westlicher, vor allem amerikanischer Hilfe – den zunächst siegreichen iranischen Gegenangriff aufhalten und aus einem langwierigen Erschöpfungskrieg eine Art Sieg herausschlagen. Wenigstens einstweilen war die islamische Revolution eingedämmt, und die Revolutionäre glichen in ihren innenpolitischen ebenso wie in ihren internationalen Aktivitäten zunehmend weniger den Jakobinern und mehr den Bolschewiken. Die jubelnde und mitunter leidenschaftliche Begeisterung, die die Revolution in der gesamten muslimischen Welt geweckt hatte, flaute ab und wich entweder der Apathie oder, nach einer Zwischenpause, einer erneuten Suche nach radikalen Lösungen.

Im Iran selbst begann eine neue Generation von Führern, gehärtet durch acht Jahre Krieg mit dem benachbarten Irak, mehr an den Iran und weniger an den Islam zu denken und außen- wie innenpolitische Strategien zu entwickeln, die stärker auf das Überleben und die Festigung des iranischen Staates und auf die plötzlich wahrgenommenen nationalen Interessen des Iran bedacht waren. Um eine iranische nationale Außenpolitik zu schaffen, mußten die Regierenden im Iran viele Schwierigkeiten überwinden: den Widerstand kleiner, aber mächtiger und fest verwurzelter Gruppen, die noch dem Gedanken der weltweiten islamischen Revolution anhingen und nicht bereit waren, sie auf ein Land

begrenzt zu sehen; das wohlbegründete Mißtrauen aller Nachbarn
und weiter entfernter Staaten, deren Wohlwollen sie benötigten;
und die moralischen und materiellen Hindernisse, die der Herstellung oder auch nur versuchten Herstellung freundlicher Beziehungen zu denen im Weg standen, die sie so lange als leibhaf-
tige Mächte des Bösen betrachtet und verteufelt hatten.

Im Unterschied zur Türkei und zum Iran hatten die arabischen
Staaten alle verhältnismäßig wenig Erfahrungen mit der Unabhängigkeit und lange Zeit waren ihre politischen Eliten von dem
Kampf, sie zu erlangen, voll in Anspruch genommen. Dann kamen
die Probleme, wie sie praktiziert werden sollte – eine Aufgabe, die
eine schwierige Korrektur von Einstellungen und Anschauungen
erforderte. Es war nicht leicht, sich von den großartigen und vage
definierten Zielen einer nationalistischen Opposition auf die beschränkten und praktischen Berechnungen einer nationalen Regierung umzustellen, und schwer war auch, sich mit der Vorstellung abzufinden, daß Klagen gegen Unterdrückung und andere
Übel jetzt an Landsleute und Glaubensbrüder gerichtet werden
mußten.

Die Außenpolitik der arabischen Staaten hat sich seitdem um
drei Dinge gedreht: die Beziehungen zu Israel, zueinander und
zur restlichen Welt. Im ersten Punkt waren sie sich lange einig, daß
Israel zerstört werden müsse, wenn auch nicht darüber, wie dies
zu verwirklichen sei. Mit der Zeit wurde diese Position modifiziert,
und nun lautete die offizielle arabische Forderung nicht mehr auf
sofortige Zerstörung Israels, sondern auf Rückzug auf die in den
Teilungsvorschlägen von 1947 festgelegten Grenzen – für manche
als erster Schritt zu deren letztlichem Verschwinden. Da Israel einer solchen Verstümmelung selbstverständlich nicht freiwillig zustimmen wollte und die arabischen Staaten allein nicht imstande
waren, sie durchzusetzen, lief dies im Endeffekt auf die Forderung
nach einer Lösung durch den Druck der Großmächte hinaus –
nach einer Art Zwangsoperation auf dem Konferenztisch, bei der
vielleicht sowjetische Waffen das Messer führten, während die

westliche Diplomatie die Narkose verabreichte. Dies war niemals sehr wahrscheinlich und wurde es nach dem Sechstagekrieg von 1967 noch weniger, der Israel in den Besitz des gesamten palästinensischen Mandatsgebietes westlich des Jordans wie auch großer Teile ägyptischen und syrischen Territoriums brachte. Die formelle arabische Forderung lautete jetzt auf den israelischen Rückzug aus den 1967 gewonnenen Gebieten – das heißt auf die 1948 und 1949 vereinbarten Waffenstillstandslinien. Wie in der vorherigen Phase war keineswegs klar, ob dies eine erste oder eine letzte Forderung war und ob ihre Erfüllung die arabische Anerkennung des Staates Israel und die Normalisierung der Beziehungen zur Folge hätte.

Einige Jahre lang sahen die Chancen für eine Anerkennung in der Tat sehr schlecht aus. Auf einer Gipfelkonferenz in Khartum am 1. September 1967 verkündeten die arabischen Führer, sie seien übereingekommen, daß es »keine Anerkennung, keine Verhandlung, keinen Frieden« geben werde. Dies war die offizielle Position sämtlicher arabischer Regierungen bis 1978, als Ägypten in Verhandlungen mit Israel eintrat, die schließlich zu einem Friedensvertrag führten. Es blieb die Position der restlichen arabischen Welt bis zur Aufnahme der von den Amerikanern geförderten Friedensverhandlungen 1991. Eine noch deutlicher kompromißlose Haltung nahm die Palästinensische Befreiungsorganisation ein, die sich weigerte, die Rechtmäßigkeit Israels anzuerkennen, und daher die Beseitigung des jüdischen Staates und seine Ersetzung durch einen arabischen Palästinenserstaat forderte. Dies war die unerschütterliche Position der PLO bis 1988, als ihr Führer Jassir Arafat in einer Rede in Genf zum erstenmal von der Möglichkeit der Koexistenz eines jüdischen und eines arabischen Staates in dem früheren Mandatsgebiet sprach.

Das Aufkommen der Palästinenser als unabhängiger Faktor und das Auftreten der Palästinensischen Befreiungsorganisation als bedeutender Mitspieler in regionalen wie internationalen Angelegenheiten gehören zu den wichtigsten Folgen des Krieges von 1967. Zwischen 1948 und 1967 betrachteten sich die arabischen

Staaten, besonders die drei vom Palästinaproblem direkt betroffenen, als Verteidiger der palästinensischen Sache und bremsten
jeden Versuch seitens der palästinensischen Führung, ihre Sache
selbst zu vertreten. Der am wenigsten betroffen von den drei
Staaten war Syrien, das zum Zeitpunkt des Waffenstillstands nur
einen Ort mit palästinensischer Bevölkerung besaß, das Städtchen
al-Hamma am Ostufer des Galiläischen Meeres. Der am meisten
betroffene war Jordanien, das die Gebiete auf der Westbank und
den Ostteil Jerusalems besaß. Der Gazastreifen, klein an Fläche,
aber mit mächtig angewachsener Flüchtlingsbevölkerung, war im
Besitz von Ägypten.

Die Ägypter annektierten den Gazastreifen nicht, sondern ver-
walteten ihn als Teil Palästinas und experimentierten sogar, kurz
und ohne Erfolg, mit einer »Gesamtpalästinensischen Regierung«
mit Sitz in Gaza. Die jordanische Regierung verfolgte eine vollkommen andere Politik. Jordanien annektierte die Westbank und
Ostjerusalem in aller Form und hob damit die 1922 durch einen
britischen Verwaltungsakt gezogene Grenze zwischen dem zisjor-
danischen und dem transjordanischen Palästina auf. Sie wurden
Teil des jordanischen Königreichs, dessen Hauptstadt Amman
blieb. Das jordanische Staatsangehörigkeitsgesetz vom 4. Februar
1954 verlieh allen die jordanische Staatsbürgerschaft, die vor dem
15. Mai 1948 die palästinensische Staatsbürgerschaft besessen und
zwischen dem 20. Dezember 1949 und dem 16. Februar 1954 ihren
Wohnsitz im jordanischen Königreich gehabt hatten, »außer
Juden«. Es bot die jordanische Staatsbürgerschaft auch allen arabischen palästinensischen Flüchtlingen und ihren Nachkommen
unabhängig vom Ort der Geburt an, die sie schriftlich beantragten
und jede andere eventuell noch bestehende Staatsbürgerschaft aufgaben. Diese Annexion wurde von den übrigen arabischen Staaten
nicht anerkannt, deren Führer erklärten, sie komme einem Verzicht auf die Rechte der Palästinenser gleich. Abgesehen von denen
in Jordanien konnten nur die Palästinenser, die in westlichen
Ländern unterkamen, eine Staatsangehörigkeit durch Einbür-
gerung und später durch Geburt erlangen. Unvermeidlicherweise

hemmten die Interessenkonflikte zwischen den arabischen Staaten ihren Einsatz für die arabische Sache, und selbst die 1964 gegründete PLO begann ihr Wirken als Instrument dieser Rivalitäten.

Der Sechstagekrieg veränderte die Situation drastisch. Der Gazastreifen, die Westbank und Ostjerusalem sowie al-Hamma wurden allesamt von den Israelis erobert, die damit im Besitz des gesamten palästinensischen Mandatsgebiets westlich des Jordans waren. Den arabischen Staaten war es eklatant mißlungen, die palästinensische Sache durch Krieg und andere staatliche Maßnahmen voranzutreiben. Die Palästinenser, die in Palästina jetzt weder einem arabischen Staat unterstanden noch unter der Ägide eines Staates in der internationalen Arena agierten, schlugen einen eigenen unabhängigen Kurs ein. Dieser bestand zum Teil in einer geschickt geführten und eine Zeitlang erfolgreichen diplomatischen Offensive, durch welche die PLO Ende der achtziger Jahre zu mehr Ländern diplomatische Beziehungen unterhielt als der Staat Israel, und zum Teil in einem Feldzug bewaffneter Gewalt, den seine Befürworter Widerstands- oder Guerillakrieg nannten und seine Kritiker Terrorismus.

Diese Aktivitäten trugen in den siebziger und frühen achtziger Jahren beachtliche propagandistische und politische Früchte, aber in Palästina selbst erreichten sie wenig oder gar nichts. Der Einsatz bewaffneter Gewalt gegen Orte, Einrichtungen und Personen, die mit Israel nichts zu tun hatten, und die Verluste von Menschenleben dadurch trübten selbst die vorherigen Propagandaerfolge. Als die Israelis 1982 zu dem erklärten Zweck im Libanon einmarschierten, die PLO aus ihren dort errichteten Stützpunkten zu vertreiben, gab es in der internationalen Gemeinschaft und selbst in den arabischen Staaten bemerkenswert wenig Opposition oder Protest. Eine weitere Schwächung erlitt die PLO durch das Ende des kalten Krieges und den Zerfall der Sowjetunion sowie durch die Niederlage des irakischen Diktators Saddam Hussein, dem ihre Führer unvorsichtigerweise ihre Unterstützung ausgesprochen hatten. In dem interarabischen Kampf vor, während und nach dem irakischen Einmarsch in Kuwait wurde die PLO mit der einen Seite

gleichgesetzt, wodurch sie einen Großteil des Beistands und Wohl-
wollens einbüßte, die sie zuvor bei der anderen genossen hatte. Es
war ungewiß, ob sie in den Friedensverhandlungen, die mit der
neuen Kräftekonstellation im Nahen Osten und der Welt möglich
wurden, noch eine sinnvolle Rolle würde spielen können.

Die Entstehung von Israel im Jahre 1948 bzw. die Unfähigkeit
der arabischen Armeen, sie zu verhindern, war eine Schicksals-
stunde in der Geschichte des Nahen Ostens, in vieler Hinsicht ver-
gleichbar mit der Landung der Griechen in Izmir 1919. Es war schon
schlimm genug, von den Franken beherrscht zu werden, aber sie
waren immerhin die unbesiegbaren Herren der Welt, die gerade
ihre Feinde in zwei großen Kriegen geschlagen hatten. Etwas ganz
anderes aber und eine unerträgliche Demütigung war es, sich den
Griechen oder Juden zu beugen, den einheimischen *dhimmis*
(Schutzbefohlenen), welche die Muslime seit langem gewohnt
waren, als Untergeordnete zu verachten. Zudem würden die Franken früher oder später dorthin zurückkehren, woher sie gekommen
waren. Aber die griechische »große Idee« *(megale idea)* eines wiedererweckten Byzantinischen Reiches und die zionistische Idee eines
wiedererweckten jüdischen Staates zielten eindeutig auf einen
Dauerzustand ab. Die Empörung, die den kemalistischen Widerstand gegen die Griechen und den arabischen Widerstand gegen
Israel prägte, war beidesmal von gleicher Art. Der Unterschied in
der nachfolgenden Entwicklung der Türkei und der arabischen
Staaten läßt sich zum Teil darauf zurückführen, daß die Türken
ihren Krieg gewannen, während die Araber ihren verloren.

Binnen weniger Jahre waren sämtliche Herrscher, die ihre
Armeen in Palästina in die Niederlage geschickt hatten, beseitigt
– einige durch Attentate. Im März 1949 stürzte der syrische Stabs-
chef Oberst Husni as-Saim seine Regierung durch einen Staats-
streich und machte sich zum Präsidenten eines Militärregimes. Es
war der erste einer ganzen Reihe von Umstürzen und Unruhen
durch das Militär, die in vielen Ländern und mit zunehmender
Gewalt die Regimes der Könige, Paschas und konservativen Groß-
grundbesitzer hinwegfegten und neue Kräfte entfesselten.

Als 1945 der Krieg vorbei war, schien Großbritannien mit dem Übergewicht seiner Heeresmacht und seines politischen Einflusses als beherrschende Kraft im Nahen Osten fest im Sattel zu sitzen. Die Arabische Liga, schien es, war sein Instrument zur politischen Integration der Region, und das Middle East Supply Centre war ihr ökonomisches Gegenstück. Deutschland und Italien waren vernichtend geschlagen, Frankreich war praktisch vertrieben worden; Amerika war noch nicht bereit, Rußland noch nicht in der Lage, eine Rolle zu übernehmen. Selbst die nationalistischen Führer waren für den Augenblick verstummt – aus bangem Wissen um die Macht der Sieger und in vielen Fällen um die eigenen suspekten Verbindungen zu den Besiegten. Es war nicht der Zeitpunkt, Forderungen zu stellen.

Binnen zehn Jahren nach Kriegsende war das imposante Gebäude der britischen Macht im Nahen Osten untergraben, geschwächt und zerstört; die britischen Machtpositionen wurden unter den Angriffen von allen Seiten eine nach der anderen aufgegeben oder gingen verloren. Der Nahe Osten hörte auf, ein Gebiet unter britischer Vorherrschaft zu sein, und er hörte auch auf, ein Gebiet mit vorherrschend westlichem Einfluß zu sein.

Eine Reihe von Ursachen trug zu diesem Schrumpfen und Schwinden der britischen Macht bei. Eine der ersten war die Machtübergabe in Indien 1947. Seinerzeit, als die Briten erstmals in die Angelegenheiten des Nahen Ostens eingriffen, taten sie dies aus der Position der Machthaber in Indien heraus. Die Beendigung dieses Herrschaftsstatus schränkte den Bedarf und die Möglichkeiten britischer Präsenz in dem Gebiet stark ein. Eine weitere Ursache war die Unfähigkeit, das Palästinaproblem zu lösen, und die Rückgabe des Mandats für Palästina – ein Eingeständnis der Schwäche und der Unentschlossenheit, das natürlich zu weiteren Forderungen und Angriffen von allen Seiten anspornen und ermutigen mußte. Einige Beobachter würden zusätzlich noch die Unfähigkeit der maßgeblichen Politiker anführen, die neuen Kräfte zu erkennen, zu verstehen und zuzulassen, die in der arabischen Welt und andernorts aufkamen und

die Großbritannien der Stützen seines Einflusses und seiner Macht
berauben sollten.

Tiefer und wesentlicher als alle diese Faktoren war jedoch die
Erschöpfung der britischen Kräfte nach sechs Jahren Krieg gegen
mächtige Feinde. Schon im März 1947 hatte Präsident Truman vom
Kongreß die Vollmacht gefordert und erhalten, Griechenland und
der Türkei die Hilfe zu geben, die sie brauchten, um ihre Unabhängigkeit und territoriale Integrität gegen die kommunistische Bedrohung aus dem Norden zu verteidigen, und die Großbritannien
ihnen nicht mehr leisten konnte. Diese Politik wurde bald darauf
auf den Iran ausgedehnt. Gegen Ende des Jahres 1949 dachte die
US-Regierung bereits über eine aktivere Rolle im Nahen Osten
insgesamt nach. Ein Treffen amerikanischer Diplomaten aus dem
Raum fand im November 1949 in Istanbul statt und wurde mit einer
Rede des stellvertretenden Außenministers George G. McGhee eingeleitet. Seine Ausführungen wurden von einem der Anwesenden
zusammengefaßt, dem Botschafter in Israel James G. McDonald:

> Die Grundlage der Politik der Vereinigten Staaten im Nahen Osten sei
> es, erklärte uns McGhee, die Entwicklung aller Ressourcen in dem
> Raum zu fördern, um den Lebensstandard zu heben, und dies mit
> einer doppelten Nahzielsetzung: 1. die Bedrohung durch den Kom-
> munismus von innen abzuwenden und 2. die Bewaffnung der vertei-
> digungsfähigen Grenzstaaten (Griechenland und Türkei) zur Abwehr
> jeder sowjetischen Aggression von außen aufrechtzuerhalten.
>
> Vor allen Dingen dürften sich daher die Vereinigten Staaten in den
> Angelegenheiten des Nahen Ostens nicht mehr im Hintergrund hal-
> ten. Denn angesichts der wachsenden kommunistischen Bedrohung
> könne das von anderen Problemen hart bedrängte Großbritannien
> nicht länger die volle Verantwortung für den Schutz westlicher Inter-
> essen und der westlichen Zivilisation in dem Gebiet tragen. Die Verei-
> nigten Staaten müßten sich einen zunehmenden Teil der Last aufla-
> den. In dieser Hinsicht sei »völlige Einigkeit im Grundsatz« mit
> Großbritannien erzielt worden. Beide Länder, sagte McGhee, hätten
> die gleichen allgemeinen Ziele, wenn auch spezifische Interessen in

einzelnen Ländern unter Umständen nicht identisch seien. Es gebe, fügte er hinzu, »Punkte der Asymmetrie«.

Ich hatte den Eindruck, daß dies eine untertriebene Darstellung des Ausmaßes war, in dem unsere und die britischen nationalen Interessen divergierten.[4]

In den folgenden Jahren wurden diese Divergenzen – nicht so sehr zwischen echten nationalen Interessen als zwischen zwei Arten, sie aufzufassen und zu verteidigen – schmerzhaft deutlich. In den Jahren 1951 und 1952 erreichten die britischen Schwierigkeiten ihren Höhepunkt mit der Ermordung König Abdallahs in Jordanien, der Ölkrise im Iran und dem britisch-ägyptischen Zerwürfnis, gefolgt von der ägyptischen Ablehnung des Vier-Mächte-Vorschlags zu einem nahöstlichen Verteidigungspakt und bald darauf dem britisch-ägyptischen Zusammenstoß in der Suezkanalzone, der in dem fünfstündigen Gefecht bei Ismailia am 25. Januar 1952 kulminierte.

Die amerikanische Politik in dieser und der anschließenden Zeit scheint auf der Ansicht basiert zu haben, eine zu enge Verbindung mit Großbritannien, eine zu große Sorge um britische Interessen würde das amerikanische Ansehen trüben und amerikanischen Zwecken schaden. Großbritannien war, so argumentierte man, auch nach seinem dramatischen Abschied vom Empire in Asien und Afrika in asiatischen und afrikanischen Augen noch suspekt, nicht nur als ehemalige Imperialmacht, sondern als eine mit eventuellen Restaurationsabsichten. Amerika dagegen war selbst ein ehemaliger Kolonialstaat – ja der erste, der durch eine siegreiche Revolution gegen den britischen Imperialismus seine Freiheit gewonnen hatte. Wohin Amerika vorausgegangen war, wollten andere folgen, die sich durch natürliche Sympathien und Affinitäten mit Amerika verbunden fühlten.

Die Vorstellung, daß die aufstrebenden Völker Asiens und Afrikas sich die Amerikanische Revolution zum Vorbild ihres Kampfes gegen den Kolonialismus nehmen und sich spontan um die amerikanische Führung scharen würden, hatte nie sehr überzeugen können und beruhte auf einem Vergleich, der geradezu lächerlich verfehlt war. Die Amerikanische Revolution war schließlich kein Sieg gegen den Kolonialismus, sondern der äußerste Triumph des Kolonialismus: Die Kolonisten hatten die Kolonie so gründlich erobert und besiedelt, daß sie sich auf eigene Füße stellen konnten und die weitere Unterstützung des Mutterlandes nicht mehr nötig hatten. Es wäre unfair und irreführend, die amerikanischen Kolonisten des 18. Jahrhunderts mit den weißen Siedlergemeinschaften von heute zu vergleichen, aber noch absurder wäre es, sie mit den Untertanen der weißen Siedler zu identifizieren.

Wenn der amerikanische Einstieg in die Verteidigung des Nahen Ostens als Bemühung begann, die abbröckelnden britischen Stellungen gegen einen möglichen sowjetischen Angriff zu stützen, so sah man mit der Zeit ein, daß eine solche Politik unhaltbar war und vielleicht sogar den gegenteiligen Effekt hatte – nicht, wie einige damals meinten, weil von den Briten der Makel des Imperialismus abfärbte, von dem die Amerikaner ansonsten frei waren, sondern viel einfacher weil die Briten nicht mehr die Kraft hatten, diese Aufgabe wahrzunehmen.

In den fünfziger Jahren übernahmen die USA die Aufgabe, mit nur zeitweiligem Erfolg. 1952 wurden Griechenland und die Türkei in den Nordatlantikpakt aufgenommen und stellten damit ein Bindeglied dar zwischen dem Bündnissystem, das Europa und den Mittelmeerraum verteidigen sollte, und dem neuen Gefüge von Bündnissen, das man im Nahen Osten zu bauen hoffte.

Dieses nahöstliche Verteidigungssystem bestand zunächst nur aus dem nördlichen Gürtel direkt an den sowjetischen Block grenzender Staaten – das heißt aus Griechenland, der Türkei und dem Iran. 1955 ließ sich die Regierung des Irak überreden, einem neuen Bündnis namens Bagdadpakt beizutreten, bestehend aus der Türkei, dem Irak und dem Iran, deren Herrscher die Bedrohung aus dem Norden inzwischen deutlich spürten. Auch Großbritannien wurde als Mitglied des Bagdadpakts beibehalten, doch die Vereinigten Staaten zogen es zunächst einmal vor, informelles Teilmitglied statt regelrechtes Vollmitglied dieser Allianz zu werden, für deren Schaffung sie weitgehend verantwortlich waren.

Obwohl es der Allianz mit den Staaten des nördlichen Gürtels gelang, einen direkten sowjetischen Angriff zu verhindern, konnte sie nicht verhindern – ja war sie nach Auffassung einiger geradezu daran schuld –, daß die Sowjetunion mit einem Geniestreich diesen nördlichen Gürtel übersprang und Machtpositionen im Herzen der arabischen Welt besetzte.

Die letzte Phase des britischen Rückzugs aus Ägypten begann im Juli 1954, als ein paar Wochen nach den Gesprächen zwischen Eisenhower und Churchill in Washington ein britisch-ägyptisches Abkommen zustande kam, das den Abzug der Briten aus der Suezkanalzone binnen zwanzig Monaten vorsah. Die letzten britischen Truppen räumten tatsächlich am 2. April 1955 das Feld. Es war offensichtlich, daß die Preisgabe der großen Militärbasis am Suezkanal, siebzig Jahre lang der Eckstein des britischen Machtgebäudes im Nahen Osten, unmittelbare und weitreichende Auswirkungen haben würde. Große Erwartungen wurden mit dem Abkommen verbunden. Damals hegten und äußerten viele die Hoffnung, daß mit der Beseitigung des letzten ägyptischen Anklagepunkts gegen den Westen zu guter Letzt echte Freundschaft und Zusammenarbeit möglich würden.

Wer solche Hoffnungen hatte, sollte bald enttäuscht werden. Die allgemeine Situation wurde durchaus nicht besser, sondern verschlechterte sich rapide. Nach einer Periode relativer Ruhe wurde die ägyptisch-israelische Grenze abermals zum Schauplatz militärischer Zusammenstöße. Die erwartete Verbesserung der ägyptischen Beziehungen zum Westen blieb aus. Mit der Befreiung ihrer heimischen Erde hatten die Ägypter auch die Hände frei, umfassendere arabische und afrikanische Belange aufzugreifen; der Versuch des Westens, ein nahöstliches Bündnis ins Leben zu rufen und Ägypten zum Beitritt zu bewegen, löste in Ägypten zunehmend feindselige Reaktionen aus, die im September 1955 in der Unterzeichnung eines Abkommens mit der Tschechoslowakei zur Lieferung von Waffen gipfelten. Auf einen Schlag hatte sich die Sowjetunion eine Macht- und Einflußstellung im Herzen des Nahen Ostens erobert.

In der Türkei und im Iran wurde amerikanische Hilfe willkommen geheißen und die amerikanische Führungsrolle anerkannt. Beide waren keine früheren Kolonialländer. Für sie waren die Amerikaner nicht die alten Vorkämpfer des Antikolonialismus, sondern die neuen Führer des Westens und als solche ihre natürlichen Verteidiger gegen die altbekannte Bedrohung durch die Russen. In den arabischen Ländern bestand keine solche auf Erfahrung fußende Kenntnis des russischen Expansionismus und daher auch nicht der Wunsch, westliche Unterstützung – von den Amerikanern oder sonst jemandem – zu suchen oder anzunehmen. Nur ein arabisches Land – der Irak – trat dem Pakt letztlich bei, und dies zudem unter einem unpopulären und nicht repräsentativen Regime, das sich nicht lange halten sollte. Es kann kaum bezweifelt werden, daß seine prowestliche Orientierung eine der Hauptursachen für seinen Sturz war. Im Lichte dessen, was später über Nuri as-Saids geheime Kontakte zu den Deutschen im Jahre 1940 bekannt wurde, muß man sich fragen, wie brauchbar das Bündnis gewesen wäre, wenn das Regime überlebt hätte und auf die Probe gestellt worden wäre.

Ungeachtet der offensichtlichen militärischen Vorteile muß der Versuch, den Irak in ein westliches Verteidigungssystem einzubinden, jetzt als ein grober politischer Irrtum betrachtet werden. In anderen arabischen Ländern gab er Anstoß zu bitterer Feindseligkeit und führte direkt zu Verhandlungen mit dem kommunistischen Block, wozu Präsident Nassers Teilnahme an der neutralistischen Konferenz von Bandung im April 1955 den Weg bereitete – sein erster Auftritt auf der internationalen, nicht rein nahöstlichen Bühne. Es war ein vielsagender Anfang.

Das Interesse der Sowjetunion am Nahen Osten war nicht neu. Bei dem Treffen zwischen Hitler und Molotow im November 1940 forderte die Sowjetregierung, erbeuteten deutschen Dokumenten zufolge, die Zustimmung der Deutschen zu einem sowjetischen Militär- und Marinestützpunkt am Bosporus und den Dardanellen sowie die Anerkennung des Gebietes »südlich von Batum und Baku in der allgemeinen Richtung des Persischen Golfs … als Zentrum der Bestrebungen der Sowjetunion«[5].

Nach dem deutschen Angriff auf die Sowjetunion wurden diese Pläne zu den Akten gelegt. Sie wurden am Ende des Krieges wieder hervorgeholt, als die Umstände ihrer Verwirklichung günstig zu sein schienen, da der Nordiran unter sowjetischer Besatzung, die Türkei durch ihre lange Neutralität isoliert und die Sowjetunion Teil der Siegerallianz war. Damals schlug der Versuch fehl; die im iranischen Aserbaidschan installierte »Volksrepublik« wurde gestürzt und die Forderung nach Stützpunkten im türkischen Meerengengebiet hartnäckig abgelehnt. Außer der erfolglosen Übereinkunft mit Mossadegh im Iran 1953 unternahmen die Sowjets keinen weiteren Versuch, sich auf Regierungsebene in nahöstliche Angelegenheiten zu mischen, sondern warteten lieber am Rand ab, bis »die unvermeidlichen Widersprüche des Kapitalismus« die politische und wirtschaftliche Struktur des Nahen Ostens zerrüttet und damit dem Kommunismus den Weg gebahnt hatten. Wo es sich anbot, half man diesen Widersprüchen nach, mit routinemäßiger Subversion, könnte man sagen.

Daß die Sowjetunion 1955 wieder anfing, eine aktive Rolle in der nahöstlichen Politik zu spielen, war an sich nicht überraschend – oder hätte es nicht sein sollen. Der Zeitpunkt war hervorragend gewählt. Die arabischen Staaten waren über die prowestliche Orientierung des Irak zerstritten und verärgert; Ägypten verhielt sich schroff feindselig und hatte soeben die schmeichelhafte Aufnahme in den Kreis der großen asiatischen Neutralisten erhalten. Die arabisch-israelischen Beziehungen waren noch schlechter als gewöhnlich und trugen weiter dazu bei, politische Überlegungen in der Region im allgemeinen zu verzerren. Der britische Nahoststützpunkt bei Suez wurde abgebaut und nach Zypern verlegt, das seinerseits von einem heftigen Konflikt geschüttelt wurde. In diesen Konflikt waren wiederum die Türkei und Griechenland verwickelt, von deren Freundschaft und Entgegenkommen die südöstliche Ecke der NATO weitgehend abhing.

Der sowjetische Schachzug hatte anscheinend im April begonnen, als *Iswestija* eine Erklärung des Außenministeriums veröffentlichte, in der »die jüngste Verschlechterung der Situation«

bedauert und die Absicht der UdSSR ausgesprochen wurde,
engere Beziehungen zu den Ländern des Nahen Ostens herzustellen. Den Frühling und Sommer über gab es intensive diplomatische Aktivitäten, darunter einen Austausch von Besuchen und
Missionen mit mehreren arabischen Ländern. Versuche, Berichte
über ein Rüstungsgeschäft zwischen Ägypten und dem sowjetischen Block erst zu ignorieren und dann herunterzuspielen,
wurden Ende September aufgegeben, als die Nachricht von der
Vereinbarung offiziell bekanntgegeben wurde.

Weitaus bemerkenswerter – und beunruhigender – als das
Rüstungsgeschäft selbst war der fast ekstatische Freudentaumel,
mit dem es in der gesamten arabischen Welt aufgenommen wurde.
Die Abgeordnetenkammern Syriens, des Libanon und Jordaniens
verabschiedeten auf der Stelle Glückwunschresolutionen an Präsident Nasser, und fast die ganze arabische Presse begrüßte die
Nachricht mit stürmischem Beifall. Sogar Nuri as-Said sah sich ge-
nötigt, eine Adresse an das ägyptische Staatsoberhaupt zu schicken,
in der er seine Glückwünsche und seine Zustimmung erklärte.

Diese Reaktion entsprang keiner besonderen Sympathie für die
Sowjets oder dem Wunsch nach Ausbreitung des Kommunismus
oder der Sowjetmacht im Nahen Osten; sie zeugte vielmehr davon, daß Nassers Schritt deutlich als Schlag ins Gesicht des Westens
verstanden wurde. Diese Aktion des Präsidenten und die unbe-
herrschte, aufgeregte und wirkungslose westliche Antwort darauf
befriedigte eine Stimmung und einen Wunsch ganz ungemein,
worin sich viele, wenn nicht die meisten Araber einig waren: der
Stimmung des Abscheus vor dem Westen und dem Wunsch, ihm
eins auszuwischen und ihn zu demütigen. »Die meisten Menschen
im Westen«, sagt Wilfred Cantwell Smith, »haben schlicht keine
Ahnung, wie tief und brennend der Haß vor allem auf den Westen
ist, der den modernisierungswilligen Araber erfaßt hat«.[6]

Die erste arabische Revolution nach dem Krieg, die von 1952 in
Ägypten, war anfangs weder sozialistisch noch prosowjetisch,
wurde aber mit der Zeit beides. 1958 stürzte eine Revolution im
Irak – zum nicht geringen Teil ausgelöst durch den Widerstand

gegen die Einbindung des Landes in eine westliche Allianz – die Monarchie und brachte ein entschieden antiwestliches Regime ans Ruder, das bald in eine enge Bindung an die Sowjetunion geriet. Die prowestliche Monarchie in Jordanien entkam dem Sturz nur knapp, und zwar durch das Einfliegen einer kleinen, aber ausreichenden britischen Truppeneinheit.

Im Libanon hatte die Politik des Separatismus und der Anbindung an den Westen den arabischen Nationalisten schon immer mißfallen, und in einer Zeit starker nationaler und religiöser Wallungen und heftiger antiwestlicher Gefühle wuchs sich ihr Zorn zum Bürgerkrieg aus. Das zog die erste amerikanische Militärintervention in der Region nach sich, deren Ziel es war – sofern sich Ziele nach Resultaten beurteilen lassen –, eine proamerikanische Regierung durch eine andere zu ersetzen, die weniger proamerikanisch und damit lebensfähiger war.

Der Pakt der Staaten des nördlichen Gürtels wurde ohne den Irak neu konstituiert und in Central Treaty Organization (CENTO: Zentrale Paktorganisation) umbenannt, mit der Türkei und dem Iran als tragende Säulen. Gleichzeitig wurden die ersten Schritte zur Herstellung einer neuen strategischen Beziehung der USA zum Staate Israel unternommen.

In den Anfangsjahren des Staates war die amerikanische Politik gegenüber Israel zwar allgemein freundlich und wohlwollend, aber durchaus vorsichtig und leicht distanziert gewesen, hauptsächlich aus Furcht davor, sich die arabische öffentliche Meinung zum Feind zu machen. Die Sowjetunion war den USA mit der rechtlichen Anerkennung Israels um einiges zuvorgekommen und hielt ihre Satellitenstaaten zu Hilfeleistungen an, was sich in Israels erstem Krieg 1948 entscheidend auswirkte. Der unbedeutende damalige Waffenschmuggel aus den USA nach Israel geschah auf private und illegale Initiative und setzte sich über ein ansonsten strikt durchgesetztes offizielles amerikanisches Waffenembargo hinweg. Die amerikanische Finanz- und Militärhilfe an Israel hatte einen sehr geringen Umfang und nahm erst in den späten sechziger und frühen siebziger Jahren ansehnliche Ausmaße an.

Die Waffen, denen Israel 1948 sein Überleben verdankte, kamen aus der Tschechoslowakei; die Flugzeuge und Panzer, die 1967 den glänzenden Sieg im Sechstagekrieg errangen, kamen hauptsächlich aus Frankreich.

Die strategische Beziehung der USA zu Israel, die 1962 begonnen hatte, wurde erst nach 1967 signifikant und war die Folge, nicht – wie manchmal angenommen – die Ursache der sowjetischen Infiltration und des wachsenden sowjetischen Einflusses in der arabischen Welt. Anfang der siebziger Jahre fühlten sich die Sowjets dann stark genug, die Politik zu wiederholen, die die Briten eine Generation vorher verfolgt hatten, und »Bündnisverträge« mit arabischen Ländern abzuschließen, die ihnen eine Truppen- und Flottenpräsenz und die Einrichtung und Benützung von Militär-, Marine- und Luftwaffenstützpunkten mit praktisch exterritorialem Status erlaubten. Zum einen oder anderen Zeitpunkt schienen Ägypten, der Sudan, Syrien, der Irak, Südjemen, Libyen und Algerien in den sowjetischen Machtbereich zu geraten, indem sie sowjetische Waffen kauften, sowjetische Ausbilder hereinließen, eine prosowjetische Haltung in der UN und anderen internationalen Gremien einnahmen sowie – das bedenklichste Zeichen – in ihren Volkswirtschaften eine Form sozialistischer, wenngleich nicht kommunistischer Planung einführten.

Es gab immer Staatsmänner und sogar Regierungen in der arabischen Welt, die an eine Politik der Zusammenarbeit oder Verbindung mit dem Westen glaubten. Sie konnten eine solche Politik jedoch nur verfolgen, indem sie das Volksempfinden übergingen, irreführten oder unterdrückten und sich damit in Lebensgefahr brachten. Mit der Annahme sowjetischer Gunstbezeigungen dagegen waren keine derartigen Risiken für die persönliche Sicherheit oder die politische Popularität verbunden, weshalb sie viel weniger suspekt war als jede Anlehnung an den Westen. Die gleichen unterschiedlichen Maßstäbe für die Sowjets und den Westen wurden in vieler Hinsicht angelegt: etwa im stillschweigenden, fast verstohlenen Einstecken westlicher Geschenke und der lauten Begrüßung sowjetischer Zuwendungen oder in dem pausenlosen Einschlagen auf die letzten abziehenden Nachhuten westlicher Imperien, während die sowjetische Herrschaft über weite muslimische Gebiete in Asien kritiklos hingenommen wurde. Eine noch krassere Doppelmoral kennzeichnete die Reaktionen auf das Vorgehen der USA in Vietnam und der Sowjetunion in Afghanistan. Während das Eingreifen Amerikas in den Krieg zwischen Nord- und Südvietnam zugunsten des südvietnamesischen Verbündeten nahezu allgemein und uneingeschränkt verurteilt wurde, löste die sowjetische Invasion und Eroberung Afghanistans, eines Nachbarlands, mit dem Frieden bestanden hatte, und die unbarmherzige Niederschlagung des afghanischen patriotischen Widerstands in vielen arabischen und islamischen Staaten nur leiseste Mißfallensäußerungen aus und fand in manchen sogar Verteidiger. Trotz einer gewissen Verbesserung später blieb die vorherrschende Einstellung zum Westen von tiefem Mißtrauen und Feindschaft geprägt. Eine Kollaboration mit dem Westen mußte weiter entschuldigt oder besser noch verborgen werden. Während der Golfkrise von 1990 und 1991 war deutlich, daß zwar viele arabische Regierungen der von den Amerikanern geführten Koalition gegen Saddam Hussein gern beitraten, diese Politik jedoch viel weniger Beifall bei ihren Völkern fand, in deren Augen Saddam Husseins trotzige Herausforderung des Westens seine Vergehen gegen arabische Landsleute und Nachbarn im Irak und in Kuwait oft mehr als wettmachte. Die Koalition war nur möglich, weil die Sowjetunion zu dem Zeitpunkt in dem Spiel nicht mehr mitmischte. Von Zeit zu Zeit hat der Westen Regimes gefunden – oder gekauft –, die bereit waren, mit ihm zusammenzuarbeiten, wenn auch nur heimlich und innerhalb enger Grenzen. Die Schwierigkeit bestand darin, daß eine solche Zusammenarbeit stets unsicher war und daß die Regimes, die sich darauf einließen, entweder nicht vertrauenswürdig oder instabil waren, mitunter beides.

Wir werden diese Situation besser verstehen können, wenn wir die gegenwärtigen Unzufriedenheiten des Nahen Ostens nicht als

Konflikt zwischen Staaten oder Nationen, sondern als Aufeinanderprallen von Zivilisationen begreifen. Die »große Debatte«, wie
Gibbon sie nannte, zwischen Christentum und Islam ist in der
einen oder anderen Form seit dem Aufkommen des Islam im
7. Jahrhundert im Gange. Mehr als anderthalb Jahrhunderte lang
war der Islam der Herrschaft des Westens unterworfen, einer Herrschaft, die die muslimischen Völker vor gewaltige politische, soziale, ökonomische, kulturelle und psychologische Umstellungs-
probleme im Umgang mit anderen ebenso wie in ihren inneren
Angelegenheiten stellte und auch nach dem Ende der politischen
Kontrolle weiterhin stellt. Auch nach der Befreiung mußte der
intelligente und feinfühlige Araber die weiter bestehende
Unterordnung seiner Kultur unter die des Westens spüren. Seine
reichste Ressource war das Öl, doch es wurde mit westlichen Ver-
fahren und Maschinen entdeckt und gefördert, um den Bedarf
westlicher Erzeugnisse zu decken. Sein größter Stolz war seine neue
Armee, aber sie führte westliche Waffen, trug Uniformen westlichen Stils und marschierte nach westlichen oder westlich klin-
genden Weisen. Seine Anschauungen und Ideologien, selbst die
antiwestlichen, entstammten letztlich dem westlichen Denken. Seine Kenntnis selbst seiner eigenen Geschichte und Kultur hatte der
westlichen Wissenschaft viel zu verdanken. Seine Schriftsteller,
seine Künstler, seine Architekten, seine Techniker, sogar seine
Schneider bezeugten durch ihre Arbeit die fortdauernde Vorherrschaft der westlichen Zivilisation, des alten Rivalen – einst
Schüler, jetzt Vorbild – der muslimischen. Selbst die Gebrauchs-
gegenstände und Kleidungsstücke, die Geräte und Annehmlich-
keiten seines Alltagslebens waren Symbole der Knechtung durch
eine fremde und dominante Kultur, die er haßte und bewunder-
te, nachahmte, aber nicht teilen konnte. Es war eine tief verwun-
dende, tief demütigende Erfahrung.

In der Schattenwelt populärer Mythen und Bilder war der Westen die Quelle allen Übels – und war der Westen ein geschlossenes Ganzes, dessen nähere Untergliederungen für den Normalbürger des Nahen Ostens kaum wichtiger waren als die des Nahen

Ostens für den Normalbürger des Westens. Alte souveräne Staaten wie die Türkei und der Iran und einige der älteren arabischen Staaten haben eine konsistente Außenpolitik auf der Grundlage nationaler Interessen und vernünftiger Berechnungen entwickelt, aber allzuoft waren die politischen Entscheidungen arabischer Regierungen stimmungsabhängig von einem allgemeinen ethnischen und religiösen Kollektivismus, der den Westen pauschal als Feind behandelte.

Den Sowjets gelang eine Weile, was die Amerikaner nicht geschafft hatten, nämlich sich den Arabern als grundsätzlich vom Westen verschieden zu präsentieren. Dies gelang ihnen, weil sie tatsächlich grundsätzlich verschieden waren, während dies auf Amerika nicht zutraf. Amerika war unausweichlich ein Teil des Westens, dessen Führungsmacht es inzwischen längst geworden ist. Die Sowjetunion war kein Teil des Westens, sondern geradezu sein Gegenspieler – ideologisch, ökonomisch und politisch, in der Lebensweise und im internationalen Geschehen. Allein aus diesem Grund konnte die Sowjetunion Sympathie und Unterstützung gewinnen, ähnlich wie die Nazis ein halbes Jahrhundert zuvor, häufig bei denselben Personen. Viele, die einst nach Berlin geblickt hatten, blickten jetzt nach Moskau, der neuen Hochburg antiwestlicher Macht. Der sowjetische Kolonialismus spielte sich in Gebieten ab, die von den arabischen Ländern weit weg waren, und in Formen, die den arabischen Völkern von ihrer Bekanntschaft mit den liberalen See- und Handelsreichen des Westens her ungewohnt waren. Er blieb daher weitgehend unbemerkt. Selbst wo dieser Kolonialismus intellektuell eingesehen wurde, machte er auf die Menschen nicht annähernd so einen emotionalen Eindruck wie der westliche, den sie am eigenen Leib erlebt hatten. Die türkische Erfahrung war anders, und die türkische Reaktion desgleichen.

Trotz einiger eindrucksvoller Erfolge hatten die Sowjets in ihrem weltweiten Wettstreit mit den Vereinigten Staaten im Nahen Osten weniger Glück als in den meisten anderen Teilen der dritten Welt. Es gab im Nahen Osten kein Vietnam oder Kambodscha, kein Kuba oder Nicaragua, nicht einmal ein Angola oder Moçambique. Allen Versuchen zum Trotz, sie zunächst einzuschüchtern und dann zu destabilisieren, hielten die Länder des nördlichen Gürtels dem sowjetischen Druck stand, und sogar die spektakulären sowjetischen Gewinne weiter im Süden erwiesen sich als begrenzt, prekär und letztlich nutzlos. Abgesehen von zwei kurzen Interventionen der amerikanischen Marines im Libanon hatte der Nahe Osten, anders als Südostasien und Mittelamerika, lange keine amerikanischen Truppen zur Verteidigung gegen einen Angriff oder eine Subversion nötig. Als amerikanische Truppen schließlich doch intervenierten, im Golfkrieg von 1990 bis 1991, da geschah es mit russischer Unterstützung und nicht etwa gegen eine russische Bedrohung.

Die Zurückdrängung des sowjetischen Vormarschs fing in Ägypten an, wo Präsident Anwar as-Sadat, nachdem er 1971 noch einen Bündnisvertrag mit der Sowjetunion unterzeichnet hatte, seine Meinung änderte und das sowjetische Militärpersonal aufforderte, das Land zu verlassen. Mangels unmittelbarer Grenzberührung konnten die Russen nicht wie auf Unbotmäßigkeiten anderer »Verbündeter« – Ungarn 1956, Tschechoslowakei 1968 – mit der Entsendung von Truppen und Panzern reagieren. Statt dessen zogen sie kleinlaut ab. Danach verfolgte Ägypten eine ehrlichere neutrale Politik, und als Präsident Sadat die Zeit für gekommen hielt, mit Israel Frieden zu schließen, suchte und erhielt er bei seiner Friedensinitiative amerikanische Förderung und Hilfe. Bei dieser Gelegenheit halfen die Sowjets nicht und hatten auch keinen Erfolg mit ihrem Versuch, den Friedensprozeß zu stören. Diese Lektion verfehlte nicht ihre Wirkung auf die übrigen sowjetischen Verbündeten in der arabischen Welt, die zwar weiterhin die Sowjetunion als Rüstungslieferanten beanspruchten und in den internationalen Beziehungen im allgemeinen der sowjetischen Linie folgten, aber dennoch anfingen, eine etwas unabhängigere Haltung in nationalen und regionalen Fragen einzunehmen. Zur gleichen Zeit begannen die Vereinigten Staaten, die in der Region durchweg eine imposante diplomatische, ökonomische und kulturelle Präsenz beibehalten hatten, aktivere politische und strategische Schritte zu unternehmen und, nicht ohne Erfolg, Beziehungen zu einer Reihe von arabischen Regierungen zu kultivieren.

Diese Erwärmung der Beziehungen zwischen den arabischen Regierungen und dem Westen wurde durch eine andere Entwicklung beschleunigt, die ungefähr gleichzeitig mit dem israelisch-ägyptischen Friedensvertrag eintrat: die iranische Revolution von 1979. Für die konservativen Regimes der arabischen Welt schien sie eine doppelte Bedrohung in Form von Subversion und Invasion darzustellen und war sie um so gefährlicher, als sie nicht von einem fremden Außenseiter ausging, sondern von einer muslimischen Bewegung in der Region, die auf die Erniedrigten und Beleidigten eine ungeheure Anziehungskraft ausübte.

Der Einfluß des Westens auf die arabischen Länder schuf echte Probleme durch die ökonomische, soziale und kulturelle Zerrüttung, die er bewirkte, und durch die kulturellen Spannungen, die er erzeugte. Diese waren auf lange Sicht als Quelle der Unzufriedenheit und des Unmuts viel wichtiger als die diversen politischen Einzelfragen. Sie waren jedoch nicht leicht auf der politischen Ebene zu formulieren und zu diskutieren, zumal in Ländern, in denen solche Diskussionen keine Tradition hatten; auch konnte man die Schuld dafür nicht einfach irgendwelchen benennbaren und erkennbaren Sündenböcken zuschieben. So kam es, daß die oberflächlichen politischen Fragen am meisten im Vordergrund standen, wenn antiwestliche Gefühle einen Angriffspunkt und einen Ausdruck suchten. Es war nicht immer leicht zu sagen, ob die eine oder andere dieser Fragen ein Ärgernis oder ein Ventil war – eine Ursache der Spannung oder eine relativ harmlose Möglichkeit, sie abzulassen. Die Ereignisse der fünfziger und sechziger Jahre schienen jedenfalls zu zeigen, daß die Spannung größer und nicht weniger wird, je mehr die Schleier politischer Nebensächlichkeiten fallen.

Die Invasion und Annexion Kuwaits durch Saddam Hussein im
August 1990 stürzte die Welt in ihre erste große Krise seit dem
Niedergang der Sowjetmacht und dem Ende des Kalten Krieges.
Trotz der vielen Schwierigkeiten und Gefahren in der Ära des
Kalten Krieges gab es so etwas wie eine bipolare Stabilität, zu der
beide Supermächte beitrugen, die eine, indem sie die Zusammenarbeit aufrechterhielt, die andere, indem sie für Disziplin unter ihren Verbündeten, ihren Satelliten und ihren Schützlingen
sorgte. Als die Sowjetunion ihre frühere dirigierende Rolle aufgab,
verschwand diese Disziplin, und die Staaten an der Peripherie waren in ihren politischen und militärischen Schritten nicht mehr
primär von der Furcht vor Bestrafung oder der Hoffnung auf
Belohnung bestimmt. Die USA als überlebende Supermacht,
Europa und Japan als die neuen Wirtschaftsmächte sowie die am
unmittelbarsten betroffenen Mächte in der Region standen alle
einigermaßen orientierungslos vor einer neuen Situation.

Daß der Irak in ein friedliches Nachbarland einmarschiert war
und es annektiert hatte, einen souveränen Staat und ein Mitglied
der Vereinten Nationen, stellte letztere und damit die Weltge-
meinschaft vor ein schreckliches Dilemma. Sollte sie das Ganze
bloß als einen lokalen Zwist in einem notorisch unruhigen Teil der
Welt abtun, bereinigen, wenn überhaupt, durch eine sogenannte
»arabische Lösung«, bei der sich Außenstehende am besten gar
nicht erst einmischten – oder sollte sie es als einen ernsten Angriff
auf die Weltordnung und das internationale Recht auffassen und
beantworten, der die Vereinten Nationen vor eine unangenehme
Entscheidung stellte: entweder gegen Saddam Hussein vorzu-
gehen und die kuwaitische Souveränität wiederherzustellen oder
sich mit den Tatsachen abzufinden und ihn gewähren zu lassen.
Im Nahen Osten wie anderswo konnte, wer alt genug war oder klug
genug, um aus der Geschichte zu lernen, sich an eine frühere
Kette von Ereignissen erinnern: die japanische Invasion in der
Mandschurei, die italienische Invasion in Äthiopien, der deutsche
Anschluß Österreichs und dann der Tschechoslowakei. Diese
Ereignisse führten direkt zum Zusammenbruch der internationa-

len Ordnung und zum Ausbruch des Zweiten Weltkrieges. Wenn man Saddam Hussein erlaubt hätte, mit seinem Spiel durchzukommen, hätte es gut und gern sein können, daß die in ihrem Ansehen ohnehin schon gesunkenen Vereinten Nationen dem verblichenen Völkerbund in die wohlverdiente Schande nachgefolgt wären. Die Welt hätte den Gewalttätigen und Skrupellosen gehört und wäre auf den Weg zu allgemeiner Anarchie oder einem Dritten Weltkrieg geraten. Die Entscheidung gewann zusätzliche Dringlichkeit durch Saddam Husseins bekannte Entschlossenheit, nichtkonventionelle Waffen zu erwerben, und seine bewiesene Bereitschaft, sie einzusetzen, sei es gegen sein eigenes Volk.

Die Entscheidung fiel für den Kampf – um der Aggression Einhalt zu gebieten und ihr Opfer zu befreien. An den Erfolgen und Mißerfolgen von Saddam Hussein und seinem Regime im Irak lassen sich zwei ungemein wichtige Veränderungen ablesen, die sich im Nahen Osten vollzogen haben und deren zweite noch immer nicht ganz verstanden ist. Die Krise kam im Anschluß an den Niedergang der Macht und des Einflusses der Sowjetunion, war zum Teil seine direkte Folge. Als die Krise vorbei war, zeigte sich in vielerlei Weise die zweite Veränderung: die freiwillige Selbstbeschränkung der überlebenden Supermacht, der Vereinigten Staaten.

Seit Menschengedenken, und sicher schon länger, waren die Länder des Nahen Ostens ein Zankapfel zwischen rivalisierenden, höher entwickelten auswärtigen Mächten. Es gab Zeiten – etwa auf dem Höhepunkt der Macht der arabischen Kalifen und der türkischen Sultane –, in denen nahöstliche Mächte sich um die Herrschaft über die damals bekannte Welt stritten. Doch diese Zeiten sind längst vorbei, und viele Jahrhunderte lang haben diese Länder die Aufmerksamkeit auswärtiger Mächte genossen und erlitten, je nachdem: erst die kommerziellen und diplomatischen Rivalitäten der merkantilistischen europäischen Staaten; dann die diversen Kollisionen der Reiche Großbritanniens, Frankreichs und Rußlands, der Alliierten und der Achse; und zuletzt den Konflikt der Supermächte USA und Sowjetunion. Zu Kriegszeiten wurde der Nahe Osten manchmal zum Schlachtfeld dieser Mächte. Im Frieden wie im Krieg waren die Regierungen und zeitweise auch die Völker des Nahen Ostens Gegenstand intensiver Bemühungen auswärtiger Mächte mit dem Ziel, sie auf ihre Seite zu ziehen, um Zugang zu ihren Verkehrswegen und Ressourcen zu erlangen.

Von jeher, ja in vielen Ländern seit Beginn ihrer nationalen Unabhängigkeit, haben nahöstliche Staatsmänner keine andere Situation kennengelernt und war ihre Außenpolitik in hohem Maße von der Notwendigkeit bestimmt, die aus diesen Rivalitäten erwachsenden Gefahren zu vermeiden und Vorteile, wenn möglich, auszunützen. Entsprechendes galt für die akademischen Experten im Dienst der auswärtigen Mächte, deren Beruf es war, mit diesen Ländern umzugehen. Sie alle standen jetzt vor einer völlig veränderten Situation, in der es zum erstenmal überhaupt nur eine einzige Macht gab, die ein Übermaß an Reichtum und Stärke und keinen wirklich gefährlichen Rivalen hatte.

Viele Mißverständnisse entstanden aus der weitverbreiteten Annahme, daß die USA eine Imperialmacht und der natürliche Nachfolger von Großbritannien und Frankreich in der Region seien. Aber die USA waren keine Imperialmacht, und sie hatten weder Interesse an einer solchen Rolle noch den Ehrgeiz dafür. Ihre Ziele im Nahen Osten waren fast ausschließlich defensiver Natur gewesen: Während des kalten Krieges wollten sie das sowjetische Vordringen verhindern; in der Golfkrise von 1990 und 1991 wollten sie verhindern, daß ein größenwahnsinniger Diktator einen Großteil der Ölressourcen der Erde in seine Gewalt brachte und daß die Weltordnung in Anarchie versank. Nachdem diese Ziele erreicht waren, konnte man damit rechnen, daß das amerikanische Volk, dem die amerikanische Regierung letztlich verantwortlich ist, einem weiteren militärischen Engagement in der Region nicht zustimmen würde.

Im 16. Jahrhundert war mit der Eroberung Ägyptens und des Fruchtbaren Halbmonds durch die Osmanen und dem Aufstieg

eines neuen radikalen schiitischen Staates im Iran der Nahe Osten
abermals, wie schon in den ersten Jahrhunderten der christlichen
Zeit, Streitgegenstand zweier rivalisierender und expandierender
Mächte, deren Stammlande zum einen die Hochebene des Iran
und zum andern die Hochebene Anatoliens mit der alten kaiser-
lichen Hauptstadt am Bosporus waren. Das Aufkommen des Islam
und die Ausbreitung der Araber vom 7. Jahrhundert an hatten diesen Prozeß unterbrochen und die Flußtalzivilisationen Ägyptens
und Mesopotamiens für ein paar Jahrhunderte wieder, wie einst
im Altertum, zu den Herrschaftszentren des Nahen Ostens gemacht. Diese Epoche, die mit den arabischen Invasionen begann,
endete mit dem Einfall der Steppenvölker, erst der Türken und
dann der Mongolen, und der Schaffung neuer Reiche, in deren
Strategien und Rivalitäten ein älteres Muster wieder durchschlug.

Dieses Zeitalter ging seinerseits in einer dritten Eroberungs- und
Invasionswelle unter, diesmal von beiden Enden Europas ausge-
hend. Die Herrschaft der Europäer glich der der Araber oder der
Türken in keiner Weise, weder in ihrer Dauer noch in Ausmaß,
Umfang und Tiefe der Veränderungen, die sie mit sich brachte.
Doch solange diese Herrschaft währte, zeitigte sie beträchtliche
Auswirkungen, die das politische Bild der Region umgestalteten
und weitreichende Entwicklungen vor allem im wirtschaftlichen
und gesellschaftlichen Leben in Gang setzten. Die Zeit der Beherrschung durch rivalisierende Mächte und Supermächte kam in
den letzten Jahrzehnten des 20. Jahrhunderts zum Abschluß, und
es ist noch zu früh für ein Urteil darüber, wie tief und wie dauerhaft diese Veränderungen sein werden.

Wird die Region abermals, wie in den Tagen der Osmanen und
Safawiden oder der Byzantiner und Sassaniden, von den Hochebenen Anatoliens und des Iran aus beherrscht werden? Es gibt
viel, was für eine solche Aussicht spricht: Überlegenheit in Bevöl-
kerungsziffern, in politischem Geschick und in praktisch allen Ressourcen außer Öl. Oder wird es den Völkern Ägyptens und des
Fruchtbaren Halbmonds gelingen, ihre Differenzen zu überwinden, ihre Möglichkeiten auszuschöpfen und diesen alten Ländern

abermals ihre Macht und Herrlichkeit zurückzugeben? Neu ist heute, daß der Lauf der Ereignisse im Nahen Osten zum erstenmal seit Jahrhunderten nicht von auswärtigen, sondern von einheimischen Mächten bestimmt wird – von den Regierungen, die sie bilden, dem politischen Kurs, den sie einschlagen, den Schritten, die sie unternehmen. Die Entscheidung liegt jetzt bei ihnen.

Anmerkungen

Kapitel 1

1. A. T. Mahan: »The Persian Gulf and International Relations«, *National Review* (September 1902): 26–45, besonders S. 39: »Der Mittlere Osten, wenn ich eine Bezeichnung wählen darf, die ich noch nirgendwo gesehen habe ...«; abgedruckt in A. T. Mahan: *Retrospect and Prospect* (London 1903); V. Chirol: *The Middle Eastern Question* (London 1903), besonders S. 1–6. Siehe auch R. H. Davison: »Where Is the Middle East?« *Foreign Affairs* (Juli 1960): 665–675; und B. Lewis und P. M. Holt (Hrsg.): *Historians of the Middle East* (London 1962), S. 1–3, wo einige dieser Punkte behandelt werden.

2. Plinius d. Ä.: *Naturalis historia* VI, 5.

Kapitel 2

1. R. F. Kreutel und O. Spies: *Leben und Abenteuer des Dolmetschers Osman Aga* (Bonn 1954), S. 171; siehe auch (über die Trianongärten) Yirmi Sekiz Mehmed Efendi: *Paris Sefaretnamesi* (Istanbul 1302 H.), S. 99.

2. Asim: *Tarih* (Istanbul o. J.), 1. Band, S. 376, zitiert in B. Lewis: »The Impact of the French Revolution on Turkey«, *Journal of World History* 1 (1953): 118.

3. A. Adnan (Adivar): *La science chez les Turcs ottomans* (Paris 1939), S. 57.

4. Muhammad Iqbal: *Pejam-i Maschrik* (Lahore o. J.), S. 255. Französische Übersetzung von Eva Meyerovitch und Mohammad Achena: *Message de l'Orient* (Paris 1956), S. 189. [Hier zitiert nach der deutschen Übersetzung von Annemarie Schimmel: *Botschaft des Ostens* (Wiesbaden 1963), S. 101.]

Kapitel 3

1. Sadullah Paşa: »1878 Paris Ekspozisiyonu«, in Ebüzziya Tevfik: *Nümune-i Edebiyat-i Osmaniye*, 1. Auflage (Istanbul 1296 H.); 3. Auflage (Istanbul 1306 H.), S. 288. Sadullah Pascha läßt hier ein altes Sprichwort anklingen, das bei Ibn Kutaiba, einem arabischen Schriftsteller des 9. Jahrhunderts, steht und von vielen späteren muslimischen Autoren wiederholt wurde: »Es gibt keine Herrschaft ohne Soldaten, keine Soldaten

ohne Geld, kein Geld ohne Wohlstand, keinen Wohlstand ohne Gerechtigkeit und gute Regierung.« Die Änderung des Textes ist bedeutsam. Siehe Ibn Qutaiba: *'Ujūn al-Aḫbār*, hrsg. von Carl Brockelmann (Berlin 1900), Teil 1, S. 26; vgl. A. K. S. Lambton: »Justice in the Medieval Persian Theory of Kingship«, *Studia Islamica* 17 (1962): 100.

2. W. G. Browne: *Travels in Africa, Egypt, and Syria from the Year 1792 to 1798* (London 1806), S. 432 f. [Deutsche Übersetzung: *Reisen in Afrika, Aegypten und Syrien in den Jahren 1792 bis 1798*, Leipzig 1800.]

3. Lûtfi: Tarih (Istanbul 1328 H.), 8. Band, S. 15; B. Lewis: *The Emergence of Modern Turkey*, 2. Auflage (London 1968), S. 112.

4. Rifaa Rafi at-Tahtawi: *Tachlis al-Ibris fi Talchis Baris*, 1. Auflage (Bulak 1265 H.), hrsg. von Mahdi Allam, Ahmad Badawi und Anwar Luka (Kairo o. J. [1958]), S. 150. Französische Übersetzung von Anouar Louca: *L'Or de Paris* (Paris 1988), S. 138. [Hier zitiert nach der deutschen Übersetzung von Karl Stowasser: *Ein Muslim entdeckt Europa* (München 1989), S. 167.]

5. Sadık Rıfat Paşa: *Müntahabat-i Âsâr* (Istanbul o. J.). Vgl. Şerif Mardin: *The Genesis of Young Ottoman Thought* (Princeton 1962), S. 169–195; und B. Lewis: *Emergence*, S. 132 f.

6. Dufferin an Granville, 6. Februar 1883, *Parliamentary Papers*, c. 3529, Egypt no. 6, 1883, 83. Band, S. 43.

7. Samuel P. Huntington: *The Third Wave. Democratization in the Late Twentieth Century* (Norman und London 1991), S. 266 f.

8. T. E. Lawrence: *The Seven Pillars of Wisdom* (London 1940), S. 36. [Leicht verändert zitiert nach der deutschen Übersetzung von Dagobert von Mikusch: *Die sieben Säulen der Weisheit* (München 1978), S. 12.]

9. Zitiert in Malcolm H. Kerr: »The Emergence of a Socialist Ideology in Egypt«, *Middle East Journal* 16 (1962): 142 f.

10. *Al-Ahram*, 4. August 1961; französische Übersetzung in *Orient* 5 (1961): 151–158.

11. B. Berenson: *Aesthetics and History* (1948; New York 1954). [Deutsche Übersetzung von Hanna Kiel: *Ästhetik und Geschichte in der Bildenden Kunst* (Zürich 1950).]

12. Interview mit R. K. Karandschia vom 28. September 1958, berichtet in *Al-Ahram* am 29. September 1958; englische Übersetzung in *President Gamal Abdel Nasser's Speeches and Press-Interviews 1958* (Kairo o.J. [1959]), S. 402. Die *Protokolle* waren auch Gegenstand eines Artikels in der offiziellen ägyptischen Kulturzeitschrift von Salah Dasuki: »Al-Chitat as-Sahjunijja fi madschal at-tatbik«, *Al-Madschalla* 4 (November 1960): 7–11;

vgl. Al-Madschalla 5 (Januar 1961): 134–136, wo ein Leser aus Damaskus, Umar at-Tibi, weitere »Informationen« der gleichen Sorte liefert.

Kapitel 4

1. Ahmed Refik (Hrsg.): »Ali Efendinin Sefaretnamesi …«, in *Tarih-i Osmani Encümeni Mecmuası* (1329 H.), S. 1459; Lewis: *Emergence*, S. 329.

2. Lewis: *Emergence*, S. 333–340; B. Lewis: *Islam and the West* (New York 1993), S. 166–173; Mardin: *Genesis*, S. 326–336.

3. Mustafa Nihat Özön: *Namık Kemal ve Ibret Gazetesi* (Istanbul 1938), S. 81–85; vgl. Mardin: *Genesis*, S. 327; und Lewis: *Emergence*, S. 336 f.

4. Sir Lewis Namier: *Vanished Supremacies* (1958; London 1962), S. 49 f.

5. Zitiert in Namier, a. a. O., S. 63. [Hier zitiert nach der Originalquelle: *Denkwürdigkeiten des Fürsten Chlodwig zu Hohenlohe-Schillingsfürst,* hrsg. von F. Curtius (Stuttgart 1906), 1. Band, S. 40].

6. Zitiert in Namier, a. a. O., S. 62 f.

7. U. Heyd: *Foundations of Turkish Nationalism* (London 1950), S. 43; Lewis: *Emergence*, S. 351.

8. Ath-Thaalibi: *Fikh al-Lugha* (Kairo 1284 H.), S. 3, zitiert in A. A. ad-Duri: *Al-Dschudhur at-tarichijja li'l-kawmijja al-Arabijja* (Beirut 1960), S. 46.

9. Midhat Cemal Kuntay: *Sarıklı Ihtilâlcı Ali Suavi* (Istanbul 1946), S. 59; Mardin: *Genesis*, S. 372.

10. Özön, *Namık Kemal,* S. 263–271, vgl. S. 81; Mardin: Genesis, S. 327–338; Lewis: *Emergence,* S. 332 f.

11. Mehmet Akif (Ersoy): *Hakkın sesleri* (1913), in *Safahat,* 6. Auflage (Istanbul 1963), S. 205 f.

Kapitel 5

1. M. Plessner: »Ist der Zionismus gescheitert?« *Mitteilungsblatt* (Wiener Library, London), Nr. 42, 24. Oktober 1952.

2. Zitiert in A. Bausani: »Note su Shah Wallīullāh di Delhi (1703–1762)«, *Annali dell'Istituto Universitario Orientale di Napoli,* N. S. 10 (1961): 99.

3. Özön: *Namık Kemal,* S. 33, zitiert in Lewis: Emergence, S. 341.

4. Thomas Hope: *Anastasius* (London 1819; Paris 1831), 1. Band, S. 110, 257.

5. Lûtfi: *Tarih* (Istanbul 1302 H./1885), 6. Band, S. 51.

6. Cevdet: *Tezakir,* hrsg. von Cavid Baysun (Ankara 1960), 2. Band, S. 152.

7. Muhammad Abduh: *Al-Urwa al-Wuthka* (Kairo 1957), S. 10, zitiert in P. J. Vatikiotis: »Muhammad Abduh and the Quest for a Muslim Humanism«, *Arabica* 4 (1957): 62.

8. Muhammad al-Bahai: *Al-Fikr al-Islami al-hadith wa-silatuhu bi'l-istimar al-gharbi* (Kairo 1957).

9. Liman von Sanders: *Fünf Jahre Türkei* (Berlin 1920), S. 330 f.; englische Übersetzung: *Five Years in Turkey* (Annapolis 1928), S. 312. Der osmanische General Ali Fuat Pascha berichtet in seinen Memoiren von einem ähnlichen Angebot durch Nuri as-Said Ende 1918. Siehe Ali Fuat Cebesoy: *Millî Mücadele Hâtıraları* (Istanbul 1953), S. 28 f.

10. Zitiert in Mahmud Kemal Inal: *Osmanlı devrinde son Sadrazamlar* (Istanbul 1940–1953), S. 1892, übersetzt in Lewis: Emergence, S. 358.

11. Zitiert in P. Rondot: *L'Islam et les musulmans d'aujourd'hui* (Paris 1958), 1. Band, S. 253. [Hier zitiert nach der deutschen Übersetzung von Marie Agnes von Franz: *Der Islam und die Mohammedaner von heute* (Stuttgart 1963), S. 300.]

12. Wilfred Cantwell Smith: *Islam in Modern History* (Princeton 1957), S. 156 f. [Hier zitiert nach der deutschen Übersetzung von Hermann Stiehl: *Der Islam in der Gegenwart* (Frankfurt/M. 1963), S. 147 f.]

13. Zitiert in Shaul Bakhash: *The Reign of the Ayatollahs* (New York 1984), S. 22, 24, 26, 28, 34.

Kapitel 6

1. Cevdet: *Tarih* (Istanbul 1309 H.), 5. Band, S. 14. [Koran 60,6 zitiert nach der Übersetzung von Max Henning (Stuttgart 1987), S. 527.] Siehe T. Naff: »Reform and the Conduct of Ottoman Diplomacy in the Reign of Selim III, 1780–1807«, *Journal of the American Oriental Society* 83 (1963): 310.

2. Cevdet: Tarih, 6. Band, S. 400 f.

3. Koran 114,4–5. [Zitiert nach Henning, a. a. O., S. 596.]

4. J. G. McDonald: *My Mission in Israel, 1948–1951* (London 1951), S. 181 f.

5. U.S. Department of State: *Nazi-Soviet Relations, 1939–41. Documents from the Archives of the German Foreign Office*, hrsg. von R. J. Sontag und J. S. Beddie. Department of State Publication 3023 (Washington, D.C., 1948), S. 259, vgl. S. 244 f., 270.

6. W. C. Smith: *Islam in Modern History,* S. 159. [In der deutschen Ausgabe nicht mit übersetzt.]

Bibliographische Notiz

Es gibt mittlerweile eine ungeheuer umfangreiche Literatur über den modernen Nahen Osten, von der ein zunehmender Prozentsatz anerkannten wissenschaftlichen Maßstäben genügt. Zur älteren Geschichte bietet R. Stephen Humphreys: *Islamic History. A Framework for Inquiry*, überarbeitete Neuauflage (Princeton 1991), wertvolle methodische und bibliographische Anleitung. Wer vergleichbare Hilfe in der neueren Geschichte sucht, muß verschiedene Werke konsultieren. Eine brauchbare und lesbare allgemeine Darstellung samt einer kritischen Einführung in die Literatur findet sich in den zwei Büchern von M. E. Yapp: *The Making of the Modern Middle East, 1792–1923* (London 1987), und *The Near East Since the First World War* (London 1991).

Zahlreiche Überblicke, Skizzen und Chronologien der laufenden Ereignisse liegen in Zeitschriften und anderen Publikationen vor. Die seit langem weitaus beste ist die italienische Zeitschrift *Oriente Moderno*, die seit 1921 beim Istituto per l'Oriente in Rom erscheint und sich ebenso mit kulturellen und religiösen wie mit politischen, militärischen und wirtschaftlichen Fragen befaßt. Eine ungefähr jährliche Analyse der Ereignisse und Entwicklungen gibt *The Middle East Record* (1960–1970), gefolgt von *The Middle East Contemporary Survey* (seit 1976). Zwei französische Publikationen, *Cahiers de l'Institut de l'Orient Contemporain* (1945–1955) und *Orient* (1957–1969), haben leider ihr Erscheinen eingestellt.

The Quarterly Index Islamicus (London) liefert eine umfassende, thematisch geordnete Bibliographie aktueller Bücher, Artikel und Aufsätze über islamische Themen. Die *Arab Islamic Bibliography. The Middle East Library Committee's Guide* (Hassocks und Atlantic Highlands 1977), hrsg. von Diane Grimwood Jones, Derek Hopwood und J. D. Pearson, enthält viel nützliches Material. Zu neueren Themen gibt George N. Atiyeh: *The Contemporary Middle East, 1948–1973. A Selective and Annotated Bibliography* (Boston 1975), ausführliche Hinweise. Unter den spezielleren Nachschlagewerken, die sich mit der Region befassen, ist die *Encyclopedia of Islam*, 2. Auflage, und die *Encyclopedia Iranica* zu erwähnen. Beide enthalten zahlreiche Beiträge mit Dokumentation und Bibliographie zu Orten, Personen und Themen, die für die moderne Zeit relevant sind.

Es gibt mehrere brauchbare Handbücher, die verschiedene Aspekte der modernen nahöstlichen Geschichte behandeln. Dazu gehören Jere L. Bachrach: *A Middle East Studies Handbook*, 2. Auflage (Seattle und London 1984); Robert Mantran: *Les grandes dates de l'Islam* (Paris 1990); Magali Morsy: *Lexique du monde arabe moderne* (Paris 1986); Justin McCarthy: *The Arab World, Turkey and the Balkans* (1878–1914). *A Handbook of Historical Statistics* (Boston 1982); Lawrence Ziring: *The Middle East. A Political Dictionary* (Santa Barbara, Denver und Oxford 1992); und William C. Brice: *An Historical Atlas of Islam* (Leiden 1981). Der Bau arabischer und muslimischer Eigennamen wird erklärt in Annemarie Schimmel: *Islamic Names* (Edinburgh 1989), und Jacqueline Sublet: *Le Voile du nom. Essai sur le nom propre arabe* (Paris 1991).

Eine ansehnliche Menge moderner nahöstlicher Werke ist inzwischen auf englisch, französisch und deutsch erhältlich: wissenschaftliche und ideologische Schriften ebenso wie Literatur und Dichtung, übersetzt aus dem Arabischen, Persischen, Türkischen und Hebräischen. Eine repräsentative Auswahl aus den ersten drei dieser Sprachen findet sich in Kemal H. Karpat: *Political and Social Thought in the Contemporary Middle East* (London 1968).

Register

Arabische Eigennamen erscheinen in der Form, in der sie im Westen am bekanntesten sind. Allgemein gilt, daß Personen aus früheren Zeiten unter dem Vornamen stehen, Personen aus neuerer Zeit dagegen unter dem Nachnamen.